Adquisición y retención del conocimiento

Biblioteca COGNICIÓN Y DESARROLLO HUMANO / 40

Colección dirigida por César Coll

Títulos publicados

DAVID P. AUSUBEL

ADQUISICIÓN Y RETENCIÓN DEL CONOCIMIENTO

DEL CONOCIMIENTO

Una perspectiva cognitiva

PAIDÓS

Barcelona · Buenos Aires · México

Título original: *The Acquisition and Retention of Knowledge*
Publicado en inglés, en 2000, por Kluwer Academic Publishers, Dordrecht, Holanda

Traducción de Genís Sánchez Barberán

Cubierta de Ferran Cartes y Montse Plass

© 2000 Kluwer Academic Publishers
© 2002 de la traducción, Genís Sánchez Barberán
© 2002 de todas las ediciones en castellano
   Ediciones Paidós Ibérica, S.A.,
   Av. Diagonal, 662-664 – 08034 Barcelona
   www.paidos.com

ISBN: 978-84-493-1234-2
Depósito legal: B-22.895/2009

Impreso en Book Print
Botànica, 176-178 – 08908 L'Hospitalet de Llobregat (Barcelona)

Impreso en España - *Printed in Spain*

*A la memoria de George
Richard Wendt, quien
por primera vez me inició, en 1938,
en el entusiasmo intelectual de postular
unos mecanismos explicativos para los procesos
psicológicos del aprendizaje y de la retención
en el ser humano que, más adelante, se
convirtieron en la teoría de la asimilación.*

El conocimiento es significativo por definición. Es el producto significativo de un proceso psicológico cognitivo («conocer») que supone la interacción entre unas ideas «lógicamente» (culturalmente) significativas, unas ideas de fondo («de anclaje») pertinentes en la estructura cognitiva (o en la estructura del conocimiento) de la persona *concreta* que aprende y la «actitud» mental de esta persona en relación con el aprendizaje significativo o la adquisición y la retención de conocimientos.

El autor

Sumario

Prólogo

En 1963, en mi monografía titulada *The Psychology of Meaningful Verbal Learning*, hice un primer intento de presentar una teoría *cognitiva* del aprendizaje verbal significativo en contraposición con el aprendizaje verbal memorista. Se basaba en la proposición de que la adquisición y la retención de conocimientos (especialmente de conocimientos verbales como, por ejemplo, en la escuela o en el aprendizaje de una materia) son el producto de un proceso activo, integrador e interactivo entre el material de instrucción (la materia) y las ideas pertinentes en la estructura cognitiva del estudiante con las que las nuevas ideas se pueden enlazar de maneras particulares.

Este libro es una revisión a fondo de aquella monografía publicada en 1963 en el sentido de que aborda los principales objetivos anteriormente mencionados, y hasta ahora no satisfechos, ofreciendo una expansión, una clarificación, una diferenciación y una mayor concentración en las principales variables y procesos psicológicos que intervienen en el aprendizaje y la retención de carácter significativo, es decir, en sus relaciones e interacciones mutuas que conducen a la generación de nuevos significados en cada estudiante. La preparación de esta nueva monografía ha sido en gran parte necesaria a causa del virtual desmoronamiento de la visión teórica neoconductista del aprendizaje durante los últimos cuarenta años y por el meteórico ascenso experimentado por los enfoques constructivistas hacia la teoría del aprendizaje a partir de los años setenta.

Naturalmente, no hace falta considerar que la adquisición y la retención de conocimientos se limiten necesariamente a los contextos formales de instrucción de las escuelas y las universidades, donde unos enseñantes y unos alumnos designados interaccionan de maneras estereotipadas principalmente para este fin. En realidad, la adquisición y la retención de conocimientos son actividades omnipresentes durante toda la vida que son esenciales para la actuación competente, la gestión eficaz y la mejora del trabajo cotidiano.

Los mismos procesos psicológicos que subyacen a la adquisición y la retención de conocimientos de carácter formal también se pueden dar de una manera informal mediante la lectura sistemática —e incluso no sistemática—, la televisión educativa, el discurso conversacional intelectual, etc. No obstante, es innegable que el principal ámbito para el empleo y la mejora sistemática del aprendizaje y la retención de carácter receptor y significativo, para adquirir y retener conocimientos, reside en las prácticas de instrucción formal de los centros de enseñanza primaria, secundaria y universitaria. Tulving (1972) se refiere a este último tipo de memoria, más formal, como «memoria semántica», y al tipo cotidiano, transitorio y más informal como «memoria episódica».

Las razones de esta diferencia en la fuente primaria de lo que convencionalmente se considera «conocimiento» son bastante evidentes: la memoria *semántica* es el resultado ideacional de un proceso de aprendizaje significativo (no memorista) como resultado del cual surgen nuevos *significados*. Estos nuevos significados son los productos sustanciales de la interacción entre los significados potenciales del material de instrucción y las ideas «de anclaje» pertinentes en la estructura cognitiva del estudiante; finalmente se convierten, secuencial y jerárquicamente, en parte de un sistema organizado relacionado con otras organizaciones temáticas similares de ideas (conocimientos) de la estructura cognitiva. La unión de muchos de estos subsistemas es lo que constituye o da lugar a una disciplina o un campo de conocimiento.

Por otro lado, es evidente que los aprendizajes memoristas no aumentan la sustancia o el tejido del conocimiento ya que su relación con el conocimiento existente en la estructura cognitiva es arbitraria, no sustancial, literal, periférica y, en general, posee una duración, una utilidad y una importancia transitorias. Como en el caso de los números de teléfono, normalmente tienen una utilidad limitada y práctica, orientada al ahorro de tiempo y de energía.

De modo característico, los recuerdos semánticos tienden a ser importantes y a largo plazo porque, normalmente, el estudiante desea que formen parte de un corpus de conocimientos existente y creciente, y también porque el proceso mismo de aprendizaje significativo es necesariamente complejo y, en consecuencia, su realización requiere un período de tiempo prolongado. También suelen ser importantes porque es difícil que se incorporen deliberadamente fragmentos de información totalmente triviales o frívolos a cuerpos serios de conocimiento ya existentes. Aunque en este libro, de acuerdo con el uso tradicional, se reservará el término *conocimiento* para denotar los recuerdos significativos, a largo plazo, aprendidos significativamente y organizados (en lugar de aislados o distribuidos al azar), deberíamos reconocer que a veces, en ciertas circunstancias, pueden prevalecer las características opuestas en uno o en todos los sentidos.

Una mala interpretación posible aunque improbable de la terminología de este libro, que primero aparece en el título mismo, *Adquisición y retención del conocimiento*, y luego por todo el texto, es la posible sugerencia de que la definición convencional que se encuentra en el diccionario de la palabra «adquisición» en un contexto de aprendizaje supone una ingestión de información a modo de esponja, pasiva, mecánica, autoritaria y acrítica, como un fin en sí misma, en lugar de ser la generación (producción, construcción) de un conocimiento (una materia jerárquicamente ordenada y organizada) viable. Sin embargo, en el contexto de este libro el término «adquisición» también tiene el significado más usual y *general* (que a la vez se aplica aquí) de «apoderarse» de nuevos significados (conocimientos) que antes no se comprendían o eran inexistentes. Es decir, en este último contexto, «adquisición» sólo supone básicamente el familiar fomento educativo del objetivo de «apoderarse» de nuevos significados de la manera más eficaz posible, sin hacer necesariamente ninguna especificación en cuanto a si este objetivo se alcanzará mediante un proceso de aprendizaje memorista, significativo, autoritario, desintegrado, pasivo, mecánico o a modo de esponja. Sin embargo, en el contexto de mi libro de 1963 y en lo que aparece en casi cada página de la presente monografía, no parece muy probable que cualquiera de las implicaciones negativas mencionadas del término «adquisición» para el *proceso* de aprendizaje parezca muy creíble a muchos lectores. Al contrario, es probable que consideren que la teoría de la asimilación supone principalmente un tipo particular de proceso de aprendizaje significativo interactivo que está estrechamente relacionado con las tesis principales del movimiento constructivista y que el término «adquisición» del título sólo indica un interés general en alcanzar y fomentar el objetivo de aumentar el aprendizaje significativo en la escuela y en otros contextos académicos mediante la asimilación de materias. Sin duda, como teoría del aprendizaje significativo será prácticamente imposible justificar de alguna manera creíble su relación con la definición de «adquisición» que ofrece el diccionario.

Un posible punto débil de la postura llamada «constructivista» es la generación por parte del estudiante de nuevos significados que supuestamente «construye» a partir de la interacción entre los significados potenciales presentados y los significados relacionados de su estructura cognitiva. Esta visión parece simplificar excesivamente y pasar un tanto por alto las limitaciones y las influencias negativas ejercidas por las pertinencias ilusorias, los conceptos erróneos, los sesgos subjetivos, las orientaciones motivacionales para aprender, los estilos cognitivos y los rasgos de personalidad que intervienen involuntariamente a lo largo del «proceso constructivo».

En conclusión se puede decir que el título del presente libro se refiere principalmente al objetivo educativo y al producto final esperado, preponderante y familiar, de un programa de aprendizaje significativo y consistente y un dominio de corpus de conocimientos jerárquicamente organizados. Existe muy poca o ninguna justificación para la suposición gratuita de que el título se refiere a un proceso ya manido de instrucción y aprendizaje de carácter memorista basado en enfoques pasivos, autoritarios, a modo de esponja y mecánicos al aprendizaje de las materias.

En el volumen de 1963 se consideraba que diversas variables de la estructura cognitiva (la disponibilidad, la especificidad, la claridad, la estabilidad y la discriminabilidad de estas ideas pertinentes) que reflejan lo que el estudiante ya sabe y lo bien que lo sabe, eran las principales variables cognitivas que influían en la adquisición y la retención de conocimientos sobre materias.

Además, para completar la imagen también se consideraban otras variables cognitivas como la práctica, la revisión, los materiales de instrucción, los factores motivacionales y los cambios evolutivos de la capacidad cognitiva de manejar abstracciones verbales. Asimismo se ofrecía una breve crítica de las indicaciones y las limitaciones del aprendizaje basado en el descubrimiento y se evaluaban el papel y los mecanismos de influencia de las variables cognitivas frente a las motivacionales.

Sin embargo, en la presente edición revisada se ha juzgado más importante centrarse casi exclusivamente en la teoría de la asimilación subyacente, esto es, en los procesos y mecanismos mediadores del aprendizaje y la retención de carácter receptor y significativo y en las variables cognitivas y motivacionales-afectivas que inciden en ellos de una manera positiva y negativa. Como se indicaba antes, las variables de la estructura cognitiva (como, por ejemplo, la disponibilidad en la estructura cognitiva de ideas de anclaje pertinentes, así como su estabilidad, su claridad y su discriminabilidad en relación con ideas afines ya interiorizadas y con las ideas de los materiales de instrucción), al principio se consideraban los factores inmediatos más importantes que influyen en la capacidad de aprendizaje significativo y en el grado de aprendizaje y de retención de materiales de instrucción nuevos y potencialmente significativos; en consecuencia, puesto que todavía es así como básicamente se les considera, ocuparán un lugar central en el contenido de este libro. Con todo, el capítulo sobre materiales de instrucción ha sido eliminado a causa de su naturaleza demasiado especializada y técnica.

No obstante, los capítulos sobre el desarrollo, la práctica y los factores motivacionales se han conservado a causa de su importancia como factores determinantes del aprendizaje y la retención de carácter receptor y significativo y, en consecuencia, a causa de su manifiesta importancia para la adquisición y la retención de conocimientos sobre materias que se adquieren en las aulas y en entornos de aprendizaje similares.

También se ha eliminado del presente libro el capítulo sobre el aprendizaje basado en el descubrimiento que ya ha dejado de ser de «plena actualidad» como lo fuera en 1963. Desde entonces, muchos enseñantes y educadores se han sentido decepcionados ante su presunta potencialidad para resolver en solitario la mayoría de los eternos problemas de la educación. De este modo, además del hecho de que el aprendizaje basado en el descubrimiento *per se* no es básico para la teoría del aprendizaje y la retención de carácter significativo, una crítica cabal de sus bases teóricas y sus supuestos subyacentes ya no es necesaria ni pertinente.

Aunque de vez en cuando siguen apareciendo elogiosos informes de investigación y artículos teóricos sobre el aprendizaje basado en el descubrimiento en revistas de psicología de la educación y de investigación educativa, su incidencia ha ido disminuyendo sin cesar. Además, la base para las exageradas afirmaciones sobre la interacción por parte de los investigadores del aprendizaje basado en el descubrimiento se ha ido haciendo cada vez menos polémica y éstos han tendido a limitarse más a los aspectos de laboratorio de la ciencia psicológica empírica y a demostraciones experimentales del método científico. Este enfoque también tiende a atraer a los «rebeldes» educativos hacia su causa.

Por otro lado, el movimiento de reforma de la metodología de la enseñanza de Dewey, que propugna el aprendizaje basado en la actividad, sigue estando muy vivo pero su base teórica tiene muy poco en común con la del aprendizaje basado en el descubrimiento. Es evidente que hacer no es lo mismo que descubrir de una manera independiente o incluso con ayuda en el proceso de aprendizaje, sea memorista o significativo, y que también depende de una manera variable de la inteligencia mecánica y la destreza manual.

En la edición de 1963 había un capítulo dedicado al desarrollo y la preparación cognitivos que tampoco se ha conservado en la presente edición porque no aborda directamente (y ni siquiera indirectamente) los procesos y mecanismos del aprendizaje y la retención de carácter significativo. Más bien se ocupa de un examen paralelo de los cambios evolutivos de la capacidad cognitiva, esto es, de los cambios que ejercen una profunda influencia tanto en el aprendizaje y en la retención de carácter significativo como en la preparación de un estudiante a una edad o a un nivel dados de madurez cognitiva para aprender un material en concreto. Los enseñantes y los estudiantes suelen confundir la preparación evolutiva con los tipos de preparación que reflejan la posesión previa del conocimiento y/o la sutileza particular necesarios para aprender nuevo material de instrucción secuencialmente dependiente.

Durante los años transcurridos desde la aparición de la edición de 1963, el aumento del interés teórico e investigador en los enfoques cognitivos al aprendizaje y la retención, en los desarrollos y las modificaciones recientes de las visiones teóricas originales del autor, en la disponibilidad de completos libros de texto sobre psicología de la educación que consideran todas las variables importantes que influyen en el aprendizaje significativo (incluyendo el aprendizaje basado en el descubrimiento), en el inaudito intento de Novak de determinar la organización de la estructura cognitiva de un individuo empleando su (de Novak) técnica original de «correspondencia cognitiva» y en el empleo de la teoría de la asimilación por parte de varios ministerios nacionales de Educación de Iberoamérica como base teórica para reformar tanto el currículo como los métodos de instrucción predominantes, indica la conveniencia de preparar una versión revisada de la monografía de 1963 centrada principalmente en la teoría básica misma del aprendizaje y la retención de carácter receptor y significativo, esto es, en la teoría de la asimilación incluyendo la naturaleza del significado, en las condiciones y los procesos del aprendizaje y la retención de carácter receptor y significativo, en la estructura cognitiva y las variables evolutivas que influyen en ella, en las relaciones entre la adquisición de conocimientos (nuevos significados) por un lado, y su retención, transferencia y olvido por otro, así como en la naturaleza y las diferencias entre los diversos tipos de significados que comprenden el conocimiento de una materia.

Una característica completamente nueva de la presente edición es la inclusión de una extensa sinopsis de los aspectos teóricos básicos del libro en su conjunto que abarca por completo el primer capítulo. La intención es que sirva de introducción y orientación de carácter general a las nociones teóricas entrelazadas que se expresan en esta edición, sobre todo la teoría de la asimilación y sus diversas aplicaciones. Sin embargo, no se debería considerar como un organizador previo, un recurso didáctico para el que se definen y se discuten unos criterios muy claros en capítulos posteriores.

En consecuencia, es de esperar que el lector, en este capítulo orientador, se centre en primer lugar en los diversos aspectos de carácter más general relacionados con las condiciones, las categorías y los procesos subyacentes del aprendizaje y la retención de carácter significativo, en cómo difieren de sus homólogos memoristas y en cómo interaccionan con la estructura cognitiva, la práctica y las variables relacionadas con la motivación, el desarrollo y la preparación, *antes* de abordar con demasiada profundidad los detallados aspectos funcionales de estos complejos procesos psicológicos. Por lo tanto, se espera que el dominio (o por lo menos una completa familiarización) por parte del lector de esta versión básica y abreviada del todo antes de abordar todas sus partes separadas, complejas y a veces confusas, le permitan evitar por lo menos en parte la común experiencia de aprendizaje de ser incapaz de ver el bosque a causa de los árboles y que las ideas explicativas que recorren este libro mantengan constante su continuidad y su línea teórica. En consecuencia, se recomienda encarecidamente al lector que lea en primer lugar la exposición previa completa (todo el capítulo 1) tan rápidamente como pueda y con una comprensión adecuada para obtener una impresión general de la materia del libro en su conjunto, de su enfoque y sus principales ideas teóricas, y de las relaciones entre las partes separadas de la teoría de la asimilación, tanto entre sí como con la propia teoría central. Luego, antes de leer de manera seria y cuidadosa cada uno de los capítulos posteriores, es probable que le sea útil leer la sección correspondiente de la versión abreviada previa del capítulo 1.

La promesa del enfoque cognitivo al aprendizaje escolar (de materias) y a la adquisición, la retención y la organización de conocimientos en la estructura cognitiva del estudiante se ha cumplido ampliamente desde la publicación de *The Psychology of Meaningful Verbal Learning* en 1963. Se han realizado literalmente centenares de disertaciones y estudios de investigación sobre variables relacionadas como los organizadores previos, la conciliación integradora, la diferenciación progresiva, la organización secuencial de la materia, la revisión, el sobreaprendizaje, la consolidación del aprendizaje, etc., en un contexto de aprendizaje significativo (esto es, usando material de aprendizaje verbal potencialmente significativo). Lo que todavía queda por hacer en el campo de la investigación y la educación es: 1) más investigaciones a largo plazo sobre la adquisición y la retención de cursos de estudio enteros y de currículos graduados secuencialmente para estudiantes de distintos niveles de edad; y 2) la aplicación de estos resultados al currículo y a las prácticas y los materiales de instrucción. Algunas investigaciones del segundo tipo ya se están realizando en países como México, Brasil, Venezuela y Holanda.

Ahora está claro para la mayoría de los estudiosos de los procesos mentales superiores y de la psicología de la educación que los enfoques cognitivos (reconocer el papel de la estructura cognitiva existente del estudiante en la adquisición, la retención, la organización y la transferencia de nuevos significados) se están aplicando a áreas del aprendizaje escolar como el aprendizaje orientado al dominio, la adquisición de conceptos, la resolución de problemas, la creatividad, el pensamiento y el criterio. El rápido declive del neoconductismo, primero en muchos países (donde, en realidad, nunca llegó a cuajar demasiado) y algo después en Estados Unidos, donde se originó, ahora es un hecho establecido tanto en la psicología experimental como en la psicología de la educación estadounidenses y se ha visto acompañado de una disminución correspondiente en el número de disertaciones y estudios de investigación sobre el aprendizaje memorista en la escuela y áreas afines, y de la virtual desaparición de las máquinas de instrucción y los métodos de enseñanza basados en el refuerzo operante.

Otra tendencia paralela mencionada anteriormente, que refleja el nuevo interés en el aprendizaje significativo basado en la recepción mediante una enseñanza explicativa y unos materiales de instrucción apropiados, ha sido el declive de los enfoques orientados al «aprendizaje basado en el descubrimiento», el «aprendizaje de procesos», «el aprendizaje por indagación», etc.

Esta última tendencia ha ido acompañada de un renovado interés en los factores epistemológicos del aprendizaje porque ahora se aprecia, en general, que lo que es realmente conocible depende tanto de la naturaleza, la extensión y las limitaciones de las capacidades y los procesos cognitivos del ser humano y de su desarrollo a lo largo de la vida, como de la naturaleza objetiva de lo que el ser humano desea saber, de su cognoscibilidad y de la metodología para adquirir este conocimiento (la epistemología, el método científico). En consecuencia, también se consideran en cierta medida y en un sentido general: 1) la relación entre los corpus de conocimientos, representados por consensos académicos en una disciplina dada (por ejemplo, libros de texto, monografías, estudios de investigación) y cómo se representan y se organizan estos conocimientos en las estructuras cognitivas de estudiosos y estudiantes concretos; y 2) cómo cambia esta relación en función de la madurez intelectual (cambios relacionados con la edad en el procesamiento de la información) y de la complejidad de la materia.

El lector perspicaz que tenga criterio y buena memoria quizá se pueda sorprender un poco ante el grado de redundancia que encontrará en este libro. Sin embargo, esta redundancia es más deliberada que accidental. Refleja en gran medida la creencia del autor, totalmente intuitiva pero no confirmada empíricamente, de que la sustancia de una idea dada se refuerza al máximo en la memoria si se discute en cualesquiera contextos donde sea pertinente en lugar de considerarse sólo la primera vez y en el primer lugar en el que aparece en el texto. En otras palabras, hipotéticamente hablando, la repetición de una idea en múltiples contextos la consolida más en la memoria que múltiples repeticiones de la misma en el mismo contexto. En esta monografía se abraza de una manera vigorosa e inequívoca esta redundancia multicontextual en parte a causa de los resultados experimentales tan convincentes obtenidos por Hull* sobre la formación de conceptos y en parte porque los libros de texto y los profesores universitarios estadounidenses parecen evitar por completo la redundancia de cualquier tipo de una manera aparentemente muy compulsiva, como si el hecho de no hacerlo representara, para ellos, la violación de una sagrada cuestión de honor.

La redundancia quizá sea el recurso pedagógico y psicológico más antiguo que han usado los enseñantes para facilitar el aprendizaje verbal significativo (además del memorista). La base de esta práctica era simple pero eficaz: en general, las secuencias idénticas organizadas al azar o incluso de una manera natural y significativa, rara vez se repiten con la frecuencia suficiente en situaciones no planificadas y con la necesaria proxi-

---

*Hull, C. L., *Principles of Behavior,* Nueva York, Appleton-Century, 1943.

midad para que los estudiantes puedan apreciar que sus componentes se relacionan entre sí de una manera particular y son calificadas como «correctas» y «erróneas» por el enseñante. Con el tiempo, este recurso, conocido como «ejercitación», aunque con frecuencia se menoscababa por ser memorista y mecánico (sin sentido), se convirtió en una técnica de instrucción normal y aceptada y pasó a formar parte del instrumental pedagógico de todo enseñante para potenciar el aprendizaje.

Sin embargo, la práctica pedagógica de la ejercitación cayó en el descrédito general entre muchos educadores cuando «el aprendizaje basado en la actividad» y los métodos basados en el descubrimiento se popularizaron. Esta antigua variante multicontextual de la redundancia simple, la «ejercitación», no sólo refuerza el aprendizaje de la tarea designada como resultado de la exposición del estudiante a ensayos multicontextuales, sino que, al mismo tiempo, también diferencia esta tarea de aprendizaje de otras tareas similares y competidoras orientadas a la formación de conceptos.

Puede que algunos lectores también se sorprendan un poco ante la preponderancia de referencias antiguas citadas en el texto de esta monografía. Sin embargo, este hecho refleja la influencia mucho mayor que han ejercido en el desarrollo y en los contenidos de la teoría de la asimilación movimientos históricos y actuales de la psicología como el estructuralismo, el funcionalismo, la psicología de la Gestalt y ciertos aspectos de la teoría de los esquemas (Bartlett) y de la psicología cognitiva, en contraposición con otros movimientos psicológicos opuestos como el neoconductismo, el procesamiento de la información, la cibernética, los modelos informáticos y las formulaciones de redes semánticas y asociativas.

En la práctica estas últimas tendencias teóricas también se ocupaban más de los aspectos memoristas del aprendizaje y de la retención que de los aspectos significativos y, en general, eran de origen más reciente que las primeras teorías. En consecuencia, se ha considerado que era mucho más pertinente, tanto desde el punto de vista histórico como desde el sustancial, citar las nociones teóricas y las pruebas obtenidas por medio de la investigación de los primeros movimientos ideacionales a causa de su relación teórica mucho más íntima con el aprendizaje y la retención de carácter receptor y significativo. Se ha considerado que era más pertinente y más útil para el lector interesado en la vertiente histórica la posibilidad de poner en práctica la política de citar referencias acabada de mencionar, que generar una falsa impresión de actualización citando referencias mucho más recientes y actuales que, en realidad, tienen mucho menos que ver con la teoría de la asimilación.

Es conveniente hacer una advertencia respecto al seguimiento y la calificación histórica de las tendencias teóricas antes mencionadas. Gran parte del reciente traslado desde enfoques neoconductistas a enfoques cognitivos, tanto en la psicología experimental y educativa como en la teoría del aprendizaje, es más aparente que real. En realidad, una parte considerable de lo que hoy en día se tiene por teoría cognitiva se ocupa más de fenómenos de la percepción o bien es una doctrina neoconductista disfrazada de terminología cognitiva o una teoría pseudocognitiva formulada en función de unos supuestos mecanicistas (neoconductistas) subyacentes. La inevitable propensión estadounidense hacia el empirismo como un fin en sí mismo y la predilección por enfoques reduccionistas, mecanicistas, neuropsicológicos y conductistas a la teoría psicológica están arraigadas con demasiada fuerza en la psicología académica estadounidense, y el neconductismo no puede abandonar discretamente este campo por completo sin antes abrazar parte de esta filosofía de la ciencia transitoriamente reduccionista. Y lo hace con toda facilidad, al mismo tiempo que rechaza versiones verdaderamente cognitivas de los procesos de aprendizaje y de retención de carácter significativo para la adquisición y la retención de conocimientos.

Deseo expresar mi agradecimiento a Susan Davison por su cuidado y precisión en el mecanografiado del manuscrito y en la preparación de las pruebas de imprenta de este libro, y también a mi esposa, Gloria, por su imaginativa coordinación de sus diversas partes y fuentes.

DAVID P. AUSUBEL, doctor en Medicina y Filosofía
Port Ewen, Nueva York
Enero de 1999

1 Resumen de la teoría de la asimilación sobre el aprendizaje y la retención de carácter significativo

El significado y el aprendizaje, y la retención de carácter significativo

El aprendizaje significativo basado en la recepción supone principalmente la adquisición de nuevos significados a partir del material de aprendizaje presentado. Requiere tanto una actitud de aprendizaje significativa como la presentación al estudiante de un material *potencialmente* significativo. A su vez, esta última condición supone: 1) que el propio material de aprendizaje se pueda relacionar de una manera *no arbitraria* (plausible, razonable y no aleatoria) y *no literal* con *cualquier* estructura cognitiva apropiada y pertinente (esto es, que posea un significado «*lógico*»); y 2) que la estructura cognitiva de la persona *concreta* que aprende *contenga* ideas de anclaje pertinentes con las que el nuevo material se pueda relacionar. La interacción entre significados potencialmente nuevos e ideas pertinentes en la estructura cognitiva del estudiante da lugar a significados reales o psicológicos. Puesto que la estructura cognitiva de cada persona que aprende es única, todos los nuevos significados adquiridos también son, forzosamente, únicos.

El aprendizaje significativo no es sinónimo del aprendizaje de material significativo. En primer lugar, el material de aprendizaje sólo es *potencialmente* significativo. En segundo lugar, debe haber una actitud de aprendizaje significativa. El material de aprendizaje puede consistir en componentes que ya sean significativos (como pares de adjetivos) pero cada componente de la tarea de aprendizaje, además de la tarea de aprendizaje en su conjunto (aprender una lista de palabras relacionadas de una manera arbitraria), no son «lógicamente» significativos. E incluso es posible aprender de una manera memorista un material lógicamente significativo si el estudiante no tiene una actitud de aprendizaje significativa.

Se pueden distinguir tres tipos de aprendizaje significativo basado en la recepción.

Tipos de aprendizaje significativo basado en la recepción

El aprendizaje *representacional* (como nombrar) es el más parecido al aprendizaje memorista. Se produce cuando el significado de unos símbolos arbitrarios se equipara con sus referentes (objetos, eventos, conceptos) y muestran para el estudiante cualquier significado que expresen sus referentes. El aprendizaje representacional es significativo porque estas proposiciones de equivalencia representacional pueden estar relacionadas de una manera no arbitraria, a modo de ejemplos, con una generalización presente en la estructura cognitiva de casi todo el mundo desde aproximadamente el primer año de vida: que todo tiene un nombre y que el nombre significa cualquier cosa que signifique su referente para la persona que aprende.

Definición de conceptos y tipos de aprendizaje de conceptos

Los *conceptos* se pueden definir como objetos, eventos, situaciones o propiedades que poseen unos atributos característicos comunes y están designados por el mismo signo o símbolo. Existen dos métodos generales para aprender conceptos: 1) la formación de conceptos, que se da principalmente en los niños pequeños; y 2) la asimilación de conceptos, que es la forma predominante de aprendizaje de conceptos en los escolares y los adultos. En la formación de conceptos, los atributos característicos del concepto se adquieren por medio de la experiencia directa, es decir, mediante etapas sucesivas de generación de hipótesis, comprobación y generalización. Sin embargo, a medida que el vocabulario del niño aumenta, los conceptos, nuevos se adquieren principalmente mediante el proceso de asimilación de conceptos, puesto que los atributos característicos de los nuevos conceptos se pueden definir mediante el uso, en nuevas combinaciones, de referentes ya existentes disponibles en la estructura cognitiva del niño.

Los conceptos constituyen un aspecto importante de la teoría de la asimilación porque la comprensión y la resolución significativa de problemas dependen en gran medida de la disponibilidad, en la estructura cognitiva del estudiante, de conceptos de orden superior (en la adquisición subsumidora de conceptos) y de conceptos subordinados (en la adquisición de conceptos de orden superior). También es evidente: 1) que los seres humanos interpretan las experiencias perceptivas «en bruto» en función de unos conceptos particulares de sus estructuras cognitivas, y 2) que los conceptos constituyen los componentes básicos tanto del aprendizaje significativo basado en la recepción de proposiciones declarativas como de la generación de proposiciones significativas en la resolución de problemas.

Los conceptos mismos están compuestos de los atributos característicos abstraídos que son comunes a una categoría dada de objetos, eventos o fenómenos, a pesar de su diversidad a lo largo de dimensiones distintas de las que caracterizan los atributos característicos compartidos por todos los miembros de la categoría.

Los nombres de los conceptos

Puesto que los conceptos tienen nombres, como cualquier objeto o evento particular, los conceptos nombrados se pueden manipular, comprender y transferir con más facilidad que los conceptos sin nombre. Los nombres de los conceptos se adquieren mediante un aprendizaje representacional significativo después de que se hayan adquirido los significados de los conceptos mismos. Naturalmente, este último proceso depende de la existencia de una actitud de aprendizaje significativa y de relacionar de una manera no arbitraria y sustancial los atributos característicos potencialmente significativos del concepto con ideas pertinentes en la estructura cognitiva del estudiante.

Aprendizaje significativo de proposiciones

Aunque el aprendizaje significativo de proposiciones verbales es algo más complejo que aprender los significados de las palabras, es similar al aprendizaje representacional en el sentido de que, después de que una tarea de aprendizaje potencialmente significativa se relacione e interaccione con ideas pertinentes ya existentes en la estructura cognitiva, aparecen nuevos significados. Sin embargo, en este caso, la tarea de aprendizaje, o la proposición potencialmente significativa, consta de una idea compuesta que se expresa verbalmente en una expresión que contiene tanto significados de palabras de carácter denotativo y connotativo como las funciones sintácticas de las palabras y las relaciones entre ellas. El contenido cognitivo diferenciado que genera el proceso de aprendizaje significativo y que constituye su significado es un producto interactivo de la manera *concreta* en que el contenido de la nueva proposición se relaciona con el contenido de ideas pertinentes ya establecidas en la estructura cognitiva. La relación en cuestión puede ser subordinada, de orden superior o una combinación de las dos.

Tipos de aprendizaje proposicional

El aprendizaje proposicional puede ser subordinado (subsumidor), de orden superior o combinatorio. El aprendizaje subsumidor se produce cuando una proposición «lógicamente» significativa de una disciplina particular (plausible, pero no necesariamente válida desde un punto de vista lógico o empírico en el sentido filosófico) se relaciona significativamente con unas proposiciones específicas de orden superior en la estructura cognitiva del estudiante. Este aprendizaje se puede llamar derivado si el material de aprendizaje simplemente ejemplifica o apoya una idea que ya existe en la estructura cognitiva. Se llama correlativo si es una extensión, una elaboración, una modificación o una matización de proposiciones previamente aprendidas.

El aprendizaje proposicional de orden superior se produce cuando una proposición nueva se puede enlazar o bien con unas ideas subordinadas específicas de la estructura cognitiva ya existente o bien con un amplio fondo de ideas pertinentes en general de la estructura cognitiva que se pueden subsumir en ella. Por último, el aprendizaje proposicional combinatorio se refiere a los casos en los que una proposición potencialmente significativa no es enlazable con unas ideas específicas subordinadas o de orden superior en la estructura cognitiva del estudiante pero sí lo es con una combinación de contenidos pertinentes en general, y también menos pertinentes, de esa estructura. Evidentemente, la mayor parte del aprendizaje proposicional es subsumidor o combinatorio.

Es importante reconocer que el aprendizaje significativo no supone que la nueva información forme una especie de vínculo simple con unos elementos preexistentes de la estructura cognitiva. Al contrario, sólo en el aprendizaje memorista se produce un vínculo simple, arbitrario y no sustancial con la estructura cognitiva preexistente. En el aprendizaje significativo, el mismo proceso de adquirir información produce una modificación tanto de la información acabada de adquirir como del aspecto específicamente pertinente de la estructura cognitiva con el que se vincula la nueva información. En la mayoría de los casos, la nueva información se relaciona con un concepto o una proposición de carácter específico y pertinente. Por razones de conveniencia, haremos referencia a estos conceptos o proposiciones como *ideas* pertinentes de la estructura cognitiva. Para indicar que el aprendizaje significativo supone una interacción selectiva entre el nuevo material de aprendizaje y las ideas preexistentes en la estructura cognitiva, emplearemos el término *anclaje* para expresar una conexión en el tiempo con las ideas preexistentes. Por ejemplo, en la subsunción, las ideas preexistentes de orden superior ofrecen un anclaje para el aprendizaje significativo de nueva información.

Los procesos del aprendizaje significativo frente a los procesos del aprendizaje memorista

Naturalmente, las tareas de aprendizaje memorista no se dominan en un vacío cognitivo. *Se pueden* relacionar con la estructura cognitiva pero *sólo* de una manera arbitraria y literal que no produce la adquisición de algún significado. Por ejemplo, puesto que los miembros particulares que actúan como estímulo y respuesta en un par dado de adjetivos en el aprendizaje de pares asociados se relacionan entre sí de una manera totalmente arbitraria, no hay ninguna base posible para relacionar de una manera no arbitraria la tarea de aprendizaje con la estructura cognitiva de nadie, y el estudiante también debe recordar literalmente la respuesta a cada palabra que actúa como estímulo (no puede emplear sinónimos).

Naturalmente, esta capacidad de relación arbitraria y literal de las tareas de aprendizaje memorista con la estructura cognitiva tiene algunas consecuencias importantes para el aprendizaje. En primer lugar, puesto que el equipamiento cognitivo humano, a diferencia de un ordenador, no puede manejar con mucha eficacia información que se enlaza con él de una manera arbitraria y literal, sólo se pueden interiorizar de esta manera tareas de aprendizaje relativamente breves y éstas sólo se pueden retener durante breves períodos de tiempo a menos que se dé un intenso sobre-aprendizaje. En segundo lugar, su capacidad de relación arbitraria y literal con la estructura cognitiva hace que las tareas de aprendizaje memorista sean muy vulnerables a la interferencia de materiales similares previamente aprendidos y encontrados de una manera concurrente o retroactiva. Como veremos después, este tipo básicamente diferente de la capacidad de enlace con la estructura cognitiva (arbitraria y literal frente a no arbitraria y no literal) explica la diferencia fundamental entre los procesos del aprendizaje memorista y los procesos del aprendizaje significativo.

Además, el aprendizaje y el olvido de carácter memorista dependen de la adquisición de una fuerza asociativa discreta y de su disminución mediante una exposición a interferencias previas y/o posteriores por parte de elementos discretos similares pero confundibles que o bien ya están almacenados o bien se adquieren después (interferencia proactiva y retroactiva). En cambio, el aprendizaje y el olvido de carácter significativo dependen, en primer lugar, de relacionar material nuevo y potencialmente significativo con ideas pertinentes de la estructura cognitiva del estudiante y, en segundo lugar (y en ausencia de un sobreaprendizaje), de la posterior pérdida espontánea y gradual de la disociabilidad de los nuevos significados, adquiridos mediante esta interacción, de sus ideas de anclaje (subsunción obliteradora). Tanto en el aprendizaje memorista como en el significativo, la misma reproducción del material retenido también está influida por factores como el sesgo cultural o actitudinal y por las demandas circunstanciales específicas del propio contexto de reproducción. Estas diferencias entre los procesos del aprendizaje memorista y del aprendizaje significativo explican en gran medida la superioridad del aprendizaje y la retención de carácter significativo en relación con el aprendizaje y la retención de carácter memorista.

El aprendizaje basado en la recepción frente al aprendizaje basado en el descubrimiento

Como se decía antes, el aprendizaje proposicional es típico de la situación que predomina en el aprendizaje basado en la recepción, en el que se *presentan* al estudiante unas proposiciones sustanciales cuyo significado sólo debe aprender y recordar. Sin embargo, es importante tener presente que el aprendizaje proposicional también es un tipo fundamental de resolución de problemas verbales o de aprendizaje basado en el descubrimiento. La diferencia principal entre el aprendizaje proposicional tal como se da en las situaciones de aprendizaje basado en la recepción por un lado, y en situaciones de aprendizaje basado en el descubrimiento por otro, reside en si el contenido principal de lo que se debe aprender le es presentado al estudiante o éste lo debe descubrir. En el aprendizaje basado en la recepción estos contenidos se presentan en forma de una proposición sustancial o que no tiene la forma de un problema planteado que el estudiante debe comprender y recordar. Por otro lado, en el aprendizaje basado en el descubrimiento *primero* el estudiante debe descubrir estos contenidos generando proposiciones que o bien representen soluciones a los problemas planteados o bien pasos sucesivos en su solución.

En realidad, las variedades de aprendizaje proposicional basadas en la recepción y en el descubrimiento intervienen sucesivamente en etapas distintas del proceso de resolución de problemas.

A pesar de las marcadas diferencias que existen entre ellos, es evidente que el aprendizaje significativo y el aprendizaje memorista no son dicotómicos en muchas situaciones prácticas de aprendizaje y que se pueden colocar fácilmente en un continuo memorista-significativo. Por ejemplo, el aprendizaje representacional (como en el caso de aprender nombres de conceptos) está mucho más cerca del extremo memorista de este continuo que el aprendizaje de conceptos o el aprendizaje proposicional, porque su proceso incorpora elementos importantes que se enlazan de una manera arbitraria y literal con sus referentes en la estructura cognitiva. A veces también ocurre que el aprendizaje memorista y el aprendizaje significativo se siguen sucesivamente en relación con el mismo material de aprendizaje como, por ejemplo, en el caso de un actor que primero debe aprender significativamente lo que debe decir y luego memorizarlo literalmente para decirlo en escena.

El papel del lenguaje en el aprendizaje significativo

El lenguaje es un facilitador importante del aprendizaje significativo basado en la recepción y en el descubrimiento. Al aumentar la capacidad de manipulación de los conceptos y de las proposiciones por medio de las propiedades representacionales de las palabras y al refinar las comprensiones subverbales que surgen en el aprendizaje significativo basado en la recepción y en el descubrimiento, clarifica estos significados y los hace más precisos y transferibles. Por lo tanto, y contrariamente a la postura de Piaget, el lenguaje tiene un papel (proceso) esencial y operativo en el pensamiento en lugar de desempeñar una función meramente comunicativa. Es probable que, sin el lenguaje, el aprendizaje significativo sólo fuera muy rudimentario (como, por ejemplo, en los animales).

El aprendizaje significativo es activo

Contrariamente también a las creencias expresadas en muchos círculos educativos, el aprendizaje verbal basado en la recepción no tiene que ser necesariamente memorista o pasivo (como suele ocurrir con tanta frecuencia en la práctica educativa real), siempre y cuando se empleen métodos de enseñanza explicativos que estén basados en la naturaleza, las condiciones y las consideraciones evolutivas que caracterizan el aprendizaje significativo basado en la recepción. Y, como demostraremos en capítulos posteriores, el aprendizaje basado en el descubrimiento también puede ser de naturaleza memorista, como suele ocurrir en la mayoría de las aulas, porque no cumple las condiciones del aprendizaje significativo.

El aprendizaje significativo basado en la recepción es un proceso intrínsecamente activo porque como mínimo requiere: 1) el tipo de análisis cognitivo necesario para determinar qué aspectos de la estructura cognitiva ya existente son más pertinentes al nuevo material potencialmente significativo; 2) algún grado de conciliación con ideas ya existentes en la estructura cognitiva, es decir, percibir similitudes y diferencias y resolver contradicciones aparentes o reales, entre conceptos y proposiciones nuevos y ya establecidos; y 3) la reformulación del material de aprendizaje en función del vocabulario y del fondo intelectual idiosincrásico de la persona concreta que aprende.

La naturaleza y las condiciones del aprendizaje significativo, activo y basado en la recepción también exigen un tipo de enseñanza expositiva que reconozca los principios de la diferenciación progresiva y de la conciliación integradora en los materiales de instrucción y caracterizan asimismo el aprendizaje, la retención y la organización del contenido de la materia en la estructura cognitiva del estudiante. El primer principio reconoce que la mayoría del aprendizaje y toda la retención y la organización de la materia es de naturaleza jerárquica, yendo de arriba hacia abajo en función del nivel de abstracción, generalidad e inclusividad. La conciliación integradora se facilita en la enseñanza expositiva si el enseñante y/o los materiales de instrucción prevén y neutralizan explícitamente las similitudes y las diferencias confundibles entre las ideas nuevas y las ideas pertinentes y establecidas ya existentes que están presentes en las estructuras cognitivas de los alumnos.

El aprendizaje significativo es, sobre todo, aprendizaje basado en la recepción

Ya hemos indicado que la adquisición de conocimientos de una materia en cualquier cultura es básicamente una manifestación del aprendizaje basado en la recepción. Es decir, el contenido principal de lo que se debe aprender se suele presentar al estudiante con una forma más o menos final mediante una enseñanza expositiva. En estas circunstancias, del estudiante sólo se exige que comprenda el material y lo incorpore a su estructura cognitiva con el fin de que esté disponible para su reproducción, para un aprendizaje relacionado o para resolver problemas en el futuro.

Sin embargo, pocos recursos pedagógicos de nuestro tiempo han sido repudiados de una manera más inequívoca por los teóricos educativos que el método de la enseñanza expositiva verbal. En muchos círculos está de moda caracterizar el aprendizaje verbal como una simple recitación y memorización de hechos aislados y rechazarlo con desdén como una reliquia arcaica de una tradición educativa desacreditada. Durante las últimas cinco décadas, los programas de actividad, los métodos basados en proyectos, las diversas maneras de maximizar la experiencia no verbal en el aula, el énfasis en el «autodescubrimiento» y en aprender por y para la *resolución de problemas*, se han introducido, en gran medida, en respuesta a la extendida insatisfacción ante las técnicas de instrucción verbal. Totalmente aparte de cuál pueda ser su valor intrínseco, estas actividades surgieron principalmente a causa de las deficiencias generales de la instrucción verbal tal como se practicaba en las escuelas. Por ejemplo, en general se ha aceptado (por lo menos en el ámbito de la teoría educativa): 1) que las generalizaciones significativas no se pueden presentar o «dar» al alumno sino que sólo se pueden adquirir como producto de una actividad de resolución de problemas; y 2) que todos los intentos de dominar conceptos y proposiciones verbales son formas de verbalismo vacío a menos que el alumno tenga una experiencia anterior reciente con las realidades concretas a las que se refieren estas estructuras verbales.

Deficiencias de la enseñanza expositiva

Naturalmente, existen razones adecuadas que explican parte del desencanto suscitado por la enseñanza expositiva y el aprendizaje basado en la recepción. La más evidente de ellas es que la materia potencialmente significativa se suele presentar a los alumnos de tal manera que éstos sólo la pueden aprender *de una manera memorista*. Otra razón menos evidente pero igualmente importante por la que el significado se percibe como un producto exclusivo de las técnicas de aprendizaje basadas en la resolución de problemas y en el descubrimiento, surge de dos graves limitaciones de la teoría del aprendizaje predominante. En primer lugar, los psicólogos han tendido a subsumir muchos tipos cualitativamente diferentes de procesos de aprendizaje en un solo modelo explicativo. Como resultado, se ha producido una gran confusión en relación con las distinciones básicas entre el aprendizaje basado en la recepción y el basado en el descubrimiento y entre el aprendizaje memorista y el significativo. Por ejemplo, no siempre ha estado muy claro que unos tipos de aprendizaje fundamentalmente tan diferentes como la resolución de problemas y la comprensión de un material verbal presentado tengan unos objetivos diferentes. Además, las condiciones y las técnicas de instrucción que facilitan uno de estos procesos de aprendizaje no son necesariamente pertinentes ni máximamente eficaces para el otro. En segundo lugar, en ausencia de una teoría apropiada para el aprendizaje verbal significativo, muchos psicólogos de la educación han tendido a interpretar el aprendizaje y el olvido de contenidos a largo plazo en función de los mismos conceptos (generalización de estímulos, interferencia retroactiva, etc.) empleados para explicar las formas de aprendizaje memorista típicas del laboratorio. En consecuencia, no es sorprendente que, en términos generales, el aprendizaje basado en la recepción se haya percibido como un fenómeno memorista.

No nos debe sorprender tampoco que algunos de los programas de aprendizaje basados en la enseñanza expositiva y en la recepción más manifiestamente inútiles y mal concebidos que se han empleado en las escuelas hayan provocado un fracaso rotundo en los intentos de aprender de los alumnos, con el consiguiente rechazo de estas prácticas por parte de muchos enseñantes que se han decantado por los métodos más nuevos basados en el descubrimiento. A su vez, este resultado ha conducido a una visión ampliamente aceptada en los círculos educativos según la cual el método basado en la enseñanza expositiva y en la recepción fomenta el aprendizaje de un verbalismo vacío (en lugar de generalizaciones) desprovisto de todo significado y comprensión. Algunas de estas prácticas expositivas infructuosas tenían las siguientes características:

1. El empleo prematuro de técnicas puramente verbales con alumnos cognitivamente inmaduros.
2. La presentación arbitraria de hechos no relacionados entre sí sin ningún principio organizador o explicativo.
3. La incapacidad de integrar nuevas tareas de aprendizaje con materiales presentados previamente.
4. El empleo de procedimientos de evaluación que se limitan a medir la capacidad de reconocer hechos discretos o de reproducir ideas con las mismas palabras o en el mismo contexto en el que se encontraron originalmente.

Retención y olvido de carácter significativo

El proceso de asimilación en el aprendizaje
y la retención de carácter significativo

El aprendizaje significativo sólo constituye la primera etapa de un proceso de asimilación más amplio e inclusivo que también consta de otra etapa secuencial, natural e inevitable: la retención y el olvido. La teoría de la asimilación explica que, en la etapa de aprendizaje, las nuevas ideas potencialmente significativas del material de instrucción se relacionan selectivamente con ideas pertinentes y también más generales e inclusivas (así como más estables) ya existentes (de anclaje) en la estructura cognitiva. Estas ideas nuevas interaccionan con las ideas de anclaje pertinentes y el principal producto de esta interacción se convierte, para el estudiante, en el significado de las ideas de instrucción acabadas de presentar. A continuación, estos nuevos significados emergentes se almacenan (se enlazan) y se organizan en el intervalo de retención (la memoria) con sus correspondientes ideas de anclaje.

Procesos asimilativos en el aprendizaje significativo

En consecuencia, los procesos asimilativos en la etapa de aprendizaje significativo incluyen: 1) el anclaje selectivo del material de aprendizaje a ideas pertinentes ya existentes en la estructura cognitiva, 2) la interacción entre las ideas acabadas de presentar y las ideas pertinentes ya existentes (de anclaje), surgiendo el significado de las primeras como producto de esta interacción; y 3) el enlace en el intervalo de retención (la memoria) de los nuevos significados emergentes con sus correspondientes ideas de anclaje. Estos nuevos significados comparten de una manera natural la mayor estabilidad y la correspondiente mayor fuerza de disociabilidad que se producen como resultado de su enlace con sus ideas de anclaje más estables. En este proceso interactivo, las propias ideas de anclaje también se modifican de una manera evidente y en una medida variable tanto a causa de las nuevas ideas de instrucción con las que interaccionan como, más adelante, por los nuevos significados emergentes a los que se unen durante su almacenamiento en la memoria. Naturalmente, esta unión y este almacenamiento de las ideas acabadas de aprender con las ideas de anclaje más estables también se pueden considerar parte del proceso de retención cuando el vínculo ya se ha establecido.

Es evidente que la historia natural del aprendizaje significativo no acaba con la adquisición de nuevos significados. El aprendizaje siempre debe estar seguido de la retención y/o el olvido, que son sus resultados y secuelas naturales. Cualquier cosa que se aprende o bien se retiene o bien se olvida. Se debe admitir que el proceso de asimilación es algo diferente en la retención y en el olvido que en el aprendizaje significativo, pero es comparable tanto en sus manifestaciones psicológicas perceptibles como en sus mecanismos psicológicos subyacentes.

El proceso de asimilación en la retención y en el olvido

Durante el intervalo de retención, los significados que acaban de emerger se almacenan (se enlazan) con sus correspondientes ideas de anclaje. Sin embargo, sólo se pueden disociar y reproducir a partir de sus ideas de anclaje como entidades separadamente identificables por derecho propio durante cierto período limitado de tiempo (a menos que se sobreaprendan por repetición o por ensayo). Cuando la fuerza de su disociabilidad cae por debajo de cierto punto crítico (el umbral de disponibilidad), se produce el olvido o una reducción gradual a las ideas de anclaje en cuestión (subsunción obliteradora). Los factores (variables) de la estructura cognitiva que refuerzan o debilitan la adquisición inicial de los nuevos significados (es decir, la disponibilidad de subsumidores pertinentes y su estabilidad, claridad y discriminabilidad) siguen actuando durante el período de retención en el que los procesos asimilativos psicológicamente activos son funcionales a pesar de la falta de conciencia de los mismos. Ésta es la segunda etapa, o etapa de retención-olvido, de los procesos asimilativos (en el sentido más amplio del término) que participan en el aprendizaje y en la retención de carácter significativo y que subyacen a ellos. Como procesos mantienen una continuidad con los correspondientes actos cognitivos manifiestos del aprendizaje y la retención de carácter significativo.

Sin embargo, la fuerza de disociabilidad de los significados recientemente adquiridos en relación con las ideas de anclaje a las que se han unido suele disminuir con el paso del tiempo a causa de los procesos asimilativos hasta que llega a ser prácticamente nula. Esto ocurre porque es mucho menos oneroso recordar sólo una idea general no elaborada o sin matices que otra explícita y específicamente elaborada en estos últimos aspectos.

Lo que es común a las dos etapas —el aprendizaje significativo y la retención-olvido— y que indica la actuación de los procesos asimilativos, es que las ideas estables y establecidas de la estructura cognitiva interaccionan selectivamente (en virtud de su pertinencia) con las ideas nuevas del material de instrucción (las asimilan) para producir los nuevos significados que constituyen el objetivo del proceso de aprendizaje. Luego, estos significados nuevos se estabilizan mediante su enlace (almacenamiento) con estas mismas ideas de anclaje estables. Cuando se acaban de vincular con estas últimas ideas manifiestan una disociabilidad máxima, pero después muestran gradualmente una disociabilidad menor con el paso del tiempo para reducir la tensión cognitiva generada por su particularidad, sus matices y sus elaboraciones. Estos procesos son manifiestamente similares y asimilativos en los dos casos porque las ideas ya existentes y establecidas en la estructura cognitiva (estados de conocimiento establecidos en el alumno en unas disciplinas particulares) desempeñan el papel de un proceso determinante en la adquisición y la retención de nuevos conocimientos.

Las variables cognitivas, por un lado, y las variables relacionadas con la motivación y la personalidad y de carácter social, por otro, influyen en el aprendizaje y en la retención de carácter significativo por medio de mecanismos diferentes. El olvido también pueden estar influido por ciertos factores (como el «shock del aprendizaje» inicial, la «represión», la suscitación de la reproducción mediante el recuerdo frente al reconocimiento y la hipnosis) que influyen en el umbral de disponibilidad de los significados en cuestión sin alterar en absoluto su fuerza de disociabilidad.

Factores (variables) de la estructura cognitiva y transferencia

Tras haber considerado la naturaleza del significado y del aprendizaje significativo, así como la naturaleza del aprendizaje y la retención basados en la recepción, estamos en posición de considerar ciertos factores cognitivos que facilitan el aprendizaje en clase. Entre estos factores, las propiedades de la estructura de conocimiento ya existente en el momento del aprendizaje (variables de la estructura cognitiva) quizá sean la consideración más importante. Puesto que esto supone, por definición, el impacto de toda la experiencia previa de aprendizaje pertinente en los procesos de aprendizaje en curso, es coextensivo con el problema de la transferencia.

Ya hemos planteado la hipótesis de que todas las influencias de las experiencias de aprendizaje pasadas tienen unos efectos o bien positivos o bien negativos en el nuevo aprendizaje y en la retención de carácter significativo en virtud de su impacto en las propiedades pertinentes de la estructura cognitiva. De ser esto cierto, todo aprendizaje significativo también supone necesariamente una transferencia. Es prácticamente imposible concebir algún caso de este tipo de aprendizaje que no se vea afectado de alguna manera por la estructura cognitiva ya existente. A su vez, esta experiencia de aprendizaje en curso produce una nueva transferencia modificando la estructura cognitiva. Por lo tanto, en el aprendizaje significativo la estructura cognitiva siempre es una variable pertinente y crucial aunque no esté deliberadamente influida o manipulada para determinar su efecto en el *nuevo* aprendizaje.

De la naturaleza misma de los incrementos de la estructura psicológica del conocimiento por medio del proceso de asimilación, se sigue que la propia estructura cognitiva ya existente —tanto el contenido sustancial de la estructura de conocimiento de un individuo como sus principales propiedades organizativas en el campo de una materia particular en cualquier momento dado— es el principal factor que influye en el aprendizaje y la retención de carácter significativo en ese mismo campo. El material lógicamente significativo (el contenido de la materia en el contexto del aprendizaje escolar) siempre se aprende, y sólo se puede aprender, en relación con el fondo previamente aprendido de conceptos y principios pertinentes de la persona concreta que aprende, y también de la información pertinente que hace posible la aparición de nuevos significados y refuerza su organización y su retención. En consecuencia, es evidente que las propiedades sustanciales y organizativas de este fondo influyen de una manera crucial tanto en la precisión y en la claridad de estos nuevos significados emergentes como en su capacidad de recuperación inmediata y a largo plazo.

Si la estructura cognitiva es clara y estable y está adecuadamente organizada, aparecen significados precisos e inequívocos que tienden a retener su fuerza de disociabilidad o su disponibilidad. Si, por otro lado, la estructura cognitiva es inestable, ambigua y con una organización nula o caótica, tiende a inhibir el aprendizaje y la retención de carácter significativo. Por lo tanto, el nuevo aprendizaje y su retención se pueden facilitar en gran medida reforzando los aspectos pertinentes de la estructura cognitiva.

Así pues, es común que los detalles de una disciplina dada se aprendan con rapidez en la medida en que se puedan ajustar a un marco contextual que conste de un corpus de conceptos y principios generales estable y apropiado. Cuando intentamos influir deliberadamente en la estructura cognitiva para maximizar el aprendizaje y la retención de carácter significativo, así como la transferencia, llegamos al corazón del proceso educativo.

Por lo tanto, y en conclusión, en cualquier disciplina dada se puede influir en la estructura cognitiva del estudiante: 1) de una manera sustancial mediante la inclusividad, el poder expositivo y las propiedades integradoras de los conceptos y principios unificadores particulares presentados al alumno; y 2) de una manera programática mediante métodos adecuados de presentar, disponer y comprobar la adquisición significativa de una materia empleando un material de instrucción adecuadamente programado y previamente comprobado, y manipulando de forma apropiada tanto las variables cognitivas como las de carácter social y las relacionadas con la motivación y la personalidad.

Variables de la estructura cognitiva

Las variables más importantes de la estructura cognitiva que se consideran en este libro son: 1) la disponibilidad en la estructura cognitiva del estudiante de unas ideas de anclaje específicamente pertinentes con un nivel óptimo de inclusividad, generalidad y abstracción; 2) la medida en que estas ideas se pueden discriminar de conceptos y principios tanto similares como diferentes (pero potencialmente confundibles) del material de aprendizaje; y 3) la estabilidad y la claridad de las ideas de anclaje.

La estabilidad y la claridad de las ideas de anclaje pertinentes están determinadas principalmente por el hecho de que hayan sido sobreaprendidas o consolidadas por medio de la repetición y/o el ensayo tanto en el mismo contexto como en contextos diferentes. Estos factores de la estructura cognitiva también son importantes por su poderoso efecto en la discriminabilidad de las similitudes y las diferencias entre las ideas nuevas y las ideas de anclaje. Además, también se influye de una manera positiva en la estabilidad y en la claridad si el estudiante domina primero el material de instrucción dentro de un contexto homogéneo antes de pasar a contextos más heterogéneos y si se emplean materiales de aprendizaje organizados de una manera secuencial y jerárquica. Es evidente que los principios acabados de mencionar son coherentes con los del «aprendizaje orientado al dominio».

Organizadores previos

Estructura, función y razones para su uso

Un organizador previo es un recurso pedagógico que ayuda a implementar estos principios salvando la distancia entre lo que ya sabe el estudiante y lo que necesita saber para que aprenda nuevo material de una manera activa y eficaz. La situación inmediata que hace que un organizador previo sea conveniente y potencialmente eficaz para salvar esta distancia es el hecho de que, en la mayoría de los contextos de aprendizaje significativo, las ideas pertinentes ya existentes en la estructura cognitiva son demasiado generales y carecen de un grado suficientemente particular de pertinencia y de contenido para actuar con eficacia como ideas de anclaje para las nuevas ideas presentadas mediante el material de instrucción en cuestión. El organizador previo remedia esta dificultad desempeñando un papel mediador, es decir, teniendo una mayor capacidad de relación y una mayor pertinencia con el contenido *particular* de la tarea de aprendizaje específica por un lado, y pudiéndose además relacionar con el contenido más *general* de las ideas potenciales de anclaje por otro. También facilita el aprendizaje modificando estas últimas ideas en la dirección del contenido particular del pasaje de aprendizaje (como resultado de que el estudiante lo estudie antes de estudiar el pasaje de aprendizaje).

Para que funcionen con eficacia para una variedad de personas, cada una de ellas con una estructura cognitiva un tanto idiosincrásica, y para proporcionar o modificar ideas de anclaje a un nivel de orden superior, *los organizadores se presentan con un nivel de abstracción, generalidad e inclusividad más elevado que el material nuevo que se debe aprender.* Por otro lado, los resúmenes y las sinopsis se suelen presentar con el mismo nivel de abstracción, generalización e inclusividad que el propio material de aprendizaje. Simplemente ponen de relieve los puntos más destacados del material omitiendo la información menos importante. En consecuencia, básicamente logran su efecto mediante la repetición y la simplificación.

Por lo tanto, las razones para emplear organizadores se basan principalmente en:

1. La importancia de tener ideas pertinentes o apropiadas en algún otro sentido *ya* establecidas y disponibles en la estructura cognitiva para hacer que las nuevas ideas *lógicamente* significativas sean *potencialmente* significativas y que las nuevas ideas *potencialmente* significativas sean *realmente* significativas (es decir, que produzcan nuevos significados), además de ofrecerles un anclaje estable.
2. Las ventajas de usar las ideas más generales e inclusivas de una disciplina en la estructura cognitiva como ideas de anclaje o subsumidoras, modificándolas adecuadamente para una mayor particularidad de su pertinencia dentro del material de instrucción. A causa del carácter más oportuno y específico de su pertinencia, también disfrutan de una mayor estabilidad intrínseca, de más poder expositivo y de una mayor capacidad integradora.
3. El hecho de que los propios organizadores intenten identificar los contenidos pertinentes ya existentes en la estructura cognitiva (y de relacionarse explícitamente con ellos) e indicar de forma explícita tanto la pertinencia del contenido ya existente como su propia pertinencia para el nuevo material de aprendizaje.

Por lo tanto, el organizador previo se presenta al estudiante antes de que éste se enfrente al material de aprendizaje propiamente dicho. Ante todo, refuerza los efectos positivos de las tres variables de la estructura cognitiva consideradas anteriormente. No sólo debe ser más general, inclusivo y abstracto que las ideas del pasaje de aprendizaje al que precede, sino que también debe tener en cuenta las ideas potencialmente pertinentes ya existentes en la estructura cognitiva del estudiante (para que él mismo se pueda aprender por un lado y para que pueda movilizar explícitamente todos los contenidos pertinentes ya disponibles en esa estructura por otro).

Los equívocos resultados obtenidos sobre los efectos de los organizadores previos reflejan en gran medida tanto el fracaso en satisfacer estos criterios expresados operacionalmente como la incapacidad de concebir unos procedimientos metodológicos satisfactorios para controlar otras variables pertinentes. Cuando la discriminabilidad entre las ideas de anclaje y las nuevas ideas del material de instrucción constituye un grave problema, se puede emplear un organizador *comparativo* que clarifique explícitamente las similitudes y las diferencias entre los dos conjuntos de ideas. Cuando esto no constituya un problema especial, suele bastar con un organizador expositivo.

Desarrollo cognitivo y preparación

Es evidente que la capacidad del estudiante para procesar ideas potencialmente significativas es, en parte, una función de su nivel evolutivo general en cuanto a capacidad o funcionamiento intelectual. Naturalmente, esta preparación o capacidad funcional de carácter evolutivo aumenta con la edad y la experiencia (incluyendo el aprendizaje escolar) y se debe distinguir de la preparación más específica en una materia que hemos considerado anteriormente. Esta última se refiere a la disponibilidad en la estructura cognitiva de unas ideas o unas experiencias específicas sobre la materia que sean esenciales para la comprensión y la manipulación de nuevas ideas relacionadas pertenecientes al mismo campo o subcampo.

Por lo tanto, y en contraposición a las variables de la estructura cognitiva, la preparación cognitiva, en el sentido evolutivo del término, no está determinada por el *estado* del conocimiento de la materia de un campo dado que ya posea el estudiante, sino por su *madurez cognitiva* o por su *nivel* cualitativo de *funcionamiento intelectual* que son necesarios para emprender la tarea de aprendizaje que tiene a mano con un grado razonable de esfuerzo y de probabilidades de éxito. Es evidente que este grado de preparación de carácter evolutivo no se produce en ausencia de un estímulo intelectual adecuado procedente del entorno (por ejemplo, el hogar o la escuela).

Etapas de la madurez cognitiva y de la preparación para aprender

Existe poco desacuerdo sobre el hecho de que la preparación de carácter evolutivo en la cognición siempre influye de una manera fundamental en la eficacia del proceso de aprendizaje. Además, con frecuencia determina si una capacidad intelectual dada o un tipo dado de material escolar se pueden aprender o no en una etapa concreta del desarrollo. La mayoría de los educadores también aceptan implícitamente la proposición de que existe una edad de preparación para cada tipo de aprendizaje. Diferir una experiencia de aprendizaje hasta más allá de la edad de preparación supone desperdiciar unas oportunidades de aprendizaje valiosas y con frecuencia insospechadas, reduciendo innecesariamente la cantidad y la complejidad de los contenidos relacionados con la materia que se pueden dominar durante un período designado de instrucción. Por otro lado, cuando un alumno es expuesto de forma prematura a una tarea de aprendizaje antes de que esté adecuadamente preparado para ella, no sólo no aprende la tarea en cuestión (o la aprende con una dificultad excesiva), sino que de esta experiencia también aprende a temer, detestar y evitar la tarea.

Una etapa dada de madurez cognitiva se puede definir como cualitativamente (discontinuamente) diferente de las etapas adyacentes. Típicamente tiene lugar de una manera gradual en cierto punto crítico de un cambio cuantitativo continuo. La secuencia de etapas es invariable; pero la edad concreta en la que aparece una etapa dada dentro de una misma cultura, en culturas (y sistemas escolares) diferentes y en relación con materias distintas, varía en función de la experiencia cultural, subcultural e idiosincrásica (además de factores como el CI y la aptitud diferencial). Por lo tanto, en ciertas culturas o subculturas y en niños retrasados (o incluso en muchos niños intelectualmente normales), la etapa más avanzada puede que nunca llegue a aparecer.

Dimensión concreto-abstracto

La dimensión más importante a lo largo de la cual se produce el desarrollo cognitivo en etapas cualitativamente discontinuas es la dimensión concreto-abstracto. En general, los niños de preescolar de nuestra cultura son incapaces de comprender conceptos a menos que puedan relacionar espontáneamente sus atributos característicos abstraídos con múltiples ejemplos específicos pero diversos de esos conceptos *antes* de relacionar estos mismos atributos con ideas pertinentes de su estructura cognitiva. De manera similar, los niños de preescolar son incapaces de comprender las relaciones existentes entre abstracciones proposicionales de orden superior en ausencia de ejemplos concretos de los conceptos implicados. En cambio, los niños de primera enseñanza suelen ser capaces de comprender el significado de un concepto relacionando directamente sus atributos característicos presentados con la estructura cognitiva, siempre y cuando se les ofrezcan ejemplos empíricos concretos de estos atributos. Sin embargo, en la mayoría de las culturas y subculturas occidentales, a partir de los primeros cursos de segunda enseñanza los alumnos pueden comprender y manipular ideas (conceptos y proposiciones) de carácter abstracto y las relaciones entre ellas directamente, es decir, sin necesidad de apoyos empíricos concretos.

Por lo tanto, aunque podemos designar unas etapas globales de madurez cognitiva a lo largo de la dimensión concreto-abstracto, debemos tener presente que en cualquier estudiante dado la anterior secuencia de maduración del desarrollo cognitivo se produce, en gran medida, de una manera separada para cada disciplina. De ahí que los estudiantes de más edad (enseñanza secundaria o universitaria) deban pasar por las tres etapas antes de enfrentarse por primera vez a una nueva disciplina. Sin embargo, los factores responsables del progreso en la maduración (la existencia de un corpus grande o una «masa crítica» de abstracciones estables en la estructura cognitiva y de términos transaccionales suficientes para relacionarlas entre sí, además de una experiencia considerable en comprender y manipular ideas abstractas sin necesidad de apoyos concretos en otras disciplinas) se pueden transferir a la nueva disciplina. Por lo tanto, estos factores aceleran la transición desde la comprensión y el pensamiento de carácter concreto a una comprensión y un pensamiento de carácter abstracto en el nuevo campo. En consecuencia, teniendo presentes los factores determinantes del desarrollo cognitivo, es posible, dentro de ciertos límites y proporcionando una experiencia escolar adecuadamente construida poco antes del final de cada etapa, acelerar la aparición de la siguiente etapa en la secuencia.

Cambios relacionados con la edad en la capacidad cognitiva

Por consiguiente, al evaluar la preparación cognitiva, también consideraríamos todos los cambios pertinentes relacionados con la edad en la capacidad de abordar tipos y niveles diferentes de materias que reflejen el crecimiento de la capacidad cognitiva o del modo de funcionamiento cognitivo. Además del nivel de abstracción, existen varios otros ejemplos de estos cambios en la capacidad cognitiva que influyen en los procesos de aprendizaje, retención y pensamiento y que, en consecuencia, influyen en la preparación evolutiva para aprender distintos tipos y niveles de materias. Entre ellos se incluyen los siguientes:

1. La creciente amplitud y complejidad del campo cognitivo.
2. La creciente familiaridad del mundo psicológico.
3. La mayor diferenciación de la estructura cognitiva.
4. La mayor precisión y especificidad de los significados.
5. La posesión de conceptos y términos transaccionales más abstractos y de orden superior.
6. La mayor capacidad de comprender y manipular abstracciones y las relaciones entre ellas sin necesidad de una referencia reciente o actual a experiencias empíricas concretas.
7. La mayor capacidad de abordar proposiciones generales independientemente de contextos particularizados.
8. Una menor subjetividad al abordar la experiencia.
9. La mayor capacidad de mantener la atención.
10. La mayor diferenciación de la capacidad intelectual.

Algunos de estos cambios en la complejidad cognitiva (como un aumento de la diferenciación del contenido cognitivo, la estructura y la capacidad intelectual, una mayor precisión y especificidad de los significados) tienen unas repercusiones evidentes para la preparación general de carácter evolutivo en la medida en que tengan que ver con la cuestión amplitud-profundidad del currículo.

La superioridad del aprendizaje y la retención de carácter significativo en relación con el aprendizaje y la retención de carácter memorista

Muchas líneas de evidencia interrelacionadas indican, y sugieren empíricamente, la conclusión de que el aprendizaje y la retención de carácter significativo son más eficaces que sus equivalentes memoristas. Las razones de ello se deducen claramente de nuestro anterior análisis comparativo. En primer lugar, el hecho de que el material de instrucción en el aprendizaje significativo sea lógicamente y, en consecuencia, potencialmente significativo, sin duda contribuye en gran medida a esta superioridad; pero sobre todo es la superioridad de los *procesos* de aprendizaje significativo (es decir, la actitud de aprendizaje significativa del estudiante y la capacidad de relación no arbitraria y no literal de los materiales de instrucción con las ideas de anclaje pertinentes en la estructura cognitiva) lo que básicamente explica los mejores resultados en cuanto a aprendizaje y retención.

La retención significativa es superior a la retención memorista por razones que se basan en las respectivas consideraciones sobre el proceso en cada caso. Los significados de reciente aparición que son el resultado de la interacción entre las nuevas ideas del material de aprendizaje y las ideas pertinentes (de anclaje) de la estructura cognitiva se enlazan y se almacenan con estas ideas de anclaje muy estables durante el intervalo de retención. Es evidente que este vínculo protege los nuevos significados de las interferencias arbitrarias y literales que acosan proactiva y retroactivamente a las asociaciones de carácter memorista.

En segundo lugar, en virtud del carácter no arbitrario y no literal del contenido de su material de aprendizaje y de su proceso de aprendizaje y de retención, en las situaciones de aprendizaje y de retención de carácter significativo se puede aprender una cantidad mucho mayor de material de instrucción y también retener durante períodos más prolongados de tiempo que en situaciones de aprendizaje y retención de carácter memorista. Además, y como se indicaba anteriormente, el enlace de los nuevos significados con ideas de anclaje muy estables los protege más de las interferencias.

En tercer lugar, el significado *per se*, en el contacto inicial con el material de aprendizaje y durante los períodos de aprendizaje y de retención, marca una diferencia subjetiva positiva en relación con el esfuerzo para aprender y recordar. La experiencia de aprendizaje en el aprendizaje significativo es subjetivamente agradable y familiar y también despierta la curiosidad intelectual y la perspectiva de adquirir nuevos conocimientos en lugar de verse como una tarea ingrata y desagradable de aprendizaje memorista que conlleva una excesiva tensión cognitiva. Los seres humanos tienden a trabajar más y a estar más motivados cuando las actividades de aprendizaje en las que participan tienen sentido en lugar de carecer de él y las pueden recordar y articular con sus propias palabras. Ésta es, básicamente, la explicación que ofrecen los psicólogos de la Gestalt para la superioridad del aprendizaje y la retención de carácter significativo en relación con el aprendizaje y la retención de carácter memorista: cuando aprender está acompañado de la intuición y la comprensión de relaciones, se forman «trazas estables» que se recuerdan durante mucho más tiempo.

La importancia del aprendizaje y la retención de carácter significativo en la educación

El aprendizaje y la retención de carácter significativo, basados en la recepción, son importantes en la educación porque son los mecanismos humanos *par excellence* para adquirir y almacenar la inmensa cantidad de ideas y de información que constituye cualquier campo de conocimiento. Sin duda la adquisición y la retención de grandes corpus de información es un fenómeno impresionante si tenemos presente, en primer lugar, que los seres humanos, a diferencia de los ordenadores, sólo podemos captar y recordar de inmediato unos cuantos elementos discretos de información que se presenten una sola vez y, en segundo lugar, que la memoria para listas aprendidas de una manera memorista que son objeto de múltiples presentaciones es notoriamente limitada tanto en el tiempo como en relación con la longitud de la lista, a menos que se sometan a un intenso sobreaprendizaje y a una frecuente reproducción. La enorme eficacia del aprendizaje significativo se basa en sus dos características principales: su carácter no arbitrario y su sustancialidad (no literalidad).

El papel, la mediación y los efectos de la práctica (frecuencia) en el aprendizaje y la retención de carácter significativo

Para el proverbial hombre de la calle, la frecuencia de exposición a un material de instrucción (es decir, la práctica) no sólo es una condición necesaria o esencial de la mayor parte del aprendizaje significativo y, sobre todo, de la retención significativa, sino que también es la variable más importante que influye en estos resultados. Desde su punto de vista, el aprendizaje y la retención sólo se pueden manifestar muy rara vez en ausencia de frecuencia como ocurre, por ejemplo, cuando el material de estímulo (de aprendizaje) es excepcionalmente vívido o insólito. La mayor parte de las veces, y en circunstancias ordinarias, esta opinión es totalmente correcta. Sin embargo, hay varias excepciones a esta necesidad básica de la frecuencia para el aprendizaje y la retención de carácter significativo que es necesario destacar: cuando el intervalo de retención esperado es muy corto, cuando las ideas del material de aprendizaje son relativamente simples y fáciles de captar, cuando no hace falta una retención precisa del material de instrucción y cuando no se tiene la intención de transferir estas ideas a otras materias u otros temas relacionados.

Conclusiones

Hoy por hoy, el papel mediador de la frecuencia no está totalmente claro. Como se decía antes, la frecuencia no es una condición necesaria ni suficiente para el aprendizaje significativo porque este aprendizaje se puede producir claramente sin necesidad de repetición en ciertas condiciones anteriormente especificadas. No obstante, la frecuencia es una variable esencial e importante en los casos típicos de aprendizaje significativo sobre todo cuando es difícil, cuando se desean un sobreaprendizaje o una retención prolongada y cuando es necesaria la capacidad de transferencia. Además, parece que la frecuencia tiene varios efectos distintivos en el aprendizaje y en la retención descritos anteriormente que hacen algo más que simplemente ofrecer una oportunidad para que los efectos acumulados por debajo del umbral (como la continuidad, el refuerzo, la reducción del impulso, la confirmación cognitiva, etc.) influyan en el proceso y el resultado del aprendizaje y la retención de carácter significativo (y sobre todo memorista).

Bibliografía

Anderson, J. R. y G. H. Bower, *Human Associative Memory*, Washington, D. C., V. H. Winston, 1973.

Anderson, R. C., *The Notion of Schemata and the Educational Enterprise*, en R. C. Anderson, R. J. Spiro y W. E. Montague (comps.), *Schooling and the Acquisition of Knowledge*, Hillsdale, N. J., Lawrence Erlbaum and Associates, 1977.

Ashcraft, M. H., *Human Memory and Cognition*, 2ª ed., Nueva York, Harper Collins College Publishers, 1994.

Ausubel, D. P., *The Psychology of Meaningful Verbal Learning*, Nueva York, Grune and Stratton, 1963.

Baddeley, A. D., *Working Memory*, Oxford, Oxford University Press, 1986 (trad. cast.: *Su memoria: cómo conocerla y dominarla*, Madrid, Debate, 1990).

Bower, G., *Human Memory: Basic Processes*, Nueva York, Academic Press, 1977.

Broadbent, D. E., *Perception and Communication,* Nueva York, Pergamon, 1958 (trad. cast.: *Percepción y comunicación,* Madrid, Debate, 1983).

Brown, J. A., «Some tests of the decay theory of immediate memory», *Journal of Experimental Psychology*, nº 10, 1958, págs. 12-21.

Brozova, V., «Effect of organized learning on text understanding and processing», *Studia Psychologica*, nº 37, 1995, págs. 259-268.

Carroll, D. W., *Psychology of Language*, Monterey, Calif., Brooks-Cole, 1986.

Chance, P., *Learning and Behavior*, 3ª ed., Pacific Grove, Calif., Cole Publishing Co., 1994.

Collins, A. M. y Quillian, M. R., *How to Make a Language User*, en E. Tulving y W. Donaldson (comps.), *Organization of Memory*, Nueva York, Academic Press, 1972, págs. 309-351.

Gagné, R. M., *The Conditions of Learning*, 3ª ed., Nueva York, Holt, Rinehart and Winston, 1977 (trad. cast.: *Las condiciones del aprendizaje*, Madrid, Aguilar, 1971).

Greeno, R. L., *Human Memory: Paradigms and Paradoxes*, Hillsdale, N. J., Lawrence Erlbaum Associates, 1992.

Kail, R. V. y J. W. Hagen (comps.), *Perspectives on the Development of Memory and Cognition*, Nueva York, Lawrence Erlbaum, 1977.

Kintsch, W., «Text comprehension, memory, and learning», *American Psychologist*, nº 49, 1994, págs. 294-303.

Klatzky, R. L., *Human Memory: Structures and Processes*, San Francisco, 1975.

Moreno, V. y F. Di Vesta, «Analogies (adages) as aids for comprehending structural relations in text», *Contemporary Educational Psychology*, nº 19, 1994, págs. 179-198.

Neisser, U., *Cognition and Reality*, San Francisco, Freeman, 1976 (trad. cast.: *Procesos cognitivos y realidad*, Madrid, Marova, 1981).

—, *Cognitive Psychology*, Nueva York, Appleton-Century-Crofts, 1967.

Norman, D. A., *Memory and Attention*, Nueva York, Wiley, 1968 (trad. cast.: *El procesamiento de la información en el hombre: memoria y atención*, Barcelona, Paidós, 1984).

Paris, S. G. y B. K. Lindauer, «Constructive aspects of children's comprehension and memory», en R. V. Kail y J. W. Hagan (comps.), *Perspectives on the Development of Memory and Cognition*, Nueva York, Erlbaum Associates, 1977.

Peterson, L. R. y M. J. Peterson, «Short-term retention of individual items», *Journal of Experimental Psychology*, nº 58, 1959, págs. 193-198.

Richardson, J. T. E., R. W. Engle, L. Hasher y R. H. Logie, *Working Memory and Human Cognition*, Nueva York, Oxford University Press, 1996.

Rosch, E., «On the internal structure of perceptual and semantic categories», en T. E. Moore (comp.), *Cognitive Development and the Acquisition of Language*, Nueva York, Academic Press, 1973.

Slamecka, N. J., «Ebbinghaus: Some associations», *Journal of Experimental Psychology: Learning, Memory and Cognition*, nº 11, págs. 414-435.

Sternberg, S., «High-speed scanning in human memory», *Science*, nº 153, págs. 652 y sigs.

Tulving, E., «Episodic and semantic memory», en E. Tulving y W. Donaldson (comps.), *Organization of Memory*, Nueva York, Academic Press, 1972.

Turvey, M., «Ecological foundations of cognition», en H. L. Piek, Jr., P. Van den Brock y D. C. Knill (comps.), *Cognition: Conceptual and Methodological Issues*, Washington, D. C., American Psychological Association, 1992.

Waugh, N. C. y D. A. Norman, «Primary memory», *Psychological Review*, nº 76, 1965, págs. 89-104.

2

Introducción: ámbito y objetivos

Ámbito y estrategia de investigación

El objetivo principal de este libro es presentar una teoría exhaustiva del aprendizaje y de la retención, por parte del ser humano, de grandes corpus de información organizada en el aula y en entornos de aprendizaje similares. Su ámbito se limita al aprendizaje y la retención basados en la «recepción» de material de instrucción potencialmente significativo. El aprendizaje basado en la «recepción» se refiere a la situación donde el contenido total de la tarea de aprendizaje (lo que se debe aprender) es presentado al estudiante en lugar de ser descubierto independientemente por él. Es decir, sólo se le exige que comprenda el material de una manera significativa, que lo incorpore (interiorice) y que lo haga disponible o funcionalmente reproducible para un uso futuro.

Un objetivo secundario de este trabajo (y también de su precursor de 1963) es presentar una teoría del aprendizaje y de la retención de carácter significativo basada en el sentido común y relativamente libre de jerga que los enseñantes, los psicólogos y los estudiosos de otras disciplinas relacionadas puedan percibir y comprender claramente, como una teoría reconocible e intrínsecamente relacionada con los procesos psicológicos reales por los que los seres humanos modernos son capaces de adquirir y retener corpus considerables de conocimiento durante períodos de tiempo dilatados. Es de suponer que una teoría como ésta pueda tener un potencial explicativo tanto para las conceptuaciones primitivas que hace un niño pequeño de su mundo físico e interpersonal como para la organización más estable y compleja del conocimiento que tiene un estudioso de la disciplina en la que se ha especializado. Por otra parte, las versiones de carácter introductorio y simplificado de una materia que se encarnan en las estructuras cognitivas de los estudiantes de primera y segunda enseñanza y de la universidad, ocuparían una posición intermedia en este continuo. Ahora, casi cuarenta años después de la publicación del primero de estos dos libros, esta teoría está siendo aplicada de una manera práctica por gobiernos del Tercer Mundo con el fin de organizar el currículo y la instrucción en clase de sus escuelas y universidades y por la dirección de grandes corporaciones estadounidenses en programas de formación para sus empleados.

Otros enfoques teóricos al aprendizaje significativo basado en la recepción

En ausencia de tal teoría sobre el aprendizaje y la retención basados en la recepción, se han extrapolado de una manera acrítica principios explicativos inadecuados a partir de resultados experimentales sobre el aprendizaje no verbal o sobre el aprendizaje verbal a corto plazo, fragmentario y memorista.[1] El resultado de ello es que no sólo se han obstaculizado los avances hacia una programación más eficaz de los contenidos de una materia para el aprendizaje en clase, sino que también se ha inducido a error a los enseñantes haciendo que percibieran materiales verbales potencialmente significativos como si tuvieran un carácter memorista. El resultado final de esta situación ha sido que muchos enseñantes han seguido empleando métodos memoristas de enseñanza, rechazando la exposición verbal didáctica por considerarla inadecuada para la enseñanza significativa en el aula y creyendo que la enseñanza expositiva fomenta el aprendizaje memorista.

Naturalmente, es cierto que la escuela también se ocupa de desarrollar en el estudiante la capacidad para emplear los conocimientos adquiridos en la resolución de problemas prácticos, es decir, de mejorar su capacidad para pensar de una manera sistemática, independiente y crítica en unos campos particulares de indagación. Aunque en parte, en la práctica, esta última función de la escuela es inseparable de su función de

---

1. El intento de reducir fenómenos cognitivos complejos a formas más simples de aprendizaje memorista, condicionamiento o asociacionismo, es una forma de reduccionismo científico que hoy en día carece de respetabilidad entre los filósofos de la ciencia.

transmisión de conocimientos, es menos fundamental desde el punto de vista de la cantidad de tiempo que se le puede asignar de una manera razonable, de los objetivos de la educación en una sociedad democrática y de lo que se puede esperar, desde una perspectiva realista, de la mayoría de los estudiantes.[2] Además, puesto que la transmisión de conocimientos exige en gran medida una forma de aprendizaje basado en la recepción, otros tipos de aprendizaje (como el basado en el descubrimiento, la resolución de problemas, la formación de conceptos, etc.) que se basan en principios explicativos muy diferentes no se pueden tratar de una manera definitiva en este volumen, que se centra en los aspectos teóricos del aprendizaje y la retención de carácter receptor y significativo.

En consecuencia debería estar claro que el aprendizaje verbal significativo[3] constituye el principal medio para aumentar la acumulación de conocimientos del estudiante tanto dentro del aula como fuera de ella. El aprendizaje memorista de listas de sílabas sin sentido o de pares de adjetivos de una manera arbitraria es representativo de pocas tareas justificables en las aulas modernas. Por tanto, es realmente difícil encontrar pruebas que apoyen la afirmación de Underwood (1959) según la cual, «gran parte de nuestra empresa educativa se dedica a hacer que sean significativas unidades verbales relativamente carentes de significado». Sin duda, ciertos aprendizajes representacionales realizados en el aula, como el de los símbolos de las letras (grafemas), el del vocabulario de idiomas extranjeros y el de los símbolos que representan los elementos químicos, si bien cumplen los criterios mínimos del aprendizaje significativo, sin duda se acercan al nivel memorista. Sin embargo, este aprendizaje significativo de carácter memorista tiende a formar una parte muy pequeña del currículo, sobre todo más allá de los cursos más elementales, cuando los niños ya dominan los símbolos básicos de las letras y los números.

Además, a diferencia del aprendizaje memorista de pares asociados, las asociaciones formadas en estas circunstancias no son totalmente arbi-

2. Cabe tener presente que la actividad de resolución de problemas también puede tener como resultado la adquisición de conocimiento. Sin embargo, salvo en la primera infancia no es una fuente manifiesta para la adquisición de nuevas ideas. En su mayor parte, en la educación formal del individuo la agencia educativa sólo transmite conceptos establecidos, esquemas categorizadores y proposiciones derivativas.

3. El aprendizaje «verbal» se emplea aquí en el sentido más general del término y también incluye la comprensión intuitiva subverbal y otros tipos de aprendizaje simbólico que no se expresan en el lenguaje formal de la cultura.

trarias sino que suponen el aprendizaje de equivalencias representacionales. En otras palabras, suponen aprender que unos símbolos concretos son equivalentes, en cuanto a significado, a unos conceptos que ya son significativos en la estructura cognitiva (es decir, en la organización, la claridad y la estabilidad del conocimiento sobre una materia dada que predominan en un individuo).

Desde el punto de vista del proceso, el ámbito de la teoría de aprendizaje que se elabora en este libro se limita a diversos principios de interacción y organización cognitiva y también a diversos mecanismos de acrecimiento y disminución cognitiva. Se ocupa: 1) de los cambios sistemáticos en la aparición, la identificación y la disponibilidad de nuevos significados cuando los materiales ideacionales *presentados* interaccionan inicialmente y de una manera repetida con la estructura cognitiva ya existente (y se incorporan a ella); 2) de los factores que aumentan y disminuyen la asimilación de estos materiales, además de su posterior estabilidad o disponibilidad a largo plazo en la memoria; y 3) de las maneras más eficaces de manipular la estructura cognitiva ya existente para mejorar su capacidad de incorporar nuevos materiales de instrucción y aumentar la longevidad de los mismos.

Además de excluir de este libro la consideración del aprendizaje memorista y del aprendizaje basado en el descubrimiento como temas por derecho propio, también se excluyen tipos de aprendizaje de carácter no cognitivo como el condicionamiento clásico e instrumental y el aprendizaje de aptitudes motrices, además de tipos de aprendizaje menos complejos que suponen cambios sustanciales menores en el contenido de la conciencia (como, por ejemplo, el aprendizaje basado en la percepción y la discriminación simple). Estos últimos tipos de aprendizaje no sólo requieren unos principios explicativos diferentes, sino que su pertinencia para el aprendizaje en clase, en el mejor de los casos, sólo es indirecta y tangencial. En consecuencia, su consideración ampliaría tanto el ámbito de este campo que el hecho de abarcarlo en su totalidad supondría necesariamente un tratamiento superficial, fragmentario, poco sistemático y desarticulado. Tampoco se considera la psicología de ninguna materia escolar concreta porque este libro se ocupa de principios generales aplicables a todos los tipos de aprendizaje significativo de materias y en cualquier nivel educativo.

Asimismo, aunque su importancia para el aprendizaje en clase no se descarta en ningún sentido, no se presta una atención detallada o sistemática: 1) a los factores emocionales y actitudinales del aprendizaje; 2) al incentivo, al refuerzo y a las diferencias interpersonales e individuales en cuanto a variables de capacidad intelectual (incluyendo la inteligencia y la aptitud académica); o 3) a las variables relacionadas con la personalidad y el compromiso personal. Estos últimos temas se pueden estudiar de una manera mucho más fructífera y económica en el marco de referencia de otro corpus de teoría del aprendizaje que se ocupe más de los aspectos subjetivos del proceso de aprendizaje que de los aspectos objetivos.

Es indudable que los factores cognitivos y motivacionales-interpersonales influyen de una manera concomitante en el proceso de aprendizaje y es probable que interaccionen entre sí de varias maneras. El aprendizaje en el aula no tiene lugar en un vacío social, sino en relación con otros individuos que, además de manifestar diversos vínculos emocionales personales, actúan en gran medida como representantes impersonales de la cultura.

Durante el curso del desarrollo de la personalidad, el individuo adquiere, además, una orientación motivacional característica hacia el aprendizaje. Esto no sólo influye en su manera de adquirir nuevas actitudes y juicios de valor, sino que también influye de una manera objetiva en el alcance, la profundidad y la eficacia de sus procesos de aprendizaje más objetivos. No obstante, de cara al análisis lógico o a la investigación empírica, cualquiera de estos conjuntos de factores se puede hacer variar de una manera sistemática mientras el otro se mantiene constante.

Puesto que sólo se han realizado relativamente pocos estudios bien controlados del aprendizaje y de la retención de carácter receptor y significativo, sobre todo a largo plazo, es evidente que en estos momentos la teoría presentada en esta obra debe ser, necesariamente, de naturaleza muy provisional y exploratoria y que se debe ver más como una serie de hipótesis que como el reflejo de un corpus definitivo de datos procedentes de la investigación. Aun así, es necesario empezar por algún lugar. Una teoría adecuada estimula y conduce a unas investigaciones pertinentes que, a su vez, afinan, modifican y amplían la teoría original.

Las repercusiones prácticas de esta teoría y esta investigación para las prácticas reales de enseñanza en el aula son evidentes. Antes de poder llegar a manipular de una manera eficaz el entorno de aprendizaje en el aula para una adquisición óptima de contenidos potencialmente significativos, en primer lugar tendríamos que conocer mucho mejor los principios organizativos y evolutivos por medio de los cuales los seres humanos adquieren y retienen corpus estables de conocimiento. Sin embargo, estos principios siempre se nos escabullirán a menos que abandonemos los supuestos insostenibles de que no hay ninguna distinción real entre la lógica de una proposición y cómo la capta la mente por un lado o, por otro, entre la estructura lógica de la organización de una materia y la serie precisa de procesos cognitivos mediante los cuales un individuo académicamente inexperto y cognitivamente inmaduro en cuanto a desarrollo incorpora información y proposiciones a su estructura cognitiva.

Por ejemplo, desde el punto de vista de un estudioso maduro, es completamente lógico escribir un libro de texto en el que unos materiales temáticamente homogéneos se separen en capítulos independientes y se traten de principio a fin con un nivel uniforme de conceptualización. Pero ¿hasta qué punto es congruente este enfoque con unos resultados muy indicativos de que uno de los principales procesos cognitivos que intervienen en el aprendizaje de cualquier tema nuevo supone la diferenciación progresiva de un campo originalmente indiferenciado? Cuando conozcamos la organización y el desarrollo cognitivo mejor de lo que hoy nos lo permiten hacer las burdas generalizaciones que nos pueden ofrecer la psicología de la educación y la psicología evolutiva, será posible emplear principios organizativos y secuenciales en la presentación de contenidos que reflejen realmente tanto la estructura ya existente como los cambios evolutivos de la organización del intelecto. La cuestión de lo concreto en contraposición con lo abstracto es pertinente cuando, en el mismo ejercicio de aprendizaje, estén presentes tanto unas ideas generales y expositivas por un lado, como un material relativamente específico y factual por el otro, y cuando estas ideas y este material influyan en la estructura cognitiva del estudiante y, al mismo tiempo, se acaben incorporando a ella.

Aquí sería razonable suponer que si las ideas generales y expositivas se asimilaran en primer lugar (antes del material factual), las primeras también estarían disponibles para subsumir (asimilar) el material factual y, en consecuencia, facilitar su posterior aprendizaje. Es evidente que éste no sería el caso si se empleara la presentación en orden inverso. Sin embargo, los psicólogos de la educación tienden a agruparse de una manera imprevisible cuando expresan su preferencia por un orden «descendente» o «ascendente» de la presentación y la organización posterior en la estructura cognitiva. Hablando en términos generales, los psicólogos de orientación neoconductista prefieren el orden ascendente y los de orientación constructivista el descendente.

El peligro evidente de una concreción excesiva o innecesaria en la presentación de nuevas ideas a estudiantes cognitivamente maduros (adolescentes o de más edad) es que tiende a limitar la generalidad del concepto acabado de presentar. Los estudiantes tienden a adquirir la falsa noción de que un ejemplo *específicamente* apropiado pero particular y concreto es, en sí mismo, el nuevo concepto o un facsímil del mismo. Sin embargo, por su propia naturaleza, las ejemplificaciones concretas de nuevos conceptos o los ejemplos concretos de estos últimos no están construidos para expresar una generalidad.

Puesto que la capacidad de pensamiento abstracto (al contrario que la capacidad de pensamiento concreto) representa el nivel de cognición evolutivamente más elevado o maduro del hombre, y permite un nivel comparable de pensamiento o de resolución de problemas que le hacen desarrollar todas las interacciones posibles entre representaciones *generales* de variables pertinentes, parece adecuado que en cada etapa posterior de la educación sólo se emplee el nivel de abstracción más maduro posible desde el punto de vista didáctico para caracterizar su nivel de discurso. La principal ventaja de este enfoque es que si en primer lugar se presentan unos principios generales con el mayor grado de abstracción, generalización e inclusividad (como sucedía en el capítulo anterior de este libro en su conjunto), entonces se puedan asimilar ideas menos abstractas de una manera más eficaz. Es evidente que se debe alentar a los estudiantes a funcionar evolutivamente en su nivel intelectual más elevado, no en algún nivel por debajo de éste. Naturalmente, en unas circunstancias extraordinarias, como en el caso de unos materiales de aprendizaje excepcionalmente complejos y/o difíciles que desafíen toda conceptuación, cabe la posibilidad de que la generalización de conceptos sea más eficaz si sólo usamos ejemplos concretos en lugar de emplear ejemplos de carácter abstracto.

Para evitar el pecado capital de violar en mi presentación los mismos principios pedagógicos que al parecer propugno, haré un verdadero esfuerzo por organizar este libro de acuerdo con la generalización antes expuesta sobre la adquisición de conocimientos en un campo nuevo e inexplorado. En el capítulo 1 se ha presentado una sinopsis de las ideas y los principios básicos de la teoría antes de que los distintos componentes de la teoría se diferencien y se desarrollen en capítulos subsiguientes.

Estrategia de investigación del aprendizaje en el aula

¿A qué se debe la escasez de conocimientos concluyentes sobre el aprendizaje en el aula?

Hay tres razones básicas que explican la escasez de conocimientos establecidos sobre el aprendizaje en el aula. En primer lugar, la inmensa mayoría de los estudios en el campo del aprendizaje escolar han sido realizados por enseñantes y otros investigadores no profesionales pertenecientes al campo de la educación. Estos estudios se han caracterizado habitualmente por unas graves insuficiencias en la concepción y la rigurosidad del diseño de la investigación. También se han orientado de una manera demasiado limitada a mejorar unas capacidades académicas o unos métodos de instrucción concretos en lugar de centrarse en el descubrimiento de unos principios más generales que influyan en la mejora del aprendizaje y la instrucción en el aula en su conjunto.

En segundo lugar, las investigaciones más rigurosas realizadas en el campo de la teoría del aprendizaje han sido emprendidas en gran medida por psicólogos sin relación con la empresa educativa. Han investigado problemas bastante alejados del tipo de aprendizaje que se produce en el aula. Se han centrado en el aprendizaje animal o en el aprendizaje humano a corto plazo, fragmentario, memorista y no verbal en lugar de centrarse en el aprendizaje y la retención de corpus organizados de material lógica y potencialmente significativo. Incluso los psicólogos que participaron en programas de formación militares e industriales durante la Segunda Guerra Mundial y después de ella estaban más interesados, en general, en el desarrollo de métodos eficaces de aprendizaje y en la enseñanza de aptitudes militares muy específicas, con frecuencia de naturaleza motriz o técnica, en lugar de hacerlo en el análisis y la investigación de problemas más generales relacionados con el aprendizaje y la instrucción de carácter cognitivo. En consecuencia, a pesar de las grandes sumas de dinero dedicadas a estas investigaciones y de su éxito general en relación con los objetivos limitados y específicos previstos, no han tenido una gran pertinencia para otras situaciones de aprendizaje y sí un impacto teórico relativamente pequeño en la psicología del aprendizaje significativo basado en la recepción o en la psicología de la adquisición y la retención de conocimientos.

Sin embargo, no se puede criticar a los psicólogos experimentales por el hecho de que los estudios de laboratorio sobre el aprendizaje a corto plazo, fragmentario y memorista hayan tenido poca pertinencia para el aula. Como todas las empresas de pura investigación en las ciencias básicas, estos estudios sólo fueron diseñados para revelar leyes generales de conducta como fines en sí mismas, con total independencia de cualquier utilidad práctica.[4] La culpa, si es que cabe atribuirla a alguien, sin duda debe recaer en los psicólogos de la educación que, en general, no han realizado la investigación aplicada necesaria y se han contentado con extrapolar al aprendizaje escolar los descubrimientos sobre el aprendizaje memorista realizados por sus colegas experimentales.

Por último, hasta mediados de los años sesenta los psicólogos de la educación se han interesado sucesivamente en la medición y la evaluación, el desarrollo de la personalidad, la salud mental y la psicología social. A pesar del carácter claramente fundamental del desarrollo cognitivo y el aprendizaje en el aula para los aspectos psicológicos de la educación, estas últimas áreas fueron ignoradas en gran medida, tanto en el aspecto teórico como en el de la investigación.

Es indudable que la distinción entre aprendizaje «básico» y «aplicado» (en el aula o de una materia) se está haciendo cada vez menos clara, que los estudios de psicología aplicada suelen abordar cuestiones científicas más fundamentales y generales que sus equivalentes «básicos» y que, supuestamente, muchas revistas psicológicas respetadas se resisten a publicar artículos hechos por psicólogos de la educación sobre temas «aplicados». No obstante, esta distinción jerárquica entre psicología «básica» y aplicada aún sigue vigente en la mente de muchos psicólogos «básicos» que, en general, tienden a concebir que los estudios psicológicos en un contexto educativo suponen una variedad inferior («aplicada») de la psicología del aprendizaje. Naturalmente, esto influye de una manera claramente negativa en su juicio como evaluadores supuestamente imparciales de artículos sobre el aprendizaje. Sin duda, esta postura mental refleja en parte unas deficiencias anteriores en el diseño de investigación que caracterizaba a muchos estudios del aprendizaje realizados por enseñantes sin formación psicológica en los primeros e ingenuos tiempos de la investigación psicoeducativa.

Una práctica discutible a este respecto (y que todavía aparece de vez en cuando) es la tendencia de algunos psicólogos «básicos» a emplear

---

4. Sin embargo, muchos psicólogos de orientación conductista como, por ejemplo, Skinner, han intentado influir de una manera explícita en la práctica educativa aplicando la teoría conductista al aprendizaje en el aula (por ejemplo, la enseñanza automatizada).

una orientación teórica neoconductista para interpretar los resultados de los estudios propios y ajenos, aunque el neoconductismo como sistema teórico viable y creíble en el campo del aprendizaje haya caído casi totalmente en desuso incluso entre los psicólogos «básicos».

Aun así, todas estas últimas consideraciones no deberían impedirnos reconocer que todavía existe una distinción totalmente válida y significativa entre las ciencias «puras» y las ciencias «aplicadas». Las primeras sólo se ocupan de descubrir conocimientos como fines en sí mismos, independientemente de cualquier beneficio práctico o social que se pueda prever a partir de los estudios «básicos». Por otro lado, los científicos aplicados (como, por ejemplo, los psicólogos de la educación) diseñan su investigación para que sus hallazgos puedan ofrecer respuestas para muchas cuestiones y objetivos de carácter práctico y social en el campo de la educación. Naturalmente, en consonancia con esta perspectiva sesgada se encontraba la práctica de algunos investigadores «básicos» que no solían citar los estudios pertinentes realizados por psicólogos de la educación en las referencias bibliográficas de sus artículos y libros.

«La ciencia básica» frente al enfoque aplicado

La tendencia de los psicólogos de la educación a extrapolar de una manera acrítica los resultados de la investigación en el laboratorio de situaciones simplificadas de aprendizaje al entorno de aprendizaje del aula explica, en gran medida, nuestra falta de conocimientos sobre los procesos de aprendizaje en la escuela. Refleja la fascinación que sienten muchos investigadores por la aplicación del enfoque de la «ciencia básica» a la investigación en las ciencias aplicadas, además de su incapacidad para apreciar sus limitaciones intrínsecas.

Por ejemplo, Gage (1961) sostiene que la psicología de la educación avanza con más rapidez si se centra indirectamente en problemas de «ciencia básica» de la psicología general que si intenta entender de una manera directa los problemas aplicados que son más propios de este campo. Según Spence (1959), el aprendizaje en el aula es demasiado complejo para permitir el descubrimiento de leyes generales del aprendizaje y aboga por una aplicación directa a la situación del aula de las leyes de aprendizaje descubiertas en el laboratorio. La postura de Melton (1959) es más ecléctica y propone buscar las leyes de «ciencia básica» del aprendizaje tanto en el contexto del laboratorio como en el del aula y dejar en manos del tecnólogo educativo la tarea de realizar la investigación necesaria para implementar estas leyes en la práctica educativa real.

La postura adoptada en este libro en relación con la investigación es que los principios que gobiernan la naturaleza y las condiciones del aprendizaje significativo basado en la recepción sólo se pueden descubrir mediante un tipo de investigación aplicado o manipulado que tenga realmente tenga en cuenta los atributos distintivos de este fenómeno tal como se produce en el aula (Ausubel, 1953). No nos podemos limitar a extrapolar unas leyes generales de «ciencia básica» derivadas del estudio en el laboratorio de casos de aprendizaje cualitativamente diferentes y muchísimo más simples. El tecnólogo educativo necesita unas leyes del aprendizaje en, el aula[5] en un nivel aplicado antes de poder realizar la investigación preparatoria para efectuar cambios científicos en las prácticas de enseñanza.

Matizaciones al empleo del enfoque de la «ciencia básica» en la investigación aplicada

Contrariamente a la opinión de Spence (1959), la mayor complejidad y cantidad de variables determinantes que intervienen en el aprendizaje verbal significativo no excluye la posibilidad de descubrir leyes precisas con unas amplias aplicaciones generales de una situación educativa a otra. Simplemente significa que esta investigación exige ingenio experimental y el empleo sofisticado de métodos modernos de diseño de investigación.

El enfoque a la investigación de la «ciencia básica» se basa en la noción muy justificable de que, en última instancia, el progreso de las ciencias aplicadas está relacionado con el conocimiento de las ciencias subyacentes en las que se basan. Por ejemplo, se puede demostrar de una manera convincente: 1) que el progreso en la medicina clínica está íntimamente relacionado con los avances de la bioquímica y de la bacteriología; 2) que el progreso de la ingeniería está íntimamente relacionado con los avances en la física y la química; y 3) que, de manera similar, el progreso

---

5. Estas leyes son tan «básicas» como las leyes de la «ciencia básica». En este contexto, el término «básico» se refiere a la distinción entre ciencias «puras» y ciencias aplicadas. No significa «fundamental». En este último sentido, la investigación aplicada es tan «básica» como la investigación en las ciencias puras.

de la educación depende de los avances de la psicología, la estadística, la sociología y la filosofía. Sin embargo, es necesario hacer dos tipos importantes de matizaciones en relación con el valor de la investigación de la «ciencia básica» para las ciencias aplicadas: matizaciones sobre el propósito u orientación y matizaciones sobre el nivel de pertinencia.

Por definición, la investigación de la «ciencia básica» se ocupa del descubrimiento de leyes generales de la fenomenología física, biológica, psicológica y sociológica como fines en sí mismas. Naturalmente, los investigadores que trabajan en estos campos no plantean ninguna objeción al hecho de que sus hallazgos se apliquen a problemas prácticos que tengan un valor social; en realidad, existen razones para creer que se sienten motivados en cierta medida por esta consideración.

Sin embargo, el diseño de la investigación de la «ciencia básica» no mantiene en absoluto ninguna relación *deliberada* con problemas de las disciplinas aplicadas, y su único objetivo es el progreso del conocimiento en un sentido general no utilitario. Naturalmente, en última instancia este conocimiento es aplicable en un sentido muy amplio a problemas prácticos; pero como el diseño de la investigación no se orienta a la solución de estos problemas, esta pertinencia tiende a ser bastante indirecta y poco sistemática y sólo es pertinente durante un período de tiempo demasiado largo para ser significativo desde el punto de vista de las necesidades limitadas de las disciplinas aplicadas.

La segunda matización se refiere al nivel en el que se pueden aplicar los resultados de las ciencias básicas una vez se ha establecido su pertinencia. Debería ser evidente que estos resultados manifiestan un nivel mucho más elevado de generalidad que los problemas a los que se pueden aplicar. En el nivel aplicado se añaden unas condiciones y unos fines específicos que exigen más investigaciones para poner de manifiesto la manera precisa en que actúa la ley general en ese caso concreto. Es decir, la aplicabilidad de unos principios generales a unos problemas específicos *no está dada* en la exposición del principio general; se debe desarrollar de una manera específica para cada problema aplicado. Por ejemplo, el conocimiento sobre la fisión nuclear no nos dice cómo hacer una bomba atómica o un submarino nuclear.

En campos como la educación, el problema de la generalidad aún se complica más por el hecho de que suelen existir problemas prácticos con unos niveles más elevados de complejidad en cuanto al orden de fenomenología implicado que en los resultados de la «ciencia básica» que requieren aplicación. Es decir, se añaden nuevas variables que pueden alterar cualitativamente los principios generales de la ciencia básica hasta tal punto que, en el nivel aplicado, sólo tienen una validez sustancial pero carecen de valor explicativo o predictivo. Por ejemplo, las reacciones antibióticas que tienen lugar en los tubos de ensayo no se dan necesariamente en los sistemas vivos y los métodos de aprendizaje memorista de laberintos que se estudian en los laboratorios de psicología animal no se corresponden necesariamente con los métodos de aprendizaje que emplean los niños para enfrentarse en clase a materiales verbales potencialmente significativos.

En consecuencia, el enfoque de la «ciencia básica» en la investigación educativa presenta muchos inconvenientes importantes. Su pertinencia es demasiado distante e indirecta porque no se orienta a la resolución de problemas educativos y sus resultados, en el caso de ser pertinentes, sólo son aplicables si se realizan muchas investigaciones adicionales para traducir los principios generales a la forma más concreta que deben adquirir en los contextos más complejos y más centrados en tareas de la pedagogía (Ausubel, 1953).

Muchas de las generalizaciones más conocidas en el campo de la psicología de la educación —el principio de preparación, la importancia del desarrollo para el aprendizaje, la tendencia a ir de lo concreto a lo abstracto en la conceptuación del entorno— encajan muy bien con las anteriores analogías. Son ideas interesantes y potencialmente útiles para los especialistas curriculares, pero tienen poca utilidad práctica para el diseño de un currículo hasta que no se particularizan en un nivel aplicado de operación.

La necesidad de particularizar está bien ilustrada por el principio de la preparación. Hoy por hoy sólo podemos especular sobre el aspecto que posiblemente podrían llegar a tener las secuencias curriculares si tuvieran en cuenta los resultados precisos y detallados (pero que actualmente no están disponibles) de la investigación sobre la aparición de la preparación para diferentes materias, para distintas subáreas y niveles de dificultad dentro de una materia y para diversos métodos de enseñar el mismo material.

A causa de la imprevisible especificidad de la preparación que se demuestra, por ejemplo, por el hecho de que los niños de 4 y 5 años de edad se pueden beneficiar de la formación en el tono pero no de la formación en el ritmo (Jersild y Bienstock, 1935), no se pueden obtener respuestas válidas a esas preguntas mediante una extrapolación lógica, sino que hace falta una investigación empírica meticulosa relacionada con la teoría en un contexto escolar. El siguiente paso supondría el desarrollo de métodos y materiales de instrucción adecuados para aprovechar al máximo los grados ya existentes de preparación y para aumentar esta preparación cuando y donde sea necesario y conveniente. Pero puesto que, en general, no disponemos de este tipo de datos de investigación salvo quizás en el campo de la lectura, lo único que podemos hacer es hablar del principio de preparación en la planificación curricular.

Ventajas del enfoque de la ciencia básica

Naturalmente, el enfoque basado en la ciencia básica y la extrapolación ofrece varias ventajas metodológicas muy atractivas para los experimentos de aprendizaje verbal. En primer lugar, mediante el empleo de sílabas sin sentido con el mismo grado de significado es posible trabajar con unidades aditivas de idéntica dificultad. En segundo lugar, mediante el empleo de estas tareas de aprendizaje relativamente carentes de sentido (es decir, sílabas sin sentido equivalentes en cuanto a grado de significado) es posible eliminar, en su mayor parte, la influencia indeterminable de la experiencia significativa previa que varía de un individuo a otro de una manera natural. Pero precisamente esta interacción entre unas tareas de aprendizaje nuevas y unas estructuras cognitivas idiosincrásicas ya existentes es lo que constituye la característica distintiva del aprendizaje significativo.

Por lo tanto, aunque el empleo de sílabas sin sentido o de pares de adjetivos añade un indudable rigor metodológico al estudio del aprendizaje, la naturaleza misma de este material limita la pertinencia de los resultados de estos experimentos a un tipo de aprendizaje memorista y a corto plazo que es infrecuente en la vida cotidiana y aún lo es más en el aula. No obstante, aunque no existe ninguna base *a priori* para suponer que el aprendizaje y la retención se dan de la misma manera en el aprendizaje potencialmente significativo y en el aprendizaje relativamente sin sentido, en general se han extrapolado los resultados de experimentos sobre el aprendizaje memorista a situaciones de aprendizaje potencialmente significativo. No se puede tener todo. Si elegimos el tipo particular de rigor metodológico asociado al empleo de materiales de aprendizaje de carácter memorista, también nos debemos contentar con aplicar los resultados de esta clase de experimentos sólo a situaciones de aprendizaje memorista.

Gran parte de la psicología del aprendizaje que aprenden hoy en día los enseñantes en período de formación se basa en resultados de experimentos de aprendizaje memorista que se han aceptado en bloque y de una manera acrítica, sin ningún intento de comprobar su aplicabilidad al tipo de situaciones de aprendizaje que realmente se dan en el aula. Sin duda sería una situación chocante que se siguiera un procedimiento comparable en la medicina, es decir, que los médicos emplearan técnicas terapéuticas validadas sólo *in vitro* o mediante experimentos con animales.

Por desgracia, la influencia de las teorías del aprendizaje memorista no se limita a las concepciones teóricas del aprendizaje escolar o a los enfoques experimentales al mismo. La predisposición de los psicólogos de la educación a extrapolar los resultados de estudios memoristas les ha conducido de una manera natural a descuidar prácticamente por completo la naturaleza y las condiciones del aprendizaje y la retención de carácter verbal y significativo. Naturalmente, esto ha retrasado el descubrimiento de métodos más eficaces de exposición verbal y ha contribuido a perpetuar el empleo de los métodos tradicionales de enseñanza de carácter memorista. Estos métodos siguen predominando en gran parte de la práctica educativa contemporánea, sobre todo en la segunda enseñanza y en la universidad. Los materiales de instrucción lógica y potencialmente significativos suelen ser impartidos por los enseñantes y aprendidos por los estudiantes como si tuvieran un carácter memorista y, en consecuencia, se retienen, si es que lo son, de una manera ineficaz y con una dificultad innecesaria.

En otros círculos educativos se considera que *toda* exposición *verbal* fomenta *necesariamente* el aprendizaje memorista y en consecuencia es proscrita. Sólo en épocas relativamente recientes los especialistas curriculares y los psicólogos de la educación se han interesado por los aspectos sustanciales y programáticos del problema de facilitar la adquisición y la retención de carácter significativo de corpus viables de conocimiento.

La psicología frente a la psicología de la educación

Puesto que tanto la psicología como la psicología de la educación se ocupan del problema del aprendizaje, ¿cómo podemos distinguir entre los intereses de investigación en este campo especiales y legítimos de cada disciplina? Como ciencia aplicada, la educación no se ocupa de las leyes generales del aprendizaje *per se*, sino sólo de las propiedades del aprendizaje que se pueden relacionar con maneras eficaces de efectuar de una manera deliberada cambios estables en los individuos (como, por ejemplo, la adquisición y retención de conocimientos) que tengan un valor tanto personal como social. En consecuencia, la educación se refiere a un aprendizaje orientado o manipulado que se dirige de una manera deliberada a unos fines prácticos concretos. Estos fines se pueden definir en parte como la adquisición a largo plazo de corpus estables de conocimientos (ideas, conceptos, hechos), valores, hábitos y aptitudes; de maneras de percibir, adaptarse y tener aspiraciones; y de las capacidades cognitivas necesarias para esta adquisición.

Por otro lado, el interés de los psicólogos en el aprendizaje es mucho más general. Se interesan por muchos otros aspectos del aprendizaje además de la adquisición eficaz de unos conocimientos, unas competencias y unas capacidades previamente designadas para el crecimiento cognitivo en un contexto dirigido. En general suelen investigar la naturaleza de las experiencias de aprendizaje corrientes, memoristas, fragmentarias o a corto plazo en lugar de los tipos de aprendizaje a largo plazo que intervienen en la asimilación de corpus extensos y organizados de conocimientos, valores, hábitos y aptitudes. Esta primera elección de los problemas que deben investigar en el aprendizaje los psicólogos estuvo determinada básicamente por la noción reduccionista y no fundamentada según la cual los procesos mentales superiores sólo se pueden empezar a explicar cuando ya se comprenden otros tipos de aprendizaje más simples.

En consecuencia, los siguientes tipos de problemas del aprendizaje son especialmente pertinentes a la investigación *psicoeducativa*:

1. El descubrimiento de la naturaleza de los aspectos del proceso de aprendizaje que influyen en la disponibilidad, la estabilidad y el grado de significado a largo plazo de cuerpos organizados de conocimientos, aptitudes, etc., en el estudiante.
2. La modificación (mejora) a largo plazo de las capacidades para el aprendizaje.
3. El descubrimiento de los aspectos cognitivos y de la personalidad del estudiante y de los aspectos interpersonales y sociales del entorno de aprendizaje que influyen en la motivación para aprender y en las maneras características de asimilar el material de instrucción.

4. El descubrimiento de prácticas de revisión y de retroalimentación apropiadas y de la máxima eficacia y de métodos para organizar, secuenciar y presentar materiales de aprendizaje y para motivar y dirigir el aprendizaje de una manera deliberada hacia unos objetivos especificados (Ausubel, 1953).

Por lo tanto, es indudable que la psicología de la educación es una disciplina aplicada. Sin embargo, *no* es la psicología general aplicada al aprendizaje escolar, de la misma manera que la medicina no es biología general aplicada a la prevención, el diagnóstico y el tratamiento de la enfermedad. Cada disciplina aplicada tiene su propio corpus independiente de teoría y metodología que es tan básico como el que subyace a la disciplina original. Una diferencia básica entre ellos es que los corpus de teoría aplicada tienen un ámbito menos general y son más pertinentes para los problemas prácticos concretos de una disciplina aplicada determinada.

Cuestiones y tendencias pertinentes en el pensamiento educativo actual

El principal centro de atención de este libro, es decir, los procesos de aprendizaje y de retención de carácter receptor y significativo y las maneras de reforzarlos, está de acuerdo en gran medida con tres tendencias actuales de pensamiento y de opinión en la educación: un mayor énfasis en la importancia y la calidad de la formación intelectual en las escuelas, un mayor acento en la adquisición de conocimientos como un fin en sí misma y una mayor predisposición por parte de la escuela a aceptar más responsabilidad por la dirección del aprendizaje. La preocupación por estas cuestiones ha reducido enormemente la inquietud a escala nacional y la acalorada controversia pública en torno a pseudoproblemas como, por ejemplo, si los estudiantes de hoy aprenden tanto en la escuela como las anteriores generaciones de estudiantes, si el currículo de hoy es más «blando», si Pepito puede leer, si la formación en pedagogía es una parte necesaria de la formación del enseñante o si la formación intelectual debe ser una función *exclusiva* de la escuela.

Mayor preocupación por la formación intelectual

La mayor preocupación por la calidad y el contenido intelectual del currículo se ha manifestado de muchas maneras diferentes. En primer lugar, científicos, estudiosos, expertos curriculares y psicólogos han estado colaborando durante algún tiempo de una manera esporádica en diversos movimientos de reforma curricular que subrayan los principios básicos y unificadores de las diferentes disciplinas, la programación más eficaz de las materias, lograr una consonancia con los recientes avances del conocimiento académico y cubrir los contenidos con la profundidad adecuada.

En segundo lugar, la preparación de los enseñantes en relación con la materia ha estado recibiendo mayor atención en forma de institutos para la formación de enseñantes de matemáticas y ciencias, programas de formación de enseñantes de cinco años de duración y unos requisitos más exigentes en cuanto al conocimiento de la materia para capacitar a los enseñantes de secundaria.

En tercer lugar, se han realizado numerosos experimentos sobre la organización y la administración del aula dirigidos a enseñar de una manera más eficaz la materia, sobre todo la enseñanza en equipo, las escuelas libres, el empleo de enseñantes especializados en ciencias y matemáticas de primaria, la agrupación diferencial de los alumnos por materias, la organización de programas especiales para estudiantes dotados, el empleo de asesores para enseñantes y una planificación más flexible de las clases en función del número de alumnos y de la cantidad de tiempo asignada a cada cual.

En cuarto lugar, los contenidos curriculares relacionados con las materias se han aumentado mediante medidas como alargar el curso y la jornada escolar, la exigencia de más unidades y de más asignaturas obligatorias —y menos asignaturas optativas— para superar la segunda enseñanza,[6] la introducción en los centros de primaria de idiomas extranjeros y una enseñanza más precoz de las matemáticas y las ciencias, la oferta de cursos de nivel universitario para los estudiantes más capaces de secundaria y un mayor énfasis en la realización de tareas en casa.

Por último, se ha dado una actividad muy frenética en el campo de los medios auxiliares de instrucción como, por ejemplo, las películas, la

6. En realidad, en ciertos centros elitistas de secundaria el número de cursos obligatorios se ha reducido para permitir una mayor concentración en un área concreta de especialización universitaria.

televisión educativa, la instrucción asistida por ordenador y el empleo de piezas y bloques, así como el uso de cintas, discos y métodos de laboratorio para la enseñanza de idiomas extranjeros.[7]

Estos desarrollos recientes no implican necesariamente que la escuela estadounidense hubiera repudiado antes la formación intelectual como su función primaria y distintiva. Naturalmente, es verdad que muchas veces ha parecido que esto era así a causa de las declaraciones estridentes de ciertos defensores extremistas del punto de vista centrado en el niño que adoptaban una actitud de *laissez-faire* con el objetivo de lograr la competencia intelectual. Estos últimos educadores solían quitarle méritos al conocimiento de las materias y abogaban por el empleo de los intereses que ya tenían los niños como criterio básico para construir el currículo y destacaban sobre todo el logro de un desarrollo óptimo de la personalidad y de la adaptación social en un entorno escolar permisivo al máximo.

Aunque esta última postura tenía muchos seguidores entre los profesores universitarios dedicados a la educación, en realidad nunca llegó a predominar ni en el ámbito de las creencias ni en el de la práctica, salvo en un puñado de escuelas públicas. Por lo tanto, la preocupación actual en las escuelas más elitistas por la competencia intelectual y la calidad curricular se debe más a un énfasis mayor que a un cambio radical en los objetivos de la educación estadounidense.

En realidad, los enfoques centrados en el niño y en las materias constituyen una falsa dicotomía que sólo produce serias discrepancias entre los partidarios de cualquier extremo del continuo. Por ejemplo, ningún partidario realista del enfoque centrado en las materias sugiere que la escuela debería desentenderse del desarrollo de la personalidad y de la adaptación social de los alumnos o que las materias se deberían enseñar sin la debida consideración de factores pertinentes como la preparación, las diferencias individuales en cuanto a capacidad intelectual y la motivación (o falta de motivación) para aprender relacionada con la clase social.

---

7. Hay que admitir que la mayor parte de la preocupación y el empeño en reforzar la adquisición y la retención de conocimientos de las materias se ha dedicado a las escuelas elitistas para las clases medias más acomodadas. Muchas escuelas de zonas deprimidas aún siguen el principio de la promoción social y parecen contentarse con producir estudiantes de secundaria graduados o que abandonan antes de la graduación y acaban siendo analfabetos funcionales.

De manera similar, los defensores constructivos del enfoque centrado en el niño destacan en gran medida los factores determinantes y los resultados de carácter no cognitivo del aprendizaje a causa de su indudable importancia en el aprendizaje de las materias. De nuevo vemos que la diferencia reside más en el énfasis que en los objetivos básicos. El hecho de que los factores determinantes y los resultados de carácter no cognitivo del aprendizaje no se consideren de una manera exhaustiva en este libro no significa que se minimice su importancia o que se adopte un enfoque extremista a favor de las materias. Además, se destaca de una manera muy explícita la importancia de la preparación de carácter evolutivo y de las diferencias individuales en cuanto a capacidad cognitiva como factores básicos que influyen en el aprendizaje significativo basado en la recepción.

Naturalmente, esta mayor insistencia en la calidad de la formación intelectual no carece de peligros porque se puede pervertir con facilidad para servir a fines socialmente inaceptables. En primer lugar, las normas más exigentes, los objetivos más difíciles y las tareas más largas *no son* fines en sí mismos. Carecen de valor e incluso pueden llegar a ser perniciosos: 1) a menos que el contenido de la materia en cuestión valga la pena, conduzca a conocimientos significativos y esté en consonancia con los frutos de la erudición contemporánea; y 2) a menos que las normas mismas se adapten de una manera diferencial para exigir a cada niño lo que realmente pueda hacer y que lo haga lo mejor que pueda. Las normas más exigentes nunca se deben emplear como filtros para eliminar de la escuela a los alumnos con menor capacidad intelectual. Al contrario, se deben encontrar nuevas maneras de motivar adecuadamente a estos alumnos y de enseñarles con más eficacia las materias académicas.

En segundo lugar, la excelencia no equivale a unas notas elevadas en los exámenes independientemente de cómo se logren, de la motivación subyacente o del tipo de conocimiento que reflejen. En nuestro clima actual de frenética competición para entrar en la universidad, existe el peligro real de que las notas obtenidas en los exámenes se estén empleando como fines en sí mismas en lugar de ser símbolos del logro genuino y del dominio real de un conocimiento valioso.

Tan importante como lo que los alumnos saben al finalizar cualquier curso dado es la magnitud de su conocimiento durante toda su vida, así como su capacidad y deseo tanto de aprender más como de aplicar su conocimiento de una manera fructífera durante la vida adulta. Por ejemplo, si a la luz de estos últimos criterios comparamos la cantidad y la calidad de nuestro rendimiento nacional en cuanto a investigación en las ciencias puras y aplicadas con las de los países europeos, veremos que el sistema educativo estadounidense resiste relativamente bien la comparación aunque a nuestros escolares se les exija que aprendan un material mucho menos académico.

En consecuencia, las exigencias académicas más elevadas parecen tener un impacto relativamente pequeño en el aprendizaje real si se limitan a ser simples rituales formalistas. Por lo tanto, al establecer nuestros objetivos académicos debemos ocuparnos más de los objetivos intelectuales *fundamentales* de la enseñanza, es decir, de la adquisición *a largo plazo* de corpus estables y utilizables de conocimiento (y de aptitudes intelectuales) y del desarrollo de la capacidad de pensar de una manera sistemática, independiente y crítica en unos campos particulares de indagación. Es evidente que la calidad de la enseñanza influye en el resultado de estos objetivos, y no sólo por el contenido sustancial de la materia que se ofrece, sino también por la organización, la secuencia y la manera de presentar el material de instrucción, su grado de significado lógico y el equilibrio relativo entre los materiales ideacionales y factuales.

Responsabilidad de la organización del currículo y de la selección de materias

Un punto de vista extremista relacionado con el enfoque a la educación centrado en el niño es la noción de que los niños están equipados de una manera innata y un tanto misteriosa para saber con precisión qué es lo mejor para ellos desde el punto de vista de los contenidos intelectuales y del tipo de instrucción. Es evidente que esta idea es un producto de las teorías predeterministas de Rousseau, Gesell y otros autores que conciben el desarrollo como una serie de pasos secuenciales regulados internamente que se despliegan de acuerdo con un plan predeterminado.

Según estos teóricos predeterministas, el entorno facilita más el desarrollo si ofrece un campo totalmente permisivo que no interfiera con el proceso predeterminado de maduración espontánea. A partir de estos supuestos sólo hace falta dar un paso para afirmar que los mismos niños se deben encontrar en la posición más estratégica para *conocer* y *seleccionar* los componentes del entorno que sean más congruentes con sus necesidades evolutivas actuales y que, en consecuencia, conduzcan mejor a un crecimiento óptimo.

La supuesta «prueba» empírica de esta proposición se basa en el hecho de que cuando se permite a los niños seleccionar su propia dieta, la nutrición se mantiene de una manera adecuada y las condiciones carenciales se corrigen de una manera espontánea. Por lo tanto, este argumento nos dice lo siguiente: si los niños pueden elegir con éxito su propia dieta, es indudable que deben saber qué es lo mejor para ellos en todas las áreas de crecimiento y, en consecuencia, se les debería permitir que lo seleccionaran todo por su cuenta, incluyendo el currículo.

En primer lugar, aunque el desarrollo fuera básicamente una cuestión de maduración interna, seguiría sin haber ninguna buena razón para suponer que el niño esté versado implícitamente en la dirección actual y en las condiciones facilitadoras del desarrollo y, en consecuencia, que esté axiomáticamente equipado para hacer las elecciones más adecuadas. El simple hecho de que el individuo sea sensible durante la primera infancia a señales internas de necesidad fisiológica no nos permite concluir que, de una manera similar, también sea sensible a señales que reflejen necesidades psicológicas y de otro tipo relacionadas con el desarrollo. Incluso en el área de la nutrición, la selección por parte del propio niño sólo es un criterio fiable de esta necesidad durante la primera infancia.

En segundo lugar, a menos que asignemos una condición sacrosanta a la «motivación endógena», hay pocas garantías para creer que o bien ella sola refleja de una manera verdadera los requisitos evolutivos *genuinos* del niño o bien que las necesidades que se originan en el entorno están «impuestas», tienen un espíritu autoritario y están predestinadas de una manera inevitable a frustrar la actualización de las potencialidades de su desarrollo. En realidad, la mayoría de las necesidades se originan en el exterior y son interiorizadas en el curso de la interacción y la identificación del niño con personas destacadas de su entorno familiar y cultural.

En tercer lugar, nunca podemos dar por descontado que los intereses y las actividades que el niño expresa *de una manera espontánea* reflejan por completo *todas* sus necesidades y capacidades importantes. El simple hecho de que las capacidades ya existentes puedan proporcionar *en potencia* su propia motivación no significa que lo hagan así siempre o necesariamente. Lo que motiva no es la posesión de capacidades, sino más bien la previsión de satisfacciones futuras cuando estas capacidades se ejerciten con éxito. Sin embargo, a causa de factores como la inercia, la falta de oportunidades, el no reconocimiento de las mismas, o el interés en otras actividades, puede que, para empezar, muchas capacidades nunca se puedan poner en práctica. En consecuencia, los niños normalmente sólo desarrollan *algunas* de sus capacidades potenciales; por lo tanto, los intereses que expresan no se pueden considerar coincidentes con la gama potencial de intereses que son capaces de desarrollar con unos estímulos adecuados.

Así pues, y en conclusión, los intereses actuales y los deseos espontáneos de los alumnos inmaduros difícilmente se pueden considerar indicadores fiables y sustitutos adecuados del conocimiento especializado y el juicio experimentado en el diseño curricular. El reconocimiento del papel de las necesidades del alumno en el aprendizaje escolar tampoco significa que el alcance del plan de estudios se deba limitar a las preocupaciones o a los intereses expresados de una manera espontánea por un grupo de niños que crecen en unas condiciones concretas de estimulación intelectual y de clase social.

En realidad, una de las principales funciones de la educación debería ser estimular el desarrollo de motivaciones e intereses que no existan en el momento presente. Es cierto que el logro académico es mayor cuando los alumnos manifiestan sentir la necesidad de adquirir conocimientos como fines en sí mismos. Sin embargo, esta necesidad no es endógena sino adquirida y, en gran medida, lo es mediante la exposición a una instrucción provocadora, significativa y evolutivamente adecuada.

Por último, si bien es razonable tener en cuenta las opiniones de los alumnos y, en determinadas circunstancias, incluso solicitar su participación en la planificación curricular, tiene poco sentido desde el punto de vista del desarrollo o de la administración depositar *únicamente* en ellos la responsabilidad de las decisiones políticas u operacionales importantes.

Otras dos proposiciones relacionadas con esta cuestión que surgen del movimiento de los programas de actividad son: 1) que la información factual y las aptitudes intelectuales siempre se deberían adquirir en los contextos funcionales de la vida real donde es habitual encontrarlas (en lugar de mediante prácticas y ejercicios planificados de una manera artificiosa); y 2) que los progresos de un alumno sólo se deben evaluar en función de su propio potencial.

Prácticas y ejercicios planificados

Sin embargo, muchos enseñantes han aprendido a partir de su propia experiencia que las prácticas y los ejercicios no sólo no deben tener necesariamente un carácter memorista, sino también que son esenciales para la retención y la capacidad de transferencia a largo plazo, para la adquisición de muchas capacidades y conceptos que no se dan con la suficiente frecuencia y repetición en contextos más naturales y, en consecuencia, que la práctica o la revisión estructuradas son necesarias.

El aprendizaje incidental frente al aprendizaje deliberado

De manera similar, han encontrado que es necesario no hacer caso de gran parte del dogma totalmente infundado, pero muy extendido, del aprendizaje incidental. Han descubierto que si bien es posible que los niños aprendan algunas cosas de una manera incidental, hace falta un esfuerzo deliberado para que se dé un aprendizaje eficaz de la mayoría de los tipos de material académico.

En defensa de las calificaciones escolares y de las normas de grupo

Por último, han tenido que descartar gran parte de la exagerada condena que han sufrido las calificaciones escolares y las normas de grupo como males absolutos. Han visto que, despojadas de sus abusos, las calificaciones son instrumentos indispensables para evaluar la adquisición de conocimientos válidos y valiosos además de ser un incentivo totalmente necesario e inevitable para el logro académico en nuestra cultura competitiva. También han visto que, si bien es claramente útil saber lo bien que rinde un alumno en función de sus propias capacidades, este conocimiento no excluye en modo alguno la evaluación de su capacidad en relación con la norma de su clase o grupo de edad.

El grito de guerra de los partidarios de la educación activa o progresista según el cual el estudiante debe asumir la plena responsabilidad de su propio aprendizaje, se ha distorsionado hasta convertirse en una doctrina de irresponsabilidad pedagógica. Se ha interpretado como si significara que el estudiante tiene la responsabilidad de descubrir por su cuenta todo lo que tiene que aprender, es decir, de localizar y organizar sus propios materiales de instrucción a partir de fuentes primarias, interpretarlos por su cuenta, diseñar sus propios experimentos y limitarse a recurrir al enseñante como asesor y crítico.

Sin embargo, la educación no es, ni ha sido nunca, un proceso de autoformación total y absoluta. Su esencia misma se basa en la selección fundamentada, la organización, la interpretación y la disposición secuencial de materiales de aprendizaje por parte de personas pedagógicamente expertas. La escuela no puede renunciar en conciencia a estas responsabilidades pasándoselas a los estudiantes en el nombre de la democracia y el progresismo.

El estudiante asume una responsabilidad adecuada dentro de su propio aprendizaje:

1. Cuando acepta la tarea de aprendizaje de una manera activa, intentando comprender el material de instrucción que se le enseña.
2. Cuando intenta integrarlo de una manera genuina con lo que ya sabe.
3. Cuando no evita el esfuerzo y el trabajo ante un nuevo aprendizaje difícil o no pide a su enseñante que se lo dé todo hecho.
4. Cuando asume la responsabilidad de plantear las preguntas necesarias acerca de lo que no comprende.

Los educadores también han eludido la responsabilidad de programar los contenidos de la enseñanza amparándose en el eslogan de que la función de la escuela es «enseñar a los niños *cómo* pensar, no *qué* pensar». Este eslogan también incluye una falsa dicotomía puesto que estas dos funciones en modo alguno se excluyen mutuamente. En realidad, y como se ha afirmado anteriormente, podemos considerar que la principal función de la escuela es la transmisión de materias.

La mayor parte del pensamiento que se da en la escuela es, y debería ser, complementario del proceso de aprendizaje basado en la recepción y capaz de que los estudiantes asimilen los contenidos de las materias de una manera más activa, integradora y crítica. Además, el desarrollo del pensamiento o de la capacidad para la resolución de problemas también se puede considerar un objetivo natural de la enseñanza por derecho propio aunque tenga menor importancia que el aprendizaje de las materias y sólo se pueda enseñar en parte; pero en ningún caso es un sustituto adecuado del aprendizaje receptor *per se* o un medio *fundamental* viable para impartir conocimientos sobre materias.

Por fortuna, y como demuestra el espectacular desarrollo durante los últimos decenios de los movimientos de reforma curricular y de diversas formas de enseñanza programada, destacados educadores están volviendo actualmente a la visión educativa más tradicional según la cual el contenido curricular es responsabilidad del enseñante y no del estudiante.

El conocimiento como un fin en sí mismo

Otra tendencia alentadora en el panorama educativo actual es la creciente insistencia en el valor del conocimiento como un fin en sí mismo. El movimiento de la «adaptación a la vida» ha prestado un valioso servicio al señalar que la escuela no se puede permitir el lujo de no tener en cuenta los intereses, los problemas y las inquietudes presentes y futuras de carácter profesional, familiar y cívico de los estudiantes de secundaria, sobre todo de los que no tienen la intención de asistir a la universidad. Si los jóvenes notan que la escuela se muestra indiferente acerca de estas cuestiones, reaccionarán perdiendo interés en los estudios académicos o sintiéndose culpables por preocuparse de cuestiones supuestamente triviales. Si las preocupaciones actuales no se abordan, es inevitable que actúen como distracciones de otras responsabilidades establecidas.

Con todo, algunos extremistas llevaron esta postura demasiado lejos adoptando una enfoque antiintelectual a la enseñanza secundaria. Cualquier rama del conocimiento que no tuviera una aplicabilidad inmediata a problemas prácticos de la vida cotidiana se rechazaba de plano por considerarse una pérdida de tiempo. Y en algunos casos el currículo se diluía mediante la adición de diversos detalles superfluos y actividades para el tiempo libre. Se sostenía que sólo debían recibir materias académicas los estudiantes con una capacidad intelectual superior u orientados a la universidad y que estas materias carecían de valor o eran demasiado difíciles para el resto de estudiantes.

Sin embargo, para estar relacionadas con las necesidades y los propósitos actuales, las tareas de aprendizaje no tienen que limitarse necesariamente a abordar problemas de adaptación juvenil. El conocimiento académico puede estar relacionado con las motivaciones actuales si su adquisición se convierte, por lo menos en parte, en un objetivo por derecho propio. No es realista esperar que todas las materias escolares puedan tener, aunque sea de una manera remota, un valor utilitario o unas implicaciones prácticas. El valor de gran parte del aprendizaje escolar sólo se puede defender sobre la base de que mejora la comprensión que tiene un individuo de las ideas importantes de su cultura. Si se pudiera motivar a los adolescentes para que vieran el conocimiento académico desde esta perspectiva, eso constituiría una parte importante de su campo psicológico actual.

Además, si bien los jóvenes que no desean seguir hasta la universidad requieren alguna formación preprofesional y de adaptación a la vida, eso no significa que no se puedan beneficiar de algunas materias académicas. Si la formación de carácter académico se imparte de una manera adecuada y sus contenidos se modifican en consonancia con su capacidad intelectual, esta formación no sólo será valiosa como un fin en sí misma sino que, de una manera más general, será tan importante como preparación para la vida adulta como lo es la educación relacionada de una manera más explícita con tareas evolutivas inmediatas.

Bibliografía

Ausubel, D. P., «The nature of educational research», *Educational Theory*, nº 3, 1953, págs. 314-332.

Gage, N. L., «Metatechnique in educational research», Urbana, IL, Universidad de Illinois, Bureau of Educational Research, 1961.

Jersild, A. T. y S. F. Bienstock, «The influence of training on the vocal ability of three-year-old children», *Child Development*, nº 2, 1931, págs. 277-291.

—, «Development of rhythm in young children», *Child Development Monographs*, nº 2, 1935.

Melton, A. W., «The science of learning and the technology of educational methods», *Harvard Educational Review*, nº 29, 1959, págs. 96-106.

Spence, K. W., «The relation of learning theory to the technology of education», *Harvard Educational Review*, nº 29, 1959, págs. 96-106.

Underwood, B. J., «Verbal learning in the educative process», *Harvard Educational Review*, nº 29, 1959, págs. 107-117.

3 Resumen de los conceptos básicos del aprendizaje y la retención de carácter significativo basados en la recepción

Este capítulo contiene una exposición y una elaboración de los principios esenciales del aprendizaje y la retención de carácter significativo basados en la recepción, es decir, de la teoría de la asimilación y de su aplicación a la adquisición y la retención de conocimientos en situaciones de aprendizaje formal. Estos principios se presentarán en gran medida en un nivel descriptivo, acompañados con relativamente pocos detalles o pruebas de apoyo; a estas alturas del desarrollo teórico y de la investigación, los aspectos expositivos de la teoría aún son necesariamente rudimentarios e hipotéticos. No obstante, todavía proporcionan algún andamiaje necesario de carácter ideacional específico e inmediato para los fenómenos de aprendizaje y de retención de carácter significativo que pretenden explicar en el contexto de adquirir y retener conocimientos. En capítulos posteriores se expondrá una consideración más detallada y documentada de los componentes separados de la teoría. Aunque es inevitable que este modo de organización genere un poco de redundancia, compensa esta desventaja de una manera más que suficiente reforzando su comprensión y su significado.

Las orientaciones neoconductistas frente a las orientaciones cognitivas

Cualquier intento de comprender el desarrollo histórico y el estado teórico actual de la psicología del aprendizaje, la retención y la instrucción, debe empezar necesariamente con un examen de las visiones opuestas de los teóricos cognitivos y neoconductistas sobre la naturaleza básica de los procesos y los fenómenos cognitivos. Las diferencias entre estas dos orientaciones teóricas no pueden ser más fundamentales y no se pueden explicar de una manera convincente diciendo sólo que cada grupo de teóricos está esencialmente interesado en dilucidar tipos de fenómenos psicológicos básicamente diferentes.

Naturalmente, es cierto que con el paso de los años los neoconductistas han dedicado la mayoría de su atención a problemas como el condicionamiento clásico y operante, el aprendizaje verbal memorista, el aprendizaje instrumental y el aprendizaje basado en la discriminación, mientras que los psicólogos cognitivos se han interesado tradicionalmente en problemas como el pensamiento, la formación de conceptos, la resolución de problemas y el aprendizaje de discurso conexo. Con todo, representantes de las dos escuelas han intentado ampliar sus nociones para abarcar todo el campo de la psicología del aprendizaje y de la retención. En realidad, gran parte de la polémica que rodea hoy en día a la psicología de la cognición surge precisamente del hecho de que los neoconductistas han extendido sus nociones «hacia arriba», para incluir los procesos cognitivos más complejos, mientras que sus oponentes teóricos han extendido sus nociones «hacia abajo», para incluir tipos de aprendizaje más simples.

La orientación teórica neoconductista

Como la postura conductista de la que se deriva, se supone que la visión neoconductista considera que los objetos apropiados de la investigación científica en el campo de la psicología son las respuestas conductuales «reales», tanto manifiestas como implícitas, y los factores instigadores y reforzadores del entorno. Por otro lado, la conciencia se considera un concepto «mentalista» que es muy resistivo a la indagación científica y no es muy pertinente a los fines reales de la psicología como ciencia; en general se considera como un epifenómeno que no es importante ni por derecho propio ni como factor determinante de la conducta. Además, según los neoconductistas, no se puede observar de una manera fiable (objetiva) y se considera tan idiosincrásica que hace prácticamente imposibles los tipos de categorización necesarios para realizar generalizaciones científicas. Por ejemplo, desde el punto de vista neoconductista, un concepto no se considera una *idea* genérica o categorizadora en la conciencia sino una *respuesta* común a una clase o una familia de estímulos.

Es evidente que los partidarios de la postura neoconductista tenían pocas dificultades para explicar fenómenos como el condicionamiento clásico e instrumental o el aprendizaje verbal memorista, pero al principio tuvieron grandes problemas con los fenómenos y procesos cognitivos, sobre todo los relacionados con los símbolos. Inicialmente los únicos principios que podían ofrecer para explicar cómo se podían provocar respuestas mediante estímulos que no estaban originalmente asociados a ellas por medio de la contigüidad y el refuerzo, eran los conceptos de generalización de estímulos y de respuestas. Pero es evidente que este tipo de mecanismo de transferencia depende de la similitud física (o perceptiva) dentro de los conjuntos de estímulos o de respuestas en cuestión; en consecuencia, no se podía aplicar a problemas como la representación simbólica (es decir, la equivalencia en cuanto a sentido entre signos y significados), la inclusión de ejemplos físicamente diferentes dentro de la misma categoría conceptual y la resolución de problemas que supone la transferencia de un principio dado desde una situación a otra físicamente distinta.

Los neoconductistas intentaron resolver estos últimos problemas de la representación simbólica, la equivalencia conceptual y la transferencia proponiendo un proceso mediador hipotético que podría hacer que unas situaciones físicamente diferentes fueran equivalentes por constituir la respuesta hipotética común del organismo suscitada por cada situación. Este proceso mediador se consideraba una forma de conducta implícita (una respuesta interna, productora de estímulo) relacionada con la «respuesta fraccionaria de previsión de meta» y el «puro acto de estímulo» de Hull. Osgood (1957), Berlyne (1965) y Gagné (1977) han ofrecido distintas concepciones neoconductistas del significado.

La postura cognitiva: el significado como experiencia ideacional diferenciada

Por otro lado, los partidarios del punto de vista cognitivo adoptan la postura teórica contraria. Empleando la percepción como modelo, consideran que la experiencia consciente diferenciada y claramente articulada (como, por ejemplo, conocer, comprender, pensar, etc.) ofrece los datos más importantes para una ciencia de la psicología. En lugar de centrarse de una manera mecanicista en las conexiones estímulo-respuesta y en sus hipotéticos mediadores «orgánicos», intentan descubrir principios psicológicos de organización y funcionamiento que gobiernen estos estados diferenciados de conciencia y los procesos cognitivos subyacentes de los que surgen (como, por ejemplo, el aprendizaje significativo, la abstracción o la generalización).

Desde el punto de vista de los teóricos cognitivos, el intento de hacer caso omiso de los estados conscientes o de reducir la cognición a procesos mediadores que reflejan una conducta implícita, no sólo excluye de una manera injustificada del campo de la psicología aquello que más vale la pena estudiar, sino que también simplifica de una manera excesiva y absurda fenómenos psicológicos muy complejos. Los teóricos cognitivos consideran que estos procesos mediadores neoconductistas son constructos enrevesados, inverosímiles y desmesurados, tanto por la terca negativa de estos últimos en reconocer el carácter fundamental de la conciencia en los procesos cognitivos como por sus intentos de reducir la cognición a un conjunto de correlaciones implícitas estímulo-estímulo o estímulo-respuesta que sólo son aplicables a unos tipos de conducta mucho más simples.

En contraste con el enfoque neoconductista, la postura cognitiva en relación con la psicología del aprendizaje y el significado tiene un sabor decididamente ideacional y, desde un punto de vista conductista, «mentalista». Según los teóricos cognitivos, el significado no es una *respuesta* implícita, sino una experiencia consciente articulada de una manera clara y diferenciada con precisión que surge cuando se relacionan de una manera no arbitraria y no literal signos, símbolos, conceptos o proposiciones potencialmente significativos con componentes pertinentes de la estructura cognitiva de un individuo dado y se incorporan a ellos.

Nuevos significados como producto del aprendizaje significativo

En consecuencia, se cree que la adquisición de nuevos significados es coextensiva con el aprendizaje significativo, un proceso que se considera cualitativamente diferente del aprendizaje memorista en función de la capacidad de relación no arbitraria y no literal del contenido de lo que se debe aprender con ideas ya existentes en la estructura cognitiva. En otras palabras, los nuevos significados son el producto de una interacción activa e integradora entre nuevos materiales de instrucción e ideas pertinentes ya existentes en la estructura de conocimiento del estudiante. Además, las condiciones del aprendizaje presuponen la existencia de una actitud de aprendizaje significativa en el estudiante y de materiales de aprendizaje potencialmente significativos. A su vez, esta última condición requiere: 1) unas tareas de aprendizaje que sean suficientemente no aleatorias, razonables y plausibles para que se puedan enlazar de una manera no arbitraria y sustancial con *algún* componente pertinente de un corpus ya existente de conocimientos de por lo menos *algunas* de las personas que aprenden; y 2) la presencia de este último componente en la estructura cognitiva de la persona *concreta* que aprende.

Puesto que el conocimiento de una materia consta de un gran número de conceptos, proposiciones y símbolos representacionales interrelacionados (como, por ejemplo, nombres de conceptos) y puesto que el material aprendido de una manera memorista está drásticamente limitado desde el punto de vista del tiempo (longevidad) y de la extensión de los elementos, y dado que también requiere mucha repetición con un gran esfuerzo, es lógico que el aprendizaje verbal de carácter significativo basado en la recepción sea, en la práctica, el modo más importante de adquirir y retener este tipo de conocimiento en la escuela o en entornos de aprendizaje similares.

El significado ¿es básicamente connotativo o denotativo?

De las consideraciones anteriores se desprende claramente que uno de los principales motivos de disputa entre los enfoques cognitivo y neoconductista gira en torno a si los atributos psicológicos esenciales del significado son de naturaleza principalmente connotativa y si, en consecuencia, se pueden conceptuar de una manera adecuada en función de unas respuestas motrices o afectivas implícitas (Suci, Osgood y Tannenbaum, 1957) o si tienen una naturaleza básicamente denotativa y deben reflejar necesariamente un contenido cognitivo diferenciado. Una cuestión relacionada se refiere a la aplicabilidad del paradigma del condicionamiento al proceso por medio del cual se adquieren los significados, es decir, a si el proceso de adquisición es puramente automático o supone alguna conciencia implícita y varias operaciones cognitivas activas.

Una de las principales repercusiones de la postura cognitiva es que el sistema psicológico humano, considerado como un mecanismo de procesamiento y almacenamiento de información, está construido de tal forma y funciona de tal modo que se suelen aprender y retener de una manera significativa nuevas ideas y nuevas informaciones con la máxima eficacia cuando ya están disponibles conceptos o proposiciones apropiadamente pertinentes y típicamente más inclusivos para desempeñar una función subsumidora o proporcionar un anclaje ideacional a ideas subordinadas (Ausubel, 1961, 1962). En consecuencia, la subsunción explica en gran medida la adquisición de nuevos significados (o el acrecimiento de conocimientos), el intervalo de retención prolongado de los materiales aprendidos de una manera significativa, la propia organización psicológica del conocimiento como una estructura jerárquica donde los conceptos más inclusivos ocupan una posición en la cima de la estructura y luego subsumen hacia abajo y de una manera progresiva subconceptos y datos factuales más diferenciados, y la posterior aparición del olvido.

El olvido, considerado como proceso, se conceptualiza como la segunda etapa de la subsunción, o etapa «obliteradora», donde al principio la importancia y la sustancia distintivas de una idea aprendida y subsumida de una manera significativa se pueden disociar de la idea de anclaje (subsumidora), después pierden esta disociabilidad de una manera gradual y, por último, son asimiladas por completo por el significado más general de este subsumidor más estable e inclusivo (Ausubel, 1962). En consecuencia, el olvido se interpreta como una pérdida progresiva de la disociabilidad de las nuevas ideas de la matriz ideacional en la que están embebidas y en relación con la cual surge su significado. La teoría del aprendizaje y la retención de carácter significativo formulada anteriormente se conoce con el nombre de «teoría de la asimilación» (Ausubel, 1963).

El conocimiento recién adquirido como base para la transferencia

Otra repercusión importante de la postura cognitiva es que la adquisición por parte del estudiante de corpus de conocimiento estables, claros y organizados no sólo es el principal objetivo a largo plazo de la educación, sino también que las propiedades aprendidas de estos corpus de conocimiento, una vez adquiridos, constituyen a su vez, y por derecho propio, las *variables independientes* más importantes que influyen en el aprendizaje y la retención de carácter significativo de *nuevo* material de una materia. En consecuencia, la facilitación del aprendizaje significativo secuencial se puede ejercer de la manera más eficaz identificando y manipulando variables importantes de la estructura cognitiva (como, por ejemplo, la disponibilidad, la estabilidad, la claridad y la discriminabilidad). Este objetivo se puede lograr de dos maneras distintas pero complementarias: 1) *sustancialmente*, mostrando interés por la «estructura» de una disciplina (es decir, empleando, para fines organizativos e integradores, conceptos y proposiciones de carácter unificador que tengan la mayor inclusividad, el mayor poder expositivo, la mayor capacidad de generalización y la mayor capacidad de enlace para el contenido de esa disciplina); y 2) *programáticamente*, empleando principios adecuados para organizar y ordenar la secuencia de contenidos, construir su lógica interna y organizar y disponer ensayos de práctica (revisión).

El conocimiento como contenido sustancial o como capacidad para la resolución de problemas

Tanto Gagné (1962) como Bruner (1959, 1960) se apartan considerablemente de la postura cognitiva presentada antes en su concepción del papel de la estructura cognitiva en la transferencia. Esta diferencia surge en parte de su concepción más conductista de la naturaleza del conocimiento que, según ellos, consiste en la *capacidad* de realizar distintas clases de tareas de resolución de problemas.[1] Así, al ocuparse de la transferencia, Gagné (1962, 1977) se centra en si el estudiante posee las capacidades componentes o subordinadas de resolución de problemas necesarias para manifestar una capacidad dada de resolución de problemas de orden superior. Al concentrarse más en los aspectos deductivos de la transferencia, Bruner (1959, 1960) destaca el «aprendizaje genérico» porque puede facilitar la resolución derivativa de problemas, es decir, la resolución de problemas que son casos particulares de una proposición más general.

Por otro lado, desde el punto de vista de un enfoque cognitivo, el conocimiento se considera más como un estado sustancial (ideacional) que como una capacidad para la resolución de problemas; y se piensa que las funciones de transferencia de la estructura cognitiva se aplican mucho más al aprendizaje basado en la recepción que a la resolución de problemas

---

1. Más recientemente, Gagné (1968) ha reconocido la naturaleza sustancial del conocimiento verbalizable pero ha tendido a descartarlo en favor de una jerarquía de aptitudes para la resolución de problemas.

en la situación de aprendizaje típica del aula. Además, el aprendizaje de conceptos y proposiciones de carácter genérico se propugna más como un medio de ofrecer un anclaje estable a materiales de instrucción correlativos (por ejemplo, extensiones, elaboraciones, modificaciones y matizaciones de ideas establecidas en la estructura cognitiva) que para hacer posible la regeneración de casos derivados olvidados. La base teórica de esta preferencia es que el principal problema de la transferencia en la adquisición de un corpus de conocimiento supone la estabilización (mediante procedimientos de aprendizaje sustanciales y programáticos) de las ideas correlativas que constituyen la esencia misma de una disciplina que, en caso contrario, sufriría una subsunción obliteradora; mucho menos crucial para la transferencia es el perfeccionamiento de la capacidad de resolver bajo demanda problemas que se pueden abordar con éxito si el estudiante retiene un esquema esencial de principios genéricos (subsunción derivativa).

Factores determinantes y correlatos de carácter neuropsicológico de los fenómenos cognitivos

Aparte de Hebb, en general los neoconductistas están menos interesados que sus predecesores en especificar los factores determinantes o correlatos neuropsicológicos de los fenómenos cognitivos. Se contentan con afirmar que bajo el significado subyace un proceso básicamente orgánico y conductual y tienden a adoptar una postura bastante indefinida acerca de la definición de este proceso en términos neuropsicológicos. Por otro lado, el objetivo de Hebb (1949) era otorgar una explicitud neurológica rigurosa a su sistema teórico. Por ejemplo, nos habla de un proceso de «reclutamiento» cuando describe lo que ocurre en una hipotética «reunión celular» durante la adquisición de conceptos y también nos habla de la reorganización de estas reuniones celulares en «secuencias de fase» para explicar el desarrollo de los «esquemas» de Bartlett (1932).

En cambio, los teóricos cognitivos tienden a dudar que la identificación de los eventos cognitivos con unas entidades neurológicas relacionadas de carácter hipotético, especulativo y metafórico pueda aportar gran cosa a nuestra comprensión de la cognición. Incluso consideran innecesaria y desmesurada la postulación de procesos orgánicos no fisiológicos para los fenómenos cognitivos. Prefieren definir los eventos cognitivos en función de unos procesos y estados de conciencia diferenciados —que existen como sistemas organizados de imágenes, conceptos, proposiciones, etc., en la estructura cognitiva— y de los procesos cognitivos de los que dependen.

> Los procesos neuropsicológicos que acompañan ciertos eventos cognitivos, están correlacionados con ellos y los hacen posibles se producen en un nivel de «sustrato» que tiene un valor *explicativo* muy escaso o nulo para estos fenómenos de orden superior. [Además, aunque es indudable que existen correlatos neuropsicológicos] para la materia prima (percepciones e imágenes) de las operaciones cognitivas, [...] es probable que la combinación y la interacción de las imágenes (percepciones) y las ideas que intervienen en la resolución de problemas, la adquisición de conceptos y el pensamiento no tengan ningún correlato neural. En esencia son unos fenómenos psicológicos extraneurales [no materiales] que sólo dependen de una integridad suficiente del sustrato cerebral para hacer posible [la conciencia], la percepción, la memoria, [el pensamiento] y la interrelación de sus productos (Ausubel, 1961, 1962).

Naturalmente, esto equivale a un rechazo casi total de la perspectiva reduccionista según la cual los fenómenos psicológicos se deben poder explicar, en última instancia, en términos neuropsicológicos.

El interés de la neurociencia moderna por la base neurológica de distintas funciones y deficiencias psicológicas no se dedica principalmente a descubrir núcleos, tractos y conexiones neurales diferenciales (y sus lesiones patológicas) que puedan explicar las diferencias correspondientes en el funcionamiento psicológico y sus defectos, además de sus procesos o mecanismos subyacentes. La razón es que, en mi opinión, la anatomía y la fisiología neural diferencial sólo desempeñan una función de «sustrato» y no explicativa en el funcionamiento psicológico. Sólo necesitan una integridad funcional manifiesta del tejido (nervioso).

En consecuencia, el funcionamiento psicológico diferencial se puede explicar y concebir mejor considerando que está determinado y regulado principalmente por procesos psicológicos (en lugar de neurales), siempre que sus correspondientes sustratos nerviosos estén intactos y, evidentemente, que la persona en cuestión también esté viva para desempeñar su función de sustrato en el funcionamiento psicológico diferencial.

La naturaleza del aprendizaje basado en la recepción

Pocos recursos pedagógicos de nuestro tiempo han sido más repudiados de una manera más tajante por los teóricos de la educación que el método de instrucción verbal expositiva. En muchos círculos está de moda caracterizar el aprendizaje verbal basado en la recepción como la memorización y la recitación memorista de hechos arbitrarios y aislados que son completamente ininteligibles para el estudiante, y lo rechazan con desdén como un resto arcaico de una tradición educativa desprestigiada. En realidad, y totalmente aparte del valor intrínseco que puedan poseer, muchas innovaciones y movimientos educativos del siglo XX —programas de actividad, métodos basados en proyectos y debates, diversas maneras de maximizar la experiencia no verbal y manipulativa en el aula, el énfasis en el «descubrimiento por cuenta propia» y en el aprendizaje por y para la *resolución de problemas*— deben gran parte de sus orígenes y su popularidad a la extendida insatisfacción con los métodos de instrucción verbal. Por ejemplo, en general se ha aceptado (por lo menos en el ámbito de la teoría de la educación): 1) que no se pueden presentar o «dar» generalizaciones significativas al estudiante, sino que sólo se pueden adquirir como producto de una actividad de resolución de problemas (Brownell y Hendrickson, 1950); y 2) que todos los intentos de dominar conceptos y proposiciones verbales son formas de verbalismo vacío a menos que el estudiante tenga una experiencia previa reciente con las realidades concretas a las que se refieren estas estructuras verbales (Brownell y Hendrickson, 1950).

Crítica de la enseñanza expositiva y del aprendizaje basado en la recepción

Naturalmente, existen excelentes razones para el descrédito general en el que han caído la enseñanza expositiva y el aprendizaje verbal basado en la recepción. La más evidente de ellas es que, a pesar de las repetidas declaraciones de carácter político en sentido contrario por parte de las organizaciones educativas, los contenidos potencialmente significativos aún se suelen seguir presentando a los alumnos de una manera predominantemente memorista. Otra razón menos evidente pero igualmente importante por la que el grado de significado se percibe como un producto exclusivo de los métodos basados en la resolución de problemas y en el descubrimiento se centra en dos serias limitaciones de la moderna teoría del aprendizaje. En primer lugar, los psicólogos han tendido a subsumir muchos tipos *cualitativamente* diferentes de procesos de aprendizaje dentro de un solo modelo explicativo. El resultado es que, incluso hoy en día, existe una confusión muy extendida en relación con las distinciones básicas entre el aprendizaje basado en la recepción y el aprendizaje basado en el descubrimiento y entre el aprendizaje memorista y el aprendizaje significativo. Por ejemplo, no siempre ha estado suficientemente claro que unos tipos de aprendizaje pertenecientes a categorías tan diferentes como la resolución de problemas y la comprensión de un material verbal presentado tengan unos objetivos diferentes y que las condiciones y técnicas de instrucción que facilitan uno de estos tipos de procesos de aprendizaje no sean necesariamente pertinentes u óptimamente eficaces para el otro.

En segundo lugar, en ausencia de una teoría apropiada del aprendizaje verbal significativo, muchos psicólogos de la educación han tendido a interpretar el aprendizaje (significativo) de contenidos a largo plazo en función de los mismos conceptos (como la inhibición retroactiva, la generalización de estímulos, la competición entre respuestas) empleados para explicar el condicionamiento instrumental, el aprendizaje de pares asociados, el aprendizaje memorista en serie, el aprendizaje de laberintos y el aprendizaje simple basado en la discriminación.

El aprendizaje basado en la recepción frente al aprendizaje basado en el descubrimiento

Hasta finales de los años cincuenta y principios de los sesenta, y hasta el primer rechazo destacable (Mandler, 1962) de los intentos conductistas de reducir los procesos mentales complejos al modelo del aprendizaje memorista verbal, muchos psicólogos y psicólogos de la educación aceptaban de una manera implícita la proposición de que la comprensión, la adquisición y la retención de conocimientos, el olvido, la formación de conceptos y la resolución de problemas se podrían explicar, en última instancia, mediante los mismos principios que actúan en el aprendizaje y la retención de sílabas sin sentido y de pares de adjetivos. En consecuencia, no nos debe sorprender que los educadores percibieran el aprendizaje de contenidos como una extensión del aprendizaje memorista y que recurrieran a panaceas tales como el «aprendizaje por descubrimiento», «cada niño es un pensador creativo» y enfoques basados en «procesos» para la enseñanza de la ciencia, etc.

En consecuencia, en este capítulo se hará un intento de distinguir entre el aprendizaje basado en la recepción y el aprendizaje basado en el descubrimiento, de precisar aún más la distinción ya existente entre el aprendizaje memorista y el aprendizaje significativo y de considerar el papel distintivo de cada uno de estos tipos de aprendizaje en la empresa educativa en general. A estas alturas ya debería estar claro que el aprendizaje verbal basado en la recepción puede ser genuinamente significativo sin una experiencia o una actividad previa de aprendizaje basado en el descubrimiento o de resolución de problemas y que las deficiencias atribuidas al método de instrucción verbal expositiva no son intrínsecas al método mismo sino que, en gran medida, más bien se derivan de malas aplicaciones y usos incorrectos del mismo.

Desde el punto de vista de potenciar el desarrollo intelectual, ningún interés teórico es más pertinente o apremiante en el estado actual de nuestro conocimiento que la necesidad de distinguir claramente entre los principales tipos de aprendizaje escolar que tienen lugar en el aula (por ejemplo, el aprendizaje verbal memorista y significativo, la adquisición de conceptos y la resolución de problemas de carácter verbal y no verbal). Una manera importante de diferenciar estos últimos tipos de aprendizaje en el aula es establecer dos distinciones fundamentales basadas en los procesos subyacentes a ellos: la distinción entre el aprendizaje basado en la recepción y el aprendizaje basado en el descubrimiento por un lado, y la distinción entre el aprendizaje memorista y el aprendizaje significativo por otro.

La primera distinción es especialmente importante porque la mayoría de las comprensiones que adquieren los estudiantes tanto dentro de la escuela como fuera de ella les son presentadas (y son el producto de un aprendizaje basado en la recepción) en lugar de ser descubiertas. Además, puesto que la mayoría del material de aprendizaje se presenta de una manera verbal, también es importante apreciar que el aprendizaje *verbal* basado en la recepción no es necesariamente de carácter memorista y que puede ser significativo sin necesidad de disponer de una experiencia previa no verbal y de resolución de problemas.

En el aprendizaje basado en la recepción (memorista o significativo) todo el contenido de lo que se debe aprender se presenta al estudiante con una forma final. La tarea de aprendizaje no supone ningún descubrimiento independiente por su parte. Del estudiante sólo se requiere que interiorice el material que se le presenta (por ejemplo, una lista de sílabas sin sentido o de pares asociados, un poema o un teorema geométrico) para que esté disponible y sea reproducible en el futuro.

Por otro lado, la característica esencial del aprendizaje basado en el descubrimiento (como, por ejemplo, la formación de conceptos o la resolución de problemas memorista o significativa), es que el contenido principal de lo que se debe aprender no está dado sino que debe ser descubierto de una manera independiente por el estudiante antes de que lo pueda interiorizar. En otras palabras, la tarea de aprendizaje distintiva y previa es descubrir algo: cuál de dos calles de un laberinto conduce a la meta, la naturaleza precisa de una relación entre dos variables, los atributos comunes de varios casos diversos, etc.

Por lo tanto, la primera etapa del aprendizaje basado en el descubrimiento supone un proceso bastante diferente de la del aprendizaje basado en la recepción. El estudiante debe reestructurar un conjunto dado de información, lo debe integrar con la estructura cognitiva ya existente y debe reorganizar o transformar esta combinación integrada de tal manera que acabe creando un producto final deseado o descubriendo unas relaciones ausentes entre unos medios y unos fines. Una vez finalizada esta etapa, el contenido descubierto se interioriza de la misma manera que en el caso del aprendizaje basado en la recepción.

Por lo tanto, a estas alturas debería estar claro que el aprendizaje basado en la recepción y el aprendizaje basado en el descubrimiento son dos tipos de procesos totalmente diferentes y que la mayoría de la instrucción en el aula se organiza siguiendo las líneas del aprendizaje basado en la recepción. En el próximo apartado veremos que el aprendizaje verbal basado en la recepción no tiene un carácter necesariamente memorista, que gran parte del material ideacional (por ejemplo, conceptos, generalizaciones) se puede interiorizar de una manera significativa y estar disponible sin necesidad de una experiencia previa de descubrimiento y que el estudiante no tiene que descubrir en ninguna etapa ningún principio por su cuenta para poderlo comprender y utilizar de una manera significativa.

El aprendizaje basado en la recepción y el aprendizaje basado en el descubrimiento no sólo son básicamente diferentes en cuanto a su proceso y su naturaleza esencial, sino que también difieren en cuanto a sus principales papeles en el desarrollo intelectual y en el funcionamiento cognitivo. En esencia, en la escuela se adquieren grandes corpus de contenidos por medio del aprendizaje basado en la recepción, mientras que los problemas de la vida cotidiana se resuelven por medio del aprendizaje basado en el descubrimiento.

Sin embargo, también se da alguna superposición en cuanto a la función: el conocimiento adquirido por medio del aprendizaje basado en la recepción también se emplea en la resolución de problemas cotidianos y el aprendizaje basado en el descubrimiento se suele emplear en el aula para aplicar, ampliar, integrar y evaluar los conocimientos sobre una materia y comprobar su comprensión. En situaciones de laboratorio el aprendizaje basado en el descubrimiento también conduce al redescubrimiento planificado de proposiciones conocidas y, cuando es empleado por los científicos, a nuevos conocimientos significativos. Sin embargo, y en términos generales, las proposiciones descubiertas mediante métodos de resolución de problemas rara vez son suficientemente originales, significativas o dignas de ser incorporadas al conocimiento de la materia que ya posee el estudiante. En todo caso, las técnicas del descubrimiento no constituyen un medio básico eficaz para transmitir el contenido de una disciplina académica.

Por lo tanto, el aprendizaje basado en el descubrimiento es un proceso psicológicamente más complicado que el aprendizaje basado en la recepción porque presupone una etapa de resolución de problemas que precede a la interiorización de la información y a la aparición de significado. Sin embargo, en términos generales, el aprendizaje basado en la recepción aparece más adelante en el desarrollo y, en la mayoría de los casos, supone un mayor grado de madurez cognitiva. El niño de preescolar aprende la mayoría de los nuevos conceptos y proposiciones de una manera inductiva, por medio de un descubrimiento autónomo. Sin embargo, este descubrimiento por cuenta propia no es esencial para la formación de conceptos en el niño de primaria si se dispone de ayudas de carácter concreto y empírico. Por otro lado, el aprendizaje basado en la recepción, si bien también aparece antes desde el punto de vista del desarrollo, no se destaca[2] de una manera especial hasta que el niño es capaz de realizar operaciones mentales internas y puede comprender conceptos y proposiciones presentados de una manera verbal con el beneficio de una experiencia actual concreta y empírica. En consecuencia, aquí se da un contraste típico entre la *formación* inductiva de conceptos con la ayuda de apoyos concretos y empíricos por un lado, y la *asimilación* directa de conceptos mediante la exposición verbal (definición) por otro.

---

2. El aprendizaje basado en la recepción en ausencia de apoyos concretos y empíricos empieza a ser posible a partir del nivel de la enseñanza secundaria.

Al exponer sus argumentos a favor del enfoque al aprendizaje basado en la resolución de problemas, Bruner afirma que el descubrimiento es necesario para una «posesión real» del conocimiento, que tiene determinadas ventajas motivacionales exclusivas, que organiza el conocimiento de una manera eficaz para su uso posterior y que fomenta la retención a largo plazo. Sin embargo, aunque la mayoría de estas afirmaciones concretas son insostenibles (Ausubel, 1961), es innegable que el método del descubrimiento ofrece algunas ventajas motivacionales exclusivas, es una útil técnica de instrucción complementaria en determinadas condiciones educativas y es necesario tanto para el desarrollo de capacidades para la resolución de problemas como para aprender a descubrir nuevos conocimientos. Sin embargo, no es una condición indispensable para que se dé un aprendizaje significativo y requiere demasiado tiempo para que se pueda emplear de una manera eficaz como método principal para transmitir los contenidos de una materia en situaciones típicas del aula.

A pesar de las estridentes afirmaciones de los entusiastas del descubrimiento, la mayoría de los enseñantes de clase siguen considerando que la exposición verbal, complementada cuando sea necesario mediante apoyos concretos y empíricos, es en realidad la manera más eficaz de enseñar contenidos a alumnos de primera y segunda enseñanza y conduce a un conocimiento más profundo y menos trivial que cuando los estudiantes actúan como sus propios pedagogos.

En general, los enseñantes rechazan las afirmaciones extremas (por ejemplo, Bruner, 1960) según las cuales: 1) los niños *realmente* comprenden lo que aprenden sólo cuando lo descubren de una manera autónoma (por su cuenta); 2) que en general aprender la «heurística del descubrimiento» es más importante de cara a la capacidad de transferencia (y a causa de la llamada rápida obsolescencia del conocimiento) que aprender el contenido de las diversas disciplinas (por ejemplo, el enfoque basado en el «proceso» para la enseñanza de la ciencia); 3) que el aprendizaje basado en el descubrimiento debería ser el principal recurso pedagógico para transmitir la inmensa cantidad de conocimientos que los estudiantes deben adquirir; y 4) que los estudiantes de ciencias las aprenden mejor actuando *como si* fueran científicos y haciendo las mismas cosas que hacen éstos. Rechazan esta última proposición a causa de las grandes diferencias existentes entre los científicos y los estudiantes en sus respectivos objetivos y niveles de experiencia en relación con la materia.

Además, la investigación demuestra que la disponibilidad de conceptos y principios de fondo pertinentes en la estructura cognitiva del estudiante (complementada de algún modo por otras capacidades cognitivas y otros rasgos de la personalidad) explica la mayor parte de la variación en los resultados de la resolución de problemas (Saugstad, 1955) (aparte de rasgos específicos de la disciplina y de características cognitivas y de la personalidad en gran medida determinados genética y relativamente imposibles de enseñar). Esto tiende a devaluar las afirmaciones del enfoque a la enseñanza basada en los «procesos». Por lo tanto, si la enseñanza basada en los «procesos» o enseñanza «para la resolución de problemas» (o «para la creatividad») se convirtiera en el principal método de enseñanza para la educación, sólo podría dar como resultado un desastre educativo absoluto comparable al que se produjo en todo Estados Unidos desde los años treinta hasta mediados de los cincuenta. En aquella época, la enseñanza expositiva de conceptos y principios en los campos de la matemática y de las ciencias físicas cayó en el descrédito y, en consecuencia, se depositó una confianza excesiva en un enfoque memorista basado en la resolución de problemas «tipo» y en la realización a modo de recetario de ejercicios de laboratorio para transmitir el contenido sustancial o ideacional de estas disciplinas. El resultado fue que una generación entera de graduados de secundaria y de la universidad podían «resolver» todos los problemas requeridos que hicieran referencia, por ejemplo, a la ley de Ohm, a logaritmos, a exponentes, a funciones, al cálculo diferencial e integral, a soluciones molares y moleculares, etc., sin tener ni la más remota noción del significado de los conceptos o principios en cuestión.

Naturalmente, todo esto no desmerece en lo más mínimo el empleo legítimo del aprendizaje basado en el descubrimiento planificado (arreglado) para enseñar a los niños el método científico en las diversas disciplinas y proporcionarles alguna noción de cómo surgen nuevos conocimientos en un campo dado.

¿Puede ser significativo el aprendizaje basado en la recepción?

Como ya se ha indicado, con frecuencia se sostiene que los conceptos y las generalizaciones de carácter abstracto son formas de verbalismo vacío y carente de sentido a menos que el estudiante los descubra de una manera autónoma a partir de su propia experiencia concreta, empírica y de resolución de problemas. En mi opinión, un análisis detenido de esta proposición revela que se basa en tres graves falacias lógicas: 1) considerar el método de aprendizaje verbal como una técnica de «testaferro»; 2) la tendencia predominante a confundir la dimensión recepción-descubrimiento del proceso de aprendizaje con la dimensión memorista-significativo; y 3) la generalización injustificada de las condiciones evolutivas distintivas del aprendizaje y del pensamiento en la infancia, la adolescencia y la vida adulta.

Naturalmente, el empleo de la técnica del testaferro era la manera más sencilla y eficaz de desacreditar el método de exposición verbal. En lugar de describir este método pedagógico en función de sus características esenciales, se puso de moda describirlo en función de sus peores abusos. Por supuesto, no era muy difícil encontrar ejemplos de estos abusos porque un número considerable de enseñantes todavía se basan en el aprendizaje verbal memorista para enseñar contenidos potencialmente significativos.

Algunas de las prácticas más notoriamente inútiles empleadas en este tipo de enseñanza incluyen las siguientes: 1) el empleo prematuro de técnicas verbales con alumnos cognitivamente inmaduros; 2) la presentación arbitraria de hechos no relacionados entre sí sin ningún principio organizador o explicativo; 3) la no integración de nuevas tareas de aprendizaje con materiales previamente presentados; y 4) el empleo de procedimientos de evaluación que se limitan a medir la capacidad para reconocer hechos discretos o para reproducir ideas empleando las mismas palabras o en un contexto idéntico al encontrado originalmente (Ausubel, 1961a).

Aunque es totalmente adecuado advertir a los enseñantes contra los males usos más frecuentes del aprendizaje verbal, no lo es presentarlos como si fueran inherentes al método mismo. Un enfoque a la instrucción que desde el punto de vista lógico y psicológico parezca adecuado y eficaz no se debe descartar como impracticable simplemente porque, como cualquier técnica pedagógica en manos de enseñantes incompetentes o poco inteligentes, se aplique de una manera abusiva. Parece más razonable prevenir los usos inadecuados más comunes y relacionar el método con principios teóricos y resultados de investigación pertinentes que realmente traten del aprendizaje y la retención a largo plazo de grandes corpus de materiales potencialmente significativos y presentados de una manera verbal.

La distinción entre el aprendizaje memorista y el aprendizaje significativo se suele confundir con la distinción entre el aprendizaje basado en la recepción y el aprendizaje basado en el descubrimiento examinada anteriormente. Esta confusión es responsable, en parte, de las creencias similares, muy extendidas pero carentes de cualquier fundamento, de que el aprendizaje basado en la recepción es inevitablemente memorista y de que el aprendizaje basado en el descubrimiento es intrínseca y necesariamente significativo. Naturalmente, estos dos supuestos están relacionados con la antigua doctrina errónea según la cual el único conocimiento que uno *realmente* posee y comprende es aquel que uno descubre *por su cuenta*. En realidad, cada una de estas distinciones constituye una dimensión del aprendizaje totalmente independiente.

En consecuencia, una proposición mucho más justificable es que *tanto* las técnicas expositivas *como* las técnicas basadas en la resolución de problemas pueden ser o bien memoristas o bien significativas dependiendo de las condiciones en las que se produzca el aprendizaje. En los dos casos se produce un aprendizaje significativo si la tarea de aprendizaje se puede enlazar de una manera no arbitraria y no literal con lo que ya sabe el estudiante y si éste adopta una actitud de aprendizaje correspondiente para hacerlo.

Naturalmente, es cierto que según estos criterios gran parte del conocimiento potencialmente significativo enseñado por medio de una exposición verbal da como resultado verbalismos aprendidos de una manera memorista. Sin embargo, estos resultados memoristas no son inherentes al método expositivo *per se*, sino a los abusos de este método por parte de enseñantes, libros de texto y estudiantes que no satisfacen los criterios de un aprendizaje significativo. Por otro lado, existe una resistencia mucho mayor a reconocer que las condiciones antes mencionadas para el aprendizaje significativo también se aplican a la resolución de problemas y a los métodos de laboratorio. Con todo, debería parecer evidente que realizar experimentos de laboratorio siguiendo una especie de recetario, sin comprender los principios sustanciales y metodológicos subyacentes implicados, confiere muy poca comprensión genuina y que muchos estudiantes que estudian matemáticas y ciencias encuentran que es relativamente sencillo «descubrir» las respuestas correctas a problemas «tipo» sin comprender en realidad lo que están haciendo. Logran este último objetivo simplemente aprendiendo de una manera memorista esos «problemas tipo» y los procedimientos adecuados para manipular los símbolos de cada uno. No obstante, aún no se aprecia de una manera general que el trabajo de laboratorio y la resolución de problemas no son experiencias genuinamente significativas a menos que se fundamenten sobre una base de conceptos y principios de la disciplina en cuestión comprendidos con claridad y a menos que las operaciones componentes también sean significativas.

El arte y la ciencia de presentar ideas e información de una manera significativa y eficaz —de modo que aparezcan unos significados claros, estables e inequívocos y que se retengan durante un período de tiempo considerablemente largo en forma de un corpus organizado de conocimientos— en realidad es la principal función de la pedagogía. Es una tarea exigente y creativa en lugar de rutinaria o mecánica. La tarea de seleccionar, organizar, presentar y traducir los contenidos de una materia de una manera evolutivamente adecuada requiere algo más que una relación memorista de hechos. Si se hace de una manera adecuada, es la obra de un gran enseñante y una tarea difícil de rechazar.

El aprendizaje basado en la recepción y el desarrollo cognitivo

Por último, es importante apreciar la relación existente entre el aprendizaje basado en la recepción y varias consideraciones evolutivas que influyen en su grado de significado. Los estudiantes que todavía no han sobrepasado la etapa concreta del desarrollo cognitivo son incapaces de incorporar de una manera significativa una relación entre dos o más abstracciones a sus estructuras cognitivas a menos que cuenten con la ventaja de una experiencia concreta y empírica actual o reciente (Inhelder y Piaget, 1958). Así, durante la etapa concreta, que en general abarca el período correspondiente a la primera enseñanza, los niños están limitados a una comprensión semiabstracta e intuitiva de las proposiciones abstractas a causa de su dependencia de la experiencia concreta empírica.

El acto de descubrir no es indispensable para una comprensión intuitiva ni siquiera durante los años de la primera enseñanza y no es necesario que constituya un aspecto rutinario de la técnica pedagógica. Como saben todos los enseñantes de primaria, el aprendizaje significativo basado en la recepción verbal, sin ninguna experiencia actual o reciente de resolución de problemas o de descubrimiento, quizá sea la forma más común de aprendizaje en el aula siempre que estén disponibles los apoyos concretos necesarios. Un corpus creciente de pruebas indica que las prácticas de instrucción perfeccionadas derivadas de prácticas de aprendizaje verbal significativo (teoría de la asimilación) pueden mejorar la capacidad de los niños (incluyendo el nivel de preescolar) y de los adultos para participar en un aprendizaje abstracto basado en la recepción verbal.

Sin embargo, durante la etapa abstracta del desarrollo cognitivo, que empieza hacia el final de la segunda enseñanza, los estudiantes adquieren la mayoría de los conceptos nuevos y aprenden casi todas las nuevas proposiciones captando *directamente* relaciones de orden superior entre abstracciones (Inhelder y Piaget, 1958). Para hacerlo de una manera significativa, ya no necesitan depender de experiencias concretas y empíricas actuales o recientes; en consecuencia, pueden saltarse por completo el tipo intuitivo de comprensión que refleja esta dependencia. Mediante una enseñanza expositiva adecuada pueden pasar directamente a un nivel de comprensión abstracta que es cualitativamente superior al nivel intuitivo desde el punto de vista de la generalidad, la claridad, la precisión y la explicitud. Por lo tanto, en esta etapa del desarrollo parece inútil y derrochador reforzar la comprensión *intuitiva* empleando técnicas de descubrimiento.

Éste es el momento en el que algunos de los partidarios más acérrimos de la educación activa dieron un desastroso paso en falso. John Dewey había reconocido correctamente que la comprensión de conceptos y principios abstractos en la infancia se debe basar en los fundamentos de la experiencia empírica directa; por esta razón abogó por el empleo de métodos basados en proyectos y actividades en la primera enseñanza. Pero también se dio cuenta de que una vez establecida una base firme de comprensiones abstractas, era posible organizar la educación secundaria y superior de acuerdo con unas líneas más abstractas y verbales.

Por desgracia, sin embargo, si bien el propio Dewey nunca llegó a desarrollar o implementar esta última visión, algunos de sus discípulos generalizaron de una manera ciega las condiciones que limitan la infancia en relación con el aprendizaje significativo basado en la recepción verbal de una manera lo suficientemente amplia como para abarcar el aprendizaje durante todo el curso vital. Esta extrapolación injustificada, con frecuencia atribuida erróneamente al propio Dewey, ofrecía una base pseudonaturalista para el mito al parecer indestructible —y que contribuyó a perpetuar— según el cual en cualquier circunstancia las abstracciones no pueden ser significativas a menos que estén precedidas por una experiencia directa y empírica.

Los continuos memorista-significativo y recepción-descubrimiento

Tanto la dimensión memorista-significativo como la dimensión recepción-descubrimiento del aprendizaje existen en un continuo en lugar de tener una naturaleza dicotómica. Como se indicará en breve, el aprendizaje representacional se acerca mucho más al extremo memorista del continuo que el aprendizaje de conceptos o proposicional.

Además, es bastante posible mostrar una actitud memorista y significativa de una manera simultánea o consecutiva (por ejemplo, en el caso de aprender la tabla de multiplicar o cuando un actor aprende primero su papel de una manera significativa antes de memorizarlo). De manera similar, el aprendizaje basado en el descubrimiento puede ser completamente autónomo, como en el caso de un científico dedicado a la investigación, o totalmente planificado o preparado, como en el caso de un estudiante típico de ciencias que realiza un experimento de laboratorio.

En realidad, *tanto* el aprendizaje basado en la recepción *como* el aprendizaje basado en el descubrimiento muestran muchas características del modo basado en la recepción. La única diferencia real entre los dos reside en el hecho de que, en el aprendizaje basado en la recepción, el contenido principal de lo que se debe aprender se presenta al estudiante, mientras que en el aprendizaje basado en el descubrimiento la proposición que plantea el problema y el fondo de conocimientos pertinentes que ésta activa se deben reorganizar para satisfacer las exigencias de una relación entre medios y fines. Esta última generación y comprobación de hipótesis en relación con la resolución de problemas es el único aspecto verdaderamente relacionado con el descubrimiento del llamado aprendizaje basado en el descubrimiento.

¿Es pasivo el aprendizaje basado en la recepción?

La aparición de significados a medida que se incorporan nuevos conceptos y nuevas ideas a la estructura cognitiva no es, de ningún modo, un fenómeno pasivo. En vista de la naturaleza compleja y variable de los antecedentes intelectuales de los estudiantes, es evidente que supone una gran actividad, aunque no el tipo de actividad que caracteriza el descubrimiento. Actividad y descubrimiento no son sinónimos en el ámbito del funcionamiento cognitivo. Por el simple hecho de que se hayan presentado unos significados potenciales, no podemos suponer que se hayan adquirido necesariamente y que cualquier pérdida posterior sea una señal de olvido. Es evidente que para que unos significados se puedan retener, primero se deben adquirir; y este proceso de adquisición es extremadamente activo.

El aprendizaje significativo basado en la recepción supone algo más que la simple catalogación de conceptos ya establecidos en la estructura cognitiva existente.

> En primer lugar, y como mínimo, normalmente hace falta un juicio implícito de pertinencia para decidir qué concepto o proposición ya existente subsume las nuevas ideas del material de instrucción.
> En segundo lugar, también es necesario algún grado de conciliación con el conocimiento ya existente, sobre todo si existen diferencias o conflictos manifiestos.
> En tercer lugar, las nuevas proposiciones se suelen traducir a un marco de referencia personal que está en consonancia con el fondo de experiencias, el vocabulario y la estructura de ideas del estudiante.
> Por último, a veces hace falta algún grado de reorganización bajo conceptos diferentes y más inclusivos si no se puede encontrar una base más simple para la conciliación.

Sin embargo, toda esta actividad cognitiva se acerca mucho al verdadero descubrimiento o a la verdadera resolución de problemas. Puesto que la sustancia de la tarea de aprendizaje es presentada en lugar de ser descubierta, la actividad implicada se limita a la necesaria para comprender y generar nuevos significados e integrarlos en la estructura cognitiva ya existente. Como es lógico, esto pertenece a un orden cualitativamente diferente que el implicado en el descubrimiento independiente de soluciones a problemas nuevos o el implicado en la tarea de integrar y reorganizar nueva información y conocimientos ya existentes para satisfacer los requisitos de nuevas situaciones de problema.

Es evidente que la medida de la actividad cognitiva implicada en el aprendizaje significativo basado en la recepción depende de la preparación general del estudiante, de su nivel de complejidad cognitiva y de la disponibilidad dentro de su estructura cognitiva de ideas de anclaje pertinentes. En consecuencia, el grado de actividad necesario se reduciría de una manera sustancial si el material presentado estuviera adecuadamente programado para encajar con su fondo de experiencias y con su nivel de preparación.

La medida en que el aprendizaje significativo basado en la recepción es activo también es una función de la necesidad que tenga el estudiante concreto de un significado integrador y de su capacidad de autocrítica. El estudiante puede intentar integrar una nueva proposición con todos los conocimientos pertinentes que ya posee o bien se puede contentar con establecer su relación con una sola idea. De manera similar, puede esforzarse por traducir la nueva proposición a una terminología coherente con su propio vocabulario y su propio fondo ideacional o contentarse con incorporarla tal como se le presenta. Por último, el estudiante puede esforzarse por adquirir unos significados precisos e inequívocos o sentirse totalmente satisfecho con nociones vagas y difusas.

El principal peligro del aprendizaje significativo basado en la recepción no es tanto que el estudiante adopte con naturalidad un enfoque memorista, sino que se engañe a sí mismo creyendo que en realidad ha captado con precisión los significados deseados cuando, en el fondo, sólo ha captado un conjunto de generalizaciones vagas y confusas, sin ningún significado real (Novak, 1998). En este caso, no es que el estudiante no quiera comprender; lo que ocurre es que carece de la capacidad de autocrítica necesaria y/o que no está dispuesto a realizar el esfuerzo activo necesario que supone enfrentarse al material, observarlo desde ángulos distintos, conciliarlo con conocimientos existentes y contradictorios y traducirlo a su propio marco de referencia. Por lo tanto, encuentra que es bastante más fácil manipular las palabras para crear una *apariencia* de conocimiento y engañarse así él mismo, y en ocasiones a otros, haciendo ver que comprende de verdad.

En consecuencia, una tarea fundamental de la pedagogía es desarrollar maneras de facilitar una variedad activa de aprendizaje basado en la recepción complementada por un enfoque independiente y crítico a la comprensión de la materia. Esto supone, en parte, el fomento de motivaciones para una actitud autocrítica orientada a la adquisición de significados precisos e integrados, además del empleo de otras técnicas orientadas hacia el mismo fin.

Es de suponer que haya más probabilidades de que se desarrollen unas comprensiones más precisas e integradas:

1. Si las ideas centrales y unificadoras de una disciplina se aprenden antes de la introducción de conceptos y de información de carácter más periférico.
2. Si se observan las condiciones limitadoras de la preparación general de carácter evolutivo.

3. Si se destaca una definición precisa y exacta y se subrayan de una manera explícita las similitudes y las diferencias entre conceptos relacionados.

4. Si se exige a los estudiantes que reformulen las nuevas proposiciones con sus propias palabras.

Todos estos recursos se agrupan bajo el epígrafe de técnicas pedagógicas que fomentan un tipo *activo* de aprendizaje significativo basado en la recepción. Los enseñantes pueden ayudar a fomentar el objetivo vinculado del pensamiento crítico en relación con el contenido de la materia, animando a los estudiantes a reconocer y poner en duda los supuestos que subyacen a nuevas proposiciones, a distinguir entre hechos e hipótesis y entre inferencias fundamentadas y sin fundamento. También se puede emplear con buenos resultados el método socrático para exponer pseudocomprensiones, transmitir significados precisos, conciliar contradicciones y fomentar una actitud crítica hacia el conocimiento.

El aprendizaje significativo frente al aprendizaje memorista

Con la expresión «aprendizaje significativo» hacemos referencia, ante todo, a un tipo distintivo de proceso de aprendizaje y también, aunque de una manera secundaria, al resultado significativo de un aprendizaje —el logro de un nuevo significado— que refleje necesariamente el funcionamiento y la compleción de este tipo de proceso. A su vez, el aprendizaje significativo como proceso presupone *tanto* que el estudiante adopta una actitud de aprendizaje significativa *como* que el material que aprende es potencialmente significativo para él, es decir, que es enlazable con ideas de anclaje pertinentes en su estructura cognitiva.

Por lo tanto, al margen del significado potencial que pueda tener una proposición dada, si la intención del estudiante es memorizarla de una manera arbitraria y literal, es decir, como una serie de palabras inalterables y relacionadas de una forma arbitraria, tanto el proceso de aprendizaje como el resultado del mismo deben ser necesariamente memoristas y carentes de sentido. A la inversa, independientemente de lo significativa que pueda ser la actitud del estudiante, ni el proceso ni el resultado del aprendizaje pueden llegar a ser significativos si la propia tarea de aprendizaje consta de asociaciones puramente arbitrarias como en una tarea de aprendizaje de pares asociados o en un aprendizaje memorista en serie, o si no existen ideas de anclaje pertinentes en su estructura cognitiva.

Actitud de aprendizaje significativa

En el aprendizaje significativo, el estudiante tiene el objetivo inevitable de relacionar los aspectos no literales (en contraposición a literales) de los nuevos conceptos, proposiciones, informaciones o situaciones con componentes pertinentes de la estructura cognitiva ya existente de varias maneras no arbitrarias que hagan posible la incorporación a su estructura cognitiva de relaciones derivadas, elaboradoras, correlativas, modificadoras, de apoyo, matizadoras, de orden superior o representacionales. Dependiendo de la naturaleza de la tarea de aprendizaje (es decir, de si está basada en la recepción o en el descubrimiento), la actitud puede ser o bien descubrir o bien simplemente comprender e incorporar esas relaciones a su estructura cognitiva. Por otro lado, en el aprendizaje memorista la actitud del estudiante o bien es descubrir una solución arbitraria a un problema o bien interiorizar material verbal de una manera arbitraria y literal, como un fin discreto y aislado en sí mismo. Sin embargo, es evidente que este aprendizaje no se produce en un vacío cognitivo. El material *está* relacionado con aspectos pertinentes de la estructura cognitiva pero no de una manera sustancial (no literal) y no arbitraria que permita su incorporación a una de las relaciones de la estructura cognitiva ya existente especificadas anteriormente. Cuando interviene el aprendizaje basado en el descubrimiento, la distinción entre aprendizaje memorista y aprendizaje significativo se corresponde con la existente entre la resolución de problemas por «ensayo y error» y la resolución de problemas por intuición.

Material potencialmente significativo

Como ya se ha indicado, una actitud o un enfoque al aprendizaje de carácter deliberado y significativo sólo produce un proceso y un resultado de aprendizaje significativo siempre y cuando el propio material de aprendizaje sea *potencialmente* significativo. En este caso la insistencia en el adjetivo «potencial» es algo más que una simple sutileza académica. Si se considerara simplemente que el material (la tarea) de aprendizaje *ya* es significativo, el proceso de aprendizaje (comprender y generar su significado y hacerlo funcionalmente disponible) sería totalmente superfluo; es evidente que el objetivo del aprendizaje *ya* se habría logrado, por definición, antes de que se intentara iniciar cualquier aprendizaje al margen de la actitud de aprendizaje adoptada o de la existencia previa de un conocimiento pertinente en la estructura cognitiva. Naturalmente, es verdad que ciertos elementos *componentes* de una tarea de aprendizaje en curso como, por ejemplo, las palabras particulares de un nuevo teorema geométrico ya pueden ser significativas para el estudiante; pero es el significado de la proposición en su conjunto lo que constituye el objetivo del aprendizaje en esta situación, no los significados particulares de sus elementos componentes.

En consecuencia, aunque la expresión «aprendizaje significativo» implica necesariamente el procesamiento de tareas de aprendizaje potencialmente significativas, *no* implica que el aprendizaje de material significativo en contraposición al aprendizaje de material memorista sea la característica distintiva del aprendizaje significativo. Como es lógico, el material de aprendizaje que ya sea significativo puede ser percibido como tal y suscitar una reacción significativa; pero el material no puede constituir en modo alguno una *tarea de aprendizaje significativo*, ya que el mismo término «significativo» denota que el objetivo del aprendizaje se ha consumado con anterioridad.

Dos criterios importantes determinan si el nuevo aprendizaje se puede considerar potencialmente significativo. El primer criterio —una capacidad de relación no arbitraria y no literal con unas ideas pertinentes *particulares* de la estructura cognitiva del estudiante,[3] en función de las diversas relaciones potenciales especificadas anteriormente— es una propiedad del propio material y depende de si es plausible o razonable (no arbitrario) y enlazable de una manera lógica con *alguna* estructura cognitiva adecuada. El nuevo material *no* es potencialmente significativo si la tarea de aprendizaje total (por ejemplo, una lista concreta de sílabas sin

---

3. Este tipo de capacidad de relación con la estructura cognitiva en el sentido *general* de la expresión (es decir, con sistemas de ideas que se encuentran dentro del ámbito de la capacidad de aprendizaje del ser humano) se conoce con el nombre de significado *lógico*. Es una propiedad de la capacidad de relación que surge del contenido de la nueva idea de instrucción misma. Sin embargo, en el caso del significado potencial, nos interesamos por el tipo de capacidad de relación idiosincrásica con ideas pertinentes *actualmente* presentes en la estructura cognitiva de una persona *concreta*. La interacción entre la nueva idea de instrucción y la idea pertinente ya existente en la estructura cognitiva constituye el proceso de aprendizaje significativo y produce el nuevo significado correspondiente.

sentido, una lista de pares de adjetivos, una frase revuelta) o bien la unidad básica de la tarea de aprendizaje (adjetivos emparejados de una manera arbitraria) sólo se puede relacionar con una estructura cognitiva hipotética de una manera totalmente arbitraria. Este criterio relacionado con el grado de significado potencial se aplica a la tarea de aprendizaje actual en su conjunto, no a alguno de sus elementos componentes que *ya* pueda ser significativo, como las letras componentes de una sílaba sin sentido, cada uno de los miembros de un par de adjetivos o las palabras componentes de una frase revuelta. En cada caso, los componentes significativos, si bien físicamente forman parte del material de aprendizaje, no se incluyen dentro de la tarea psicológica de aprendizaje en un sentido funcional.

El segundo criterio importante que determina si el material de aprendizaje es potencialmente significativo —su capacidad de relación con la estructura cognitiva *particular* de la persona *concreta* que aprende— es más propiamente una característica del estudiante que del material *per se*. Desde un punto de vista fenomenológico, el grado de significado es una cuestión individual. En consecuencia, para que en realidad se produzca un aprendizaje significativo, no es suficiente con que el nuevo material simplemente se pueda relacionar con ideas pertinentes en el sentido hipotético o *abstracto* del término (o con las estructuras cognitivas de *algunas* personas). La estructura cognitiva de la persona *concreta* que aprende debe incluir de una manera natural las capacidades intelectuales, los contenidos ideacionales o el fondo de experiencias necesarios para que se considere pertinente y se pueda relacionar con la tarea de aprendizaje. Sobre esta base, el grado de significado potencial del material de aprendizaje varía con factores como la edad, la inteligencia, la ocupación, la identidad cultural, etc. En otras palabras, la capacidad de ser subsumido o incorporado a la estructura cognitiva de la persona *concreta* que aprende es lo que convierte un significado «lógico» en un significado potencial y también lo que (dados un material de aprendizaje enlazable y no arbitrario y una actitud de aprendizaje significativa) diferencia el aprendizaje significativo del aprendizaje memorista.

Siempre que se satisfagan las condiciones de la actitud de aprendizaje, del material de aprendizaje y de la estructura cognitiva del aprendizaje significativo, el resultado del aprendizaje debería ser significativo y las ventajas del aprendizaje significativo (es decir, la economía del esfuerzo de aprendizaje, una retención más estable y una mayor capacidad de transferencia) deberían aumentar independientemente de que el contenido que se deba interiorizar se presente o se descubra y de que sea verbal o no verbal.

Diferencias en cuanto a proceso entre el aprendizaje significativo y el aprendizaje memorista basados en la recepción

Tras lo expuesto hasta ahora, existen razones plausibles para creer que los materiales aprendidos de una manera memorista y los materiales aprendidos de una manera significativa se procesan y se organizan de un modo totalmente diferente en la estructura cognitiva y que, en consecuencia, conforman unos principios totalmente distintos para el aprendizaje y el olvido.

En primer lugar, los materiales aprendidos de una manera significativa se relacionan con conceptos ya existentes en la estructura cognitiva de manera que hacen posible la comprensión de varios tipos de relaciones ideacionales significativas (por ejemplo, derivadas, matizadoras, correlativas, de orden superior, etc.) y la aparición paralela de nuevos significados correspondientes. La mayoría de los nuevos materiales ideacionales que los alumnos encuentran en el contexto escolar son enlazables de una manera no arbitraria y no literal con un fondo previamente aprendido de ideas y de información de carácter significativo. En realidad, el currículo se organiza deliberadamente de esta manera con el fin de ofrecer una introducción no traumática a nuevos hechos e ideas. Por otro lado, los materiales aprendidos de una manera memorista son entidades informativas discretas y relativamente aisladas que sólo son enlazables con la estructura cognitiva de una manera arbitraria y literal, sin permitir el establecimiento de las relaciones antes mencionadas. En segundo lugar, al no estar anclados a sistemas ideacionales ya existentes, los materiales aprendidos de una manera memorista (a menos que estén muy sobreaprendidos o dotados de una intensidad infrecuente) son mucho más vulnerables a interferencias proactivas y retroactivas y, en consecuencia, al olvido; es decir, tienen un período de retención mucho más breve.[4]

4. En el aprendizaje significativo *es* concebible una mayor interferencia retroactiva o proactiva en aquellos casos relativamente raros donde el material interpolado o previamente aprendido engendra confusión cognitiva en el aprendizaje y la retención de la tarea de instrucción.

Estas dos diferencias entre las categorías de aprendizaje memorista y significativo tienen importantes repercusiones para los tipos subyacentes de procesos de aprendizaje y de retención que intervienen en cada categoría. En esencia, los materiales aprendidos de una manera memorista están aislados de las entidades conceptuales y proposicionales ya existentes en la estructura cognitiva; por lo tanto, están influidos básicamente por las interferencias de materiales *similares* de carácter memorista aprendidos *inmediatamente* antes o después de la tarea de aprendizaje. En consecuencia, no es irrazonable explicar el aprendizaje y el olvido de unidades memoristas discretas empleando términos de estímulo-respuesta como similitud intratarea e intertareas, competición de respuestas y generalización de estímulos o de respuestas.

Sin embargo, en cuanto al aprendizaje y la retención de carácter significativo parece más plausible suponer que los materiales de aprendizaje estén influidos básicamente por los atributos de los focos ideacionales pertinentes y establecidos de una manera acumulativa en la estructura cognitiva con los que interaccionan. En comparación con este tipo de interacción más extensa, las interferencias concurrentes ejercen una influencia relativamente pequeña y tienen muy poco valor explicativo.

El proceso de asimilación en el aprendizaje y la retención de carácter significativo

Ahora estamos preparados para considerar los mecanismos de acrecimiento y de retención a largo plazo de grandes corpus de material ideacional. Por ejemplo, ¿por qué los estudiantes de segunda enseñanza y de la universidad tienden a olvidar tan pronto los aprendizajes previos de cada día cuando se encuentran con nuevas lecciones? Si se extrapolan los estudios del aprendizaje a corto plazo realizados con animales y personas, la respuesta tradicional de la psicología experimental y de la psicología de la educación en el pasado normalmente ha sido que en este caso el olvido ha sido producido por interferencias de carácter proactivo y/o retroactivo ejercidas por materiales verbales similares, pero no idénticos, inmediatamente anteriores o posteriores al aprendizaje del material de instrucción en cuestión.

Sin embargo, sería plausible esperar que las ideas aprendidas *de una manera significativa* y que estuvieran «ancladas» a ideas pertinentes de la estructura cognitiva y que, en consecuencia, formaran parte de sistemas ideacionales estables fueran mucho menos vulnerables a las interferencias proactivas y retroactivas que las tareas discretas aprendidas de una manera memorista y que, por tanto, también estuvieran protegidas de estas interferencias por la estabilidad de las ideas de anclaje en las que están embebidas.

El modelo de organización cognitiva propuesto para el aprendizaje y la retención de carácter significativo de materiales potencialmente significativos presupone la existencia de una estructura cognitiva que esté organizada de una manera jerárquica en función de trazas conceptuales y proposicionales muy inclusivas.[5] Bajo ellas se encuentran subsumidas trazas de conceptos y proposiciones menos inclusivas, así como trazas de datos informativos específicos. Dicho en otras palabras, el principio organizador básico es la diferenciación progresiva de los sistemas de trazas de una esfera dada de conocimiento desde regiones de mayor inclusividad a regiones de menor inclusividad, cada una enlazada con el próximo nivel más elevado de la jerarquía mediante un proceso de subsunción.

Sin embargo, es erróneo concebir este modo de organización como si fuera de naturaleza deductiva. La cuestión inductivo-deductivo sólo es pertinente al considerar el orden de adquisición o presentación de generalizaciones y datos de apoyo y el procedimiento jerárquico adoptado en la resolución de problemas. Al margen de cómo se adquieran en primer lugar (de una manera inductiva o deductiva), los nuevos materiales de aprendizaje se incorporan a la organización ideacional total siguiendo el mismo principio de diferenciación progresiva.

El aprendizaje significativo basado en la recepción se suele producir cuando un material de instrucción potencialmente significativo entra en el campo cognitivo del estudiante e interacciona con un sistema conceptual pertinente y más inclusivo y es subsumido en él de una manera adecuada. El hecho mismo de que este material se pueda subsumir de una forma no arbitraria y no literal (por ejemplo, que sea enlazable con unos elementos pertinentes y estables de la estructura cognitiva) explica su

---

5. El término «traza», propio de la Gestalt, se usa aquí simplemente como un constructo neuropsicológico hipotético para explicar la representación continuada de la experiencia pasada en el sistema nervioso y en la estructura cognitiva presente. No se hace ninguna suposición acerca de la base neuropsicológica de la traza o de sus correlaciones psicofisiológicas; en este contexto se expresa mejor de una manera analógica mediante el concepto psicológico de *idea*.

grado de significado potencial y hace posible el establecimiento de relaciones significativas con ideas de anclaje y la aparición de un significado real. Si no se pudiera subsumir, constituiría un material memorista y daría como resultado unas trazas discretas y relativamente aisladas asociadas de una manera arbitraria con componentes ideacionales de la estructura cognitiva. En consecuencia, se postula que tanto el aprendizaje como la retención de material potencialmente significativo están influidos en esencia por los atributos de las ideas pertinentes concretas de la estructura cognitiva con las que interaccionan y por la naturaleza de este proceso interactivo. En otras palabras, la estructura cognitiva ya existente es el principal factor que influye en el aprendizaje y la retención de carácter significativo.

Por lo tanto, los efectos iniciales de la subsunción se pueden describir como la facilitación tanto del aprendizaje como de la retención. Al principio sólo intervienen operaciones de orientación, de relación y de catalogación. Es evidente que estas operaciones preliminares son esenciales para el aprendizaje y la retención de carácter significativo porque la incorporación jerárquica de nuevo material de aprendizaje a un sistema ideacional pertinente ya existente es la base para la aparición de todo significado y también se debe conformar necesariamente al principio preponderante de la organización cognitiva.

Además, la subsunción de las trazas de la tarea de aprendizaje bajo un sistema ideacional establecido en la estructura cognitiva ofrece un anclaje para el nuevo material y, en consecuencia, constituye la manera más ordenada, eficaz y estable de retenerlo para su futura disponibilidad y/o utilización. Durante un período variable de tiempo, estos conceptos y proposiciones recientemente catalogados se pueden disociar de sus ideas subsumidoras (de anclaje) y reproducir como entidades identificables de una manera individual. Sin embargo, como resultado del proceso de asimilación que caracteriza toda cognición, es probable que esta pérdida gradual de disociabilidad con el olvido sea un ejemplo específico de una tendencia reduccionista más general en el procesamiento cognitivo global. Por ejemplo, en la formación de conceptos, cuando los atributos característicos del concepto son finalmente inducidos a partir de la exposición adecuada a múltiples ejemplos de atributos característicos y no característicos, los casos de ejemplo específicos tienden a olvidarse de una manera gradual o a convertirse en no disociables en relación con la forma emergente final del concepto. Con todo, el olvido se puede desacelerar por medio de factores como la primacía, la intensidad y el sobreaprendizaje y por factores positivos de la estructura cognitiva como la disponibilidad, la estabilidad, la claridad y la discriminabilidad.

La naturaleza del olvido

Así pues, aunque la estabilidad del material significativo está reforzada inicialmente por el anclaje a focos conceptuales pertinentes y estables en la estructura cognitiva del estudiante, este material se va sometiendo de una manera gradual a la influencia erosiva de la tendencia reduccionista omnipresente en la organización cognitiva. Puesto que desde el punto de vista psicológico es más económico y menos oneroso retener una sola idea muy inclusiva que recordar varias ideas relacionadas más específicas, la importancia (el significado) particular de estas múltiples ideas tiende a ser incorporada por el significado generalizado de la idea única. Como consecuencia, cuando empieza esta segunda etapa de subsunción, o etapa *obliteradora*, los elementos específicos en su forma específica original se hacen progresivamente menos disociables como entidades por derecho propio hasta que dejan de estar disponibles y se dice que se han olvidado.

Por lo tanto, el olvido es una continuación o una etapa temporal posterior del mismo proceso interactivo que subyace a la disponibilidad del material de instrucción establecida durante —y para— un período de tiempo variable después del aprendizaje; y la misma capacidad de subsunción que es necesaria para el aprendizaje significativo basado en la recepción proporciona, de una manera un tanto paradójica, la base asimilada para el posterior olvido.

Este proceso de reducción del recuerdo al mínimo común denominador capaz de representar la interacción acumulativa previa de las ideas subsumidoras (de anclaje) con un material de instrucción pertinente, es muy similar al proceso de reducción que caracteriza la formación de conceptos. Por ejemplo, un solo concepto abstracto (genérico) es mucho más manipulable con fines cognitivos (por ejemplo, para la resolución de problemas) que la docena o más de casos diversos de los que se abstrae lo que tienen en común; de manera similar, el recuerdo residual de la interacción ideacional interiorizada con un material ideacional exógeno también es más funcional para futuras ocasiones de aprendizaje y de resolución de problemas, una vez despojado de sus modificadores tangenciales, sus connotaciones particularizadas y sus implicaciones menos claras y discernibles.

En consecuencia, a menos que haya una repetición o alguna otra razón especial para la perpetuacion de la disociabilidad (como, por ejemplo, primacía, intensidad, singularidad, discriminabilidad mejorada, sobreaprendizaje o disponibilidad de un subsumidor especialmente pertinente y estable), los elementos específicos del contenido ideacional significativo que apoyan a una entidad conceptual o proposicional establecida o que son correlativos con ella tienden a sufrir una subsunción oblíteradora (asimilación) de una manera gradual. A diferencia de la teoría conductista de la memoria (que quizá sólo explique de una manera satisfactoria el olvido memorista), se sostiene que el olvido de material potencialmente significativo procesado hace poco es atribuible a la subsunción oblíteradora realizada por las generalidades de las ideas más inclusivas y establecidas (de anclaje) en lugar de la competición de respuestas o la generalización de estímulos o de respuestas.

Por desgracia, las ventajas de la subsunción oblíteradora se obtienen a costa de perder aspectos variables de la masa detallada de conceptos, proposiciones e informaciones específicas de carácter diferenciado que constituyen el cuerpo, si no el esqueleto, de cualquier disciplina. Por lo tanto, uno de los principales problemas al adquirir una comprensión sólida de cualquier disciplina académica reside en combatir este proceso obliterador inevitable que es característico de todo aprendizaje significativo. El enfoque pedagógico tradicional empleado en el intento de alcanzar este objetivo, normalmente eficaz hasta cierto punto, ha sido la repetición o el sobreaprendizaje de materiales de instrucción. Otro enfoque nuevo que está un tanto más en consonancia con la teoría de la asimilación y que se propugna más adelante en este volumen se basa en la manipulación eficaz de variables de la estructura cognitiva ya existente, de manera que maximicen el aprendizaje y la retención de nuevo material verbal potencialmente significativo. También es posible aumentar los efectos de esta última manipulación empleando organizadores previos que estén preparados de una manera diferencial para mejorar la estabilidad, la claridad o la discriminabilidad de las ideas de anclaje pertinentes en la estructura cognitiva.

Variables de la estructura cognitiva

La estructura cognitiva ya existente —la organización, la estabilidad y la claridad del conocimiento que tiene un individuo sobre un campo concreto en cualquier punto dado del tiempo— se considera el factor principal que influye en el aprendizaje y la retención de nuevo material de instrucción potencialmente significativo en este mismo campo de conocimiento. Las propiedades de la estructura cognitiva pertinente determinan tanto la claridad como la longevidad de los significados que surgen a medida que entra nuevo material en el campo cognitivo, así como la naturaleza del proceso interactivo que tiene lugar.

Si los aspectos pertinentes de la estructura cognitiva están disponibles, son claros y están organizados de una manera adecuada, aparecen unos significados estables e inequívocos que tienden a retener su particularidad, su naturaleza idiosincrásica y su disociabilidad. En cambio, si la estructura cognitiva es inestable, ambigua, está desorganizada u organizada de una manera caótica, tiende a inhibir el aprendizaje y la retención. Sin embargo, aun en el mejor de los casos, la estructura cognitiva contribuye al olvido ordinario del conocimiento —y ayuda a explicarlo— por medio del proceso de subsunción obliteradora (asimilación). En consecuencia, el nuevo aprendizaje y su retención sólo se pueden facilitar reforzando los aspectos pertinentes de la estructura cognitiva, de manera que reduzcan el ritmo de este proceso obliterador. Cuando intentamos influir de una forma deliberada en la estructura cognitiva para maximizar el aprendizaje y la retención de carácter significativo, llegamos al corazón del proceso educativo.

Estructura cognitiva y transferencia

En el aprendizaje significativo basado en la recepción, la estructura cognitiva siempre es una variable pertinente y crucial aunque no se manipule o no se influya en ella de una manera deliberada para facilitar o determinar su efecto en el nuevo aprendizaje. Como mínimo, siempre actúa como una «acompañante discreta» cuando intervienen otras variables (por ejemplo, la práctica, los materiales de instrucción, los métodos de enseñanza, la motivación) como ocurre, por ejemplo, en las situaciones de aprendizaje a corto plazo donde simplemente se aprende una sola unidad de material y no se mide la *transferencia* a nuevas unidades de aprendizaje. Sin embargo, en esas circunstancias, su influencia es indeterminable; sólo podemos determinar el efecto de las variables que se manipulan de una manera deliberada o que son mensurables en algún otro sentido en el contexto de la transferencia en el diseño de la investigación.

En un sentido más general y a largo plazo, las variables de la estructura cognitiva se refieren a las propiedades organizativas y relacionales significativas del conocimiento *total* del estudiante en un campo dado y a su efecto en su rendimiento global futuro en la misma área de conocimiento. Por otro lado, en el sentido más específico y a corto plazo, las variables de la estructura cognitiva se refieren únicamente a las propiedades organizativas de los subconceptos pertinentes *de una manera inmediata* (o próxima) dentro de un campo concreto y a sus efectos en el aprendizaje y la retención de nuevas *unidades* relativamente *pequeñas* de conocimientos pertinentes. Sin embargo, en cualquiera de los dos sentidos, a largo o a corto plazo, la adquisición por parte del estudiante de un corpus de conocimiento claro, estable y organizado constituye algo *más* que la principal variable (o criterio) *dependiente* a largo plazo que se debe medir para evaluar el impacto de todos los factores y condiciones que inciden en el aprendizaje y la retención. La estructura cognitiva *también* es, por derecho propio, la variable *independiente* más importante que influye (facilita, inhibe, limita) la capacidad del estudiante para adquirir y retener más conocimientos *nuevos* y transferibles en el mismo campo.

En general, la importancia de los factores de la estructura cognitiva (como variables independientes) se ha infravalorado en el pasado porque el interés por los tipos de aprendizaje de carácter no cognitivo, memorista, condicionado y motor ha tendido a centrar la atención en factores circunstanciales e intrapersonales del momento como la práctica, el impulso, el incentivo y las variables de refuerzo. Es cierto que los efectos de la experiencia previa pertinente en las tareas de aprendizaje actuales se consideran, convencionalmente, bajo el epígrafe de transferencia positiva y negativa (o facilitación e inhibición de carácter proactivo); pero, en general, esta transferencia se interpreta en función de la interacción *directa* entre los atributos de estímulo y respuesta de las dos tareas de aprendizaje superpuestas aunque esencialmente discretas (es decir, la experimentada recientemente y la actual).

Contrariamente a los tipos de situaciones de aprendizaje propias del laboratorio, en general el aprendizaje escolar exige al estudiante la incorporación de nuevas ideas y nueva información a un marco de referencia cognitivo ya existente y establecido con unas propiedades organizativas particulares. El paradigma de la transferencia aún sigue siendo aplicable aquí y la transferencia sigue haciendo referencia al impacto de la experiencia de aprendizaje previa en el aprendizaje actual. Sin embargo, en este caso la experiencia previa se conceptúa como un corpus de conocimiento establecido, adquirido de una manera acumulativa y organizado de una manera jerárquica que es intrínsecamente enlazable con la nueva tarea de aprendizaje en lugar de conceptuarse como una constelación de conexiones estímulo-respuesta experimentadas recientemente que influyen en el aprendizaje de otro conjunto discreto de conexiones similares.

Además, en este tipo de paradigma de la transferencia los aspectos pertinentes de la experiencia pasada son propiedades organizativas del conocimiento que el estudiante tiene de la materia como, por ejemplo, la disponibilidad, la proximidad de la pertinencia, la claridad, la estabilidad, la generalidad, la inclusividad, la cohesividad y la discriminabilidad (es decir, variables de la estructura cognitiva) en lugar del grado de similitud entre los estímulos y las respuestas de las dos tareas de aprendizaje. No se considera que la experiencia previa reciente influya en el aprendizaje actual interaccionando *directamente* con los componentes estímulo-respuesta de la nueva tarea de aprendizaje; en cambio, se considera que influye en el aprendizaje actual sólo en la medida en que modifique atributos importantes de la estructura cognitiva pertinente. En otras palabras, las variables de la estructura cognitiva son los principales factores implicados en la transferencia significativa; y la transferencia misma es, en gran medida, un reflejo de la influencia de estas variables.

Puesto que, en general, las tareas de entrenamiento y de criterio de los estudios de laboratorio sobre la transferencia han sido separadas y discretas, hemos tendido a pensar en función de cómo influye una tarea anterior A en la ejecución de una tarea de criterio B. Si se ha facilitado esta ejecución en comparación con la de un grupo de control que no se ha enfrentado a la tarea A, decimos que se ha producido una transferencia positiva. Sin embargo, en realidad, en situaciones de aprendizaje típicas del aula, A y B no son discretas, sino continuas. La tarea A es una etapa preparatoria de la tarea B y un aspecto precursor del mismo proceso de aprendizaje; B no se aprende de una manera discreta sino en relación con A. En consecuencia, en el aprendizaje escolar no tratamos tanto con la transferencia en el sentido literal del término; más bien tratamos con la influencia del conocimiento anterior en un nuevo aprendizaje en un contexto continuo y secuencial.

Otro residuo confuso de los estudios de laboratorio es el hecho de que tradicionalmente la transferencia del entrenamiento se ha comprobado mediante la resolución de problemas y no con un nuevo aprendizaje y una nueva retención basados en la recepción. En realidad, el principal efecto de la estructura cognitiva ya existente en el nuevo rendimiento cognitivo se da en el aprendizaje y la retención de nuevo material *presentado* que contenga significados potenciales que procesar, no en la resolución de problemas que requieran la reorganización y la aplicación de la estructura cognitiva a nuevos objetivos de resolución de problemas. Por lo tanto, se da una situación de transferencia siempre que la estructura cognitiva ya existente influya en un nuevo funcionamiento cognitivo, al margen de que sea en relación con criterios de aprendizaje basado en la recepción o en relación con criterios de resolución de problemas.

Principales variables de la estructura cognitiva que influyen en el aprendizaje y la retención de carácter significativo basados en la recepción

Una variable muy importante que influye en la incorporación de material nuevo potencialmente significativo es la *disponibilidad* en la estructura cognitiva de ideas subsumidoras pertinentes en un nivel adecuado de inclusividad (aunque en un nivel algo más elevado de generalidad o de no especificidad) que proporcionen un anclaje óptimo. En este contexto, el nivel adecuado de inclusividad se puede definir como el que se encuentra lo más cerca posible del grado de generalización y de conceptuación abstracta de la propia tarea de aprendizaje, considerado en relación con el grado ya existente de diferenciación de la materia como un todo en el fondo de experiencias y en la estructura cognitiva del estudiante. En consecuencia, cuanto menos familiar sea la tarea de aprendizaje (es decir, cuanto más indiferenciado sea el fondo de la materia que posee el estudiante y cuantas menos ideas pertinentes haya en su estructura cognitiva), más inclusivas o generalizables deberán ser sus ideas subsumidoras para ser próximas. Si en la estructura cognitiva no hay subsumidores adecuados, pertinentes y próximos, el estudiante tiende a utilizar los más pertinentes y próximos que estén disponibles.

Puesto que en cualquier etapa dada de la diferenciación de una esfera particular de conocimiento por parte del estudiante no siempre ocurre que podamos depender de la disponibilidad espontánea de unos conceptos subsumidores adecuadamente pertinentes y próximos, en estas circunstancias una manera eficaz de facilitar el aprendizaje y la retención es introducir unos subsumidores («organizadores previos») adecuados y hacerles formar parte de la estructura cognitiva ya existente antes de la presentación real de la tarea de aprendizaje. De esta manera, los productos de la interacción entre los subsumidores introducidos y las estructuras cognitivas ya existentes se convierten en focos de anclaje particularmente convenientes para el aprendizaje basado en la recepción del nuevo material. En efecto, proporcionan un andamiaje (anclaje) ideacional en el nivel adecuado de conceptuación.

Otro factor importante de la estructura cognitiva que se supone que influye en el aprendizaje y la retención de una tarea de aprendizaje potencialmente significativa es la medida en que las ideas subsumidoras pertinentes de la estructura cognitiva sean *discriminables* de ella. Un supuesto razonable en este aspecto, confirmado por una investigación preliminar (Ausubel y Blake, 1958; Ausubel y Fitzgerald, 1961), sería que si las características distintivas del nuevo material de aprendizaje (como, por ejemplo, los principios doctrinales del budismo) no fueran originariamente destacadas y claramente discriminables de sus focos subsumidores presuntamente estables en la estructura cognitiva del estudiante (en este caso los principios del cristianismo), se podrían representar de una manera adecuada por medio de estos últimos de cara a su recuerdo y no persistirían como entidades disociables e identificables por derecho propio. En otras palabras, sólo las variantes categorizadoras y discriminables de las ideas de anclaje más inclusivas de la estructura cognitiva tendrían un potencial de retención a largo plazo como material de instrucción. La discriminabilidad de estas nuevas ideas de instrucción se podría aumentar o bien mediante la repetición o bien más explícitamente de antemano mediante organizadores previos comparativos que indiquen con sencillez las principales similitudes y diferencias entre el budismo y el cristianismo (como sus supuestos subsumidores en la estructura cognitiva).

Por último, se ha demostrado que la longevidad de un nuevo material significativo en la memoria es una función de la estabilidad y la claridad de sus subsumidores (Ausubel y Blake, 1958; Ausubel y Fitzgerald, 1962). Los subsumidores ambiguos e inestables no sólo ofrecen un anclaje débil a los nuevos materiales relacionados, sino que tampoco se pueden diferenciar fácilmente de ellos. Los factores que probablemente influyen en la claridad y la estabilidad de las ideas subsumidoras incluyen la repetición, el uso de ejemplos y la exposición multicontextual.

Organizadores previos

La estrategia pedagógica original especialmente propugnada en este libro para manipular de una manera deliberada la estructura cognitiva con el fin de mejorar la facilitación proactiva o de minimizar la inhibición proactiva, supone el empleo de los materiales introductorios descritos anteriormente (es decir, los organizadores previos) que se administran antes de la presentación del pasaje de aprendizaje actual. Estos organizadores previos constan de un material introductorio con un nivel más elevado de abstracción, generalidad e inclusividad que la tarea de aprendizaje en sí. La función del organizador es proporcionar un andamiaje (anclaje) ideacional para la incorporación y la retención estable del material más detallado y diferenciado que se sigue en el pasaje de aprendizaje, además de aumentar la discriminabilidad entre este último pasaje y las ideas de anclaje pertinentes en la estructura cognitiva. El organizador no sólo se debe relacionar de una manera explícita con el pasaje de aprendizaje más específico que se sigue después sino que, además (para que se pueda aprender y pueda ser estable), también debe ser enlazable con las ideas pertinentes de la estructura cognitiva y tenerlas en cuenta.

La condición que normalmente crea dificultades en el aprendizaje y la retención de carácter significativo de ideas nuevas y poco familiares (pero potencialmente significativas) es que los posibles subsumidores de la estructura cognitiva del estudiante carezcan del grado necesario y deseable de pertinencia y especificidad (además de no disponer de discriminabilidad en relación con las ideas pertinentes establecidas en la estructura cognitiva) para poder actuar como ideas de anclaje eficaces. En consecuencia, el organizador previo se presenta para rellenar este hueco, es decir, para que sea más específicamente pertinente y menos general en relación con la nueva tarea de aprendizaje que las ideas de anclaje pertinentes ya existentes en la estructura cognitiva, pero que al mismo tiempo sea enlazable con estas últimas ideas. Presentar el organizador previo antes del propio pasaje de aprendizaje permite lograr estos dos últimos objetivos mediante los productos de la interacción: 1) entre el organizador y las ideas pertinentes de la estructura cognitiva, y 2) entre el organizador y las nuevas ideas poco familiares del pasaje de aprendizaje.

En contraste con el tipo «comparativo» de organizador empleado para aumentar la discriminabilidad entre las nuevas ideas del material de aprendizaje y los subsumidores pertinentes ya existente en la estructura cognitiva (como se explicaba anteriormente), los organizadores expositivos se emplean para aumentar la pertinencia (disponibilidad), la estabilidad y la claridad de las ideas de anclaje cuando la discriminabilidad no es el principal problema del aprendizaje.

Bibliografía

Ausubel, D. P., «Learning by discovery: Rationale and mystique», *Bulletin of the National Association of Secondary School Principles*, n° 45, 1961, págs. 18-58.
—, «A subscription theory of meaningful verbal learning and retention», *Journal of General Psychology*, n° 66, 1962, págs. 213-224.
Bartlett, F. C., *Remembering: A Study in Experimental and Social Psychology*, Londres, Cambridge University Press, 1932 (trad. cast.: *Recordar: estudio de psicología experimental y social*, Madrid, Alianza, 1995).
Berlyne, D. E., *Structure and Direction in Thinking*, Nueva York, Wiley, 1965.
Brownell, W. A., «Observations of instruction in lower grade arithmetic in English and Scottish schools», *Arithmetic Teacher*, n° 7, 1960, págs. 165-177.
Brownell, W. A. y G. Hendrickson, «How children learn information, concepts, and generalizations», en *Learning and instruction, 49th Yearbook National Soc. Stud. Educ.*, Chicago, University of Chicago Press, 1950, 1ª parte.
Bruner, J. S., «Learning and thinking», *Harvard Educational Review*, n° 29, 1959, págs. 84-92.
—, *The Process of Education*, Cambridge, Harvard University Press, 1960 (trad. cast.: *El proceso mental en el aprendizaje*, Madrid, Narcea, 2001).
Dienes, Z. P., «Insight into arithmetical process», *School Review*, n° 72, 1964, págs. 183-200.
Gagné, R. M., «Learning hierarchies», *Educational Psychologist*, n° 6, 1968, págs. 1-3, 6 y 9.
—, «The acquisition of knowledge», *Psychological Review*, n° 69, 1962, págs. 355-365.
—, *The conditions of Learning*, 3ª ed., Nueva York, Holt, Rinehart and Winston, 1977 (trad. cast.: *Las condiciones del aprendizaje*, Madrid, Aguilar, 1971).
Gates, A. I., «The necessary mental age for beginning reading», *Elementary School Journal*, n° 37, 1937, págs. 497-508.
Gesell, A., «The ontogenesis of infant behavior», en L. Carmichael (comp.), *Manual of Child Psychology*, 2ª ed., Nueva York, Wiley, 1954.
Hebb, D. O., *The organization of Behavior*, Nueva York, Wiley, 1949 (trad. cast.: *Organización de la conducta*, Madrid, Debate, 1985).
Kinsella, P. J., «A close look at preschool reading instruction», *Illinois Journal of Education*, n° 58, 1965, págs. 7-10.
Kintsch, W., «Text comprehension in memory and learning», *American Psychologist*, 1994, págs. 294-303.
—, *The Representation of Meaning in Memory*, Hillsdale, N. J., Erlbaum, 1974.
Mandler, G., «From association to structure», *Psychological Review*, n° 69, 1962, págs. 415-426.
Milner, E., «A study of the relationship between readiness in grade one school children and patterns of parent-child interaction», *Child Development*, n° 22, 1951, págs. 95-112.

Morphett, H. V. y C. Washburne, «When should children begin to read?», *Elementary School Journal*, nº 31, 1931, págs. 496-503.

Novak, J. D., *A Theory of Education*, Ithaca, N. Y., Cornell University Press, 1977 (trad. cast.: *Teoría y práctica de la educación*, Madrid, Alianza, 1977).

—, *Learning, Creating, and Using Knowledge*, Mahwah, N. J., Lawrence Erlbaum, 1998.

Olson, W. C. y B. O. Hughes, «Subsequent growth of children with and without nursery school experience», en *39th Yearbook, National Soc. Stud. Educ.*, Chicago, University of Chicago Press, 1940.

Osgood, C. E., G. J. Suci y P. H. Tannenbaum, *The Measurement of Meaning*, Urbana, University of Illinois Press, 1957 (trad. cast.: *La medida del significado*, Madrid, Gredos, 1976).

Pines, M., «How three-year-olds teach themselves to read and love it», *Harper's*, mayo de 1963, nº 226, págs. 58-64.

Rambusch, N. H., *Learning How to Learn: An American Approach to Montessori*, Nueva York, Halicon, 1962.

Saugstad, «Problem solving as dependent upon availability of function», *British Journal of Psychology*, nº 46, 1955, págs. 191-198.

Sax, G. y J. P. Ottina, «The arithmetic reasoning of pupils differing in school experience», *California Journal of Educational Research*, nº 9, 1958, págs. 15-19.

Tulving, E., «Episodic and semantic memory», en E. Tulving y W. Donaldson (comps.), *Organization of Memory*, Nueva York, Academic Press, 1972.

Tyler, F. T., «Issues related to readiness», en *Theories of Learning and Instruction, 63rd Yearbook Natl. Soc. Stud. Educ.*, Chicago, University of Chicago Press, 1964, 2ª parte.

Wood, B. D. y F. N. Freeman, *An Experimental Study of the Educational Influences of the Typewriter in the Elementary School Classroom*, Nueva York, Macmillan, 1932.

4 La naturaleza del significado y del aprendizaje significativo

El aprendizaje de materias escolares se ocupa principalmente de la adquisición, la retención y el empleo de grandes corpus de información significativa como hechos, proposiciones, principios y vocabulario de las diversas disciplinas. Por lo tanto, es importante que desde el principio planteemos de una manera muy explícita lo que entendemos por significado y por aprendizaje significativo. El concepto mismo de conocimiento se puede referir o bien a la suma total de todas las materias y todos los contenidos organizados que posee un individuo en un campo dado de indagación o bien a la simple posición relativa y a las relaciones específicas de unos elementos componentes particulares en la estructura jerárquica de la disciplina en su conjunto.

En el presente capítulo examinaremos la naturaleza del significado y la relación del significado con el aprendizaje verbal significativo. Además, también nos ocuparemos de cuestiones tan fundamentales como las condiciones del aprendizaje significativo; los distintos tipos de significado; cómo adquieren significado las palabras, los conceptos y las proposiciones; la distinción entre significado lógico y significado psicológico; la importancia académica y cultural del aprendizaje significativo en la adquisición de conocimientos; la relación entre percepción y cognición; el papel del lenguaje en el aprendizaje significativo; las maneras jerárquicas de relacionar nuevas ideas con la estructura cognitiva; y nuestros tres modelos simples del aprendizaje significativo.

La naturaleza del significado

Por definición, el «aprendizaje significativo» supone la adquisición de nuevos significados. A su vez, los nuevos significados son el producto final del aprendizaje significativo. Es decir, la aparición de nuevos significados en el estudiante refleja la ejecución y la finalización previas de un proceso de aprendizaje significativo. Después de explorar con cierto detalle lo que interviene en este proceso, examinaremos de una manera más explícita tanto la naturaleza del significado mismo como su relación con el aprendizaje significativo.

Las condiciones del aprendizaje significativo

Como ya hemos visto, la esencia del proceso de aprendizaje significativo es que nuevas ideas expresadas de una manera simbólica (la tarea de aprendizaje) se relacionan de una manera no arbitraria y no literal con aquello que ya sabe el estudiante (su estructura cognitiva en relación con un campo particular) y que el producto de esta interacción activa e integradora es la aparición de un nuevo significado que refleja la naturaleza sustancial y denotativa de este producto interactivo. Es decir, el material de instrucción se relaciona o bien con algún aspecto o contenido *ya existente y específicamente pertinente* de la estructura cognitiva del estudiante, es decir, con una imagen, un símbolo ya significativo, un concepto, una proposición o bien con algún fondo de ideas en su estructura de conocimiento algo menos específico pero en general pertinente.

El aprendizaje significativo requiere *tanto* que el estudiante manifieste una actitud de aprendizaje significativa (es decir, una predisposición a relacionar el nuevo material que se va a aprender de una manera no arbitraria y no literal con su estructura de conocimiento) *como* que el material que aprende sea potencialmente significativo para él, es decir, que sea enlazable con sus estructuras particulares de conocimiento de una manera no arbitraria y no literal (Ausubel, 1961a) (véase A en la tabla 1). Así pues, al margen de cuánto significado potencial pueda contener una proposición dada, si la intención del estudiante es memorizarla de una forma arbitraria y literal (como una serie de palabras relacionadas de una manera arbitraria), tanto el proceso de aprendizaje como el resultado del mismo deben ser necesariamente memoristas o carentes de sentido. A la inversa, al margen de lo significativa que pueda ser la actitud del estudiante, es imposible que el proceso o el resultado del aprendizaje puedan ser significativos si la propia tarea de aprendizaje no es potencialmente significativa, es decir, si no se puede enlazar de una manera no arbitraria y no literal tanto con *alguna* estructura cognitiva hipotética perteneciente al mismo campo como con la estructura cognitiva idiosincrásica de la persona en concreto que aprende.

TABLA 1. Relaciones entre aprendizaje significativo, grado de significado potencial, grado de significado lógico y significado psicológico.

A EL APRENDIZAJE SIGNIFICATIVO o bien LA ADQUISICIÓN DE SIGNIFICADOS	requieren	(1) Un material potencialmente significativo	y	(2) Una actitud de aprendizaje significativa
B EL GRADO DE SIGNIFICADO POTENCIAL	depende de	(1) *El grado de significado lógico* (la capacidad del material de aprendizaje de enlazarse de una manera no arbitraria y sustancial con ideas correspondientes pertinentes que se encuentran dentro del ámbito de la capacidad de aprendizaje del ser humano)	y	(2) La disponibilidad de estas ideas pertinentes en la estructura cognitiva del estudiante *en concreto*
C EL SIGNIFICADO PSICOLÓGICO (SIGNIFICADO FENOMENOLÓGICO IDISOSINCRÁSICO)	es el producto de	El aprendizaje significativo	o de	El significado potencial y la actitud de aprendizaje significativa

Actitud de aprendizaje significativa

Una razón de que los alumnos suelan desarrollar una actitud de aprendizaje memorista al aprender contenidos potencialmente significativos es que, a partir de unas experiencias previas desafortunadas, aprenden que las respuestas sustancialmente correctas que no se ajustan de una manera literal a lo que expone el enseñante o a lo que se expresa en los libros de texto no recibe ningún reconocimiento por parte de ciertos enseñantes. Otra razón es que, a causa de tener un nivel de ansiedad en general elevado o por haber fallado de una manera repetida en una materia dada (lo que, a su vez, refleja una aptitud relativamente baja o una enseñanza inadecuada), carecen de la confianza suficiente en su capacidad para aprender de una manera significativa; en consecuencia, creen que no tienen ninguna alternativa al pánico aparte del aprendizaje memorista. (Esta situación es muy familiar para los enseñantes de matemáticas a causa del gran predominio del «shock numérico» o de la «ansiedad numérica» tanto en los escolares como en los estudiantes universitarios.)

Además, los alumnos pueden desarrollar una actitud de aprendizaje memorista si se les presiona para que den muestras de verbosidad o para que oculten las deficiencias existentes de su comprensión genuina en lugar de admitirlas y remediarlas de una manera gradual. En las circunstancias acabadas de mencionar, parece menos difícil y más importante generar una impresión falsa de comprensión superficial memorizando unos cuantos términos o frases clave que hacer un esfuerzo genuino para intentar comprender lo que significan. Con frecuencia los enseñantes pasan por alto el hecho de que los alumnos pueden llegar a ser muy hábiles empleando términos abstractos de una manera aparentemente apropiada cuando se les obliga a hacerlo así, aunque su comprensión de los conceptos o proposiciones subyacentes sea virtualmente nula.

Grado de significado potencial

No obstante, el hecho de que la tarea de aprendizaje sea potencialmente significativa, es decir, que por un lado sea lógicamente significativa y que por otro sea enlazable de una manera no arbitraria y no literal con la estructura cognitiva de la persona concreta que aprende, es una cuestión mucho más complicada que la actitud de aprendizaje significativa. Como mínimo, es evidente que depende de los dos factores principales que intervienen en el establecimiento de una relación significativa entre un conocimiento nuevo y unos conocimientos establecidos, es decir, que depende tanto de la naturaleza de la propia tarea de aprendizaje como de la naturaleza de la estructura de conocimiento de la persona *concreta* que aprende.

En primer lugar, en cuanto a la naturaleza del material de instrucción, es evidente que éste debe ser suficientemente no arbitrario (es decir, no aleatorio, plausible, razonable) para que se pueda enlazar de una manera no arbitraria y no literal con las ideas correspondientes pertinentes que se encuentran en el ámbito de lo que los seres humanos son capaces de aprender (con las ideas correspondientes pertinentes que por lo menos *algunos* seres humanos son capaces de aprender si se les da la oportunidad de hacerlo). Este aspecto de la propia tarea de aprendizaje que determina si el material es o no potencialmente significativo se puede llamar *grado de significado lógico*;[1] falta muy pocas veces, o ninguna, en los tipos de tareas de aprendizaje que encontramos en la escuela y en la universidad porque el contenido de las materias académicas, casi por definición, es lógicamente significativo.

Sin embargo, no es esto lo que ocurre en muchas tareas psicológicas de laboratorio y en muchas tareas de aprendizaje cotidianas y de laboratorio (por ejemplo, de números de teléfono, pares de adjetivos, frases revueltas, listas de sílabas sin sentido) que *sólo* se pueden enlazar con la estructura cognitiva de cualquier persona de una manera arbitraria y literal. Por ejemplo, gran parte de la investigación experimental en los laboratorios psicológicos ha empleado sílabas sin sentido con el simple propósito de proporcionar tareas de aprendizaje relativamente *sin sentido*, pero aditivas y de dificultad uniforme, que no se pueden relacionar de una manera no arbitraria y no literal con lo que los sujetos ya saben y que, en consecuencia, no pueden producir nuevos significados. Por esta misma razón, la mayoría de las «leyes» o teorías basadas en estos experimentos tienen muy poca o ninguna relación con los procesos implicados en el aprendizaje en el aula.

El segundo factor que determina si el material de aprendizaje es potencialmente significativo depende de la estructura cognitiva de la perso-

---

1. Evidentemente, el uso del término *lógico* para designar un tipo de significado potencial inherente al conocimiento que se va a aprender no es el mismo que se hace en filosofía, sino un uso idiosincrásico adoptado para este contexto particular. Para ser «lógicamente» significativo, el material de aprendizaje no tiene que ser necesaria ni lógicamente válido ni empíricamente verdadero siempre que sea razonable, plausible y no aleatorio como, por ejemplo, la teoría de la combustión basada en el flogisto, la teoría de la evolución de Lamarck, las teorías sobre el sistema solar anteriores a Galileo, las teorías sobre la forma de la Tierra anteriores a Colón, etc.

na *concreta* que aprende y no de la naturaleza del propio material de aprendizaje. La adquisición de significado es un fenómeno de la naturaleza que se da en unos seres humanos *concretos,* no en la humanidad en general. Así pues, para que en realidad se produzca un aprendizaje significativo, *no* es suficiente que el nuevo material simplemente se pueda enlazar de una manera no arbitraria y no literal con ideas correspondientes pertinentes en el sentido más general o abstracto del término (con ideas correspondientes pertinentes que *algunos* seres humanos *podrían* aprender en las circunstancias adecuadas); para el aprendizaje significativo también es necesario que el contenido ideacional pertinente esté disponible en la estructura cognitiva de la persona *concreta* que aprende para que desempeñe esta función subsumidora y de anclaje.

Por lo tanto, está perfectamente claro que, en relación con los resultados del aprendizaje significativo en el aula, *la disponibilidad y otras propiedades importantes de los contenidos pertinentes en las estructuras cognitivas de los estudiantes* son las principales variables que determinan el grado de significado potencial. En consecuencia, es bastante comprensible que el grado de significado potencial de los materiales de aprendizaje no sólo varíen con el fondo educativo previo, sino también con factores como la edad, el CI, la ocupación, la clase social y el contexto cultural.

La razón para hacer referencia *únicamente* al grado de significado *potencial* de los materiales de instrucción (en lugar de a su grado de significado *real*) es una condición importante del aprendizaje y la retención de carácter significativo, y ya se ha presentado en el capítulo anterior: si nos hubiéramos limitado a considerar este aspecto del material de aprendizaje como simplemente *significativo*, sin añadir el adjetivo *potencial*, es evidente que, entonces, el objetivo del proceso de aprendizaje significativo se habría logrado de antemano, haciendo de esta manera que el proceso de aprendizaje *per se* fuera superfluo. La razón de ello es que el significado mismo es un producto emergente de la interacción entre las ideas que hay que aprender en el material de instrucción y las ideas subsumidoras (de anclaje) pertinentes de la estructura cognitiva del estudiante.

Relaciones no arbitrarias y no literales

¿Qué es exactamente lo que queremos decir al afirmar que para que el material de aprendizaje sea *lógicamente* significativo se debe poder enlazar de una manera no arbitraria y no literal con ideas correspondientes pertinentes que se encuentren dentro del ámbito de la capacidad de aprendizaje del ser humano?

El primer criterio —la capacidad de relación no arbitraria— sólo indica que si *el propio* material es suficientemente no arbitrario (o no aleatorio), ya existe una base adecuada y casi evidente para relacionarlo de una manera no arbitraria con los tipos de ideas correspondientes pertinentes de la estructura cognitiva que los seres humanos en general, o por lo menos algunos seres humanos, son capaces de aprender. En consecuencia, y lógicamente, el material de aprendizaje significativo podría ser enlazable de una manera arbitraria con ideas *específicamente* pertinentes como ejemplos, derivados, casos especiales, ampliaciones, elaboraciones, modificaciones, matizaciones y generalizaciones más inclusivas; o podría ser enlazable con un *fondo más amplio* de ideas pertinentes en el sentido de ser congruente con ellas de una manera general.

El segundo criterio —la *capacidad de relación no literal*— indica que si la tarea de aprendizaje de nuevo es suficientemente no arbitraria, se podrían relacionar un símbolo o grupo de símbolos ideacionalmente equivalentes (sinónimos) con la estructura cognitiva del estudiante sin cambiar el significado de ninguna manera importante. En otras palabras, ni el aprendizaje significativo ni los significados acabados de surgir dependen del uso *exclusivo* de unas palabras *concretas* y no otras; el mismo concepto o la misma proposición se podrían expresar mediante un lenguaje sinónimo y se transmitiría con precisión el mismo significado al estudiante. Así, por ejemplo, *dog, hund* y *chien* inducirían los mismos significados que «perro» en una persona que tuviera un dominio razonable de los idiomas inglés, alemán y francés; y la expresión: «La suma de los ángulos internos de un triángulo equivale a un ángulo llano» tendría el mismo significado esencial para la mayoría de los estudiantes de geometría que la expresión: «Los ángulos internos de un triángulo suman 180 grados».

Naturalmente, las tareas de aprendizaje memorista no se realizan ni se dominan en un vacío cognitivo. *Pueden* estar relacionadas con la estructura cognitiva pero *sólo* de esa manera arbitraria y literal que, como se decía antes, no puede dar como resultado la adquisición de ningún significado nuevo. Por ejemplo, en la medida en que los miembros concretos de estímulo y de respuesta de un par dado de adjetivos de una tarea de aprendizaje de pares asociados estén vinculados entre sí de una manera totalmente arbitraria, no habrá ninguna base para relacionar de una manera no arbitraria la tarea de aprendizaje con la estructura de conoci-

miento de alguien (a menos que el estudiante *invente* un vínculo mediador que sea significativo); además, el estudiante también debe recordar
de una manera literal la respuesta a cada palabra de estímulo: en otras
palabras, no puede hacer uso de sinónimos.

Es evidente que esta capacidad de relación arbitraria y literal de las
tareas de aprendizaje memorista con la estructura cognitiva tiene ciertas
consecuencias importantes para el aprendizaje. En primer lugar, puesto
que el «equipo de procesamiento» cognitivo humano, a diferencia de un
ordenador, no puede manejar de una manera muy eficaz la información
que está relacionada de una manera arbitraria y literal, sólo se pueden
dominar de esta manera tareas de aprendizaje relativamente breves y éstas sólo se pueden retener durante breves períodos de tiempo a menos
que estén muy sobreaprendidas. En segundo lugar, la capacidad de relación arbitraria y literal con la estructura cognitiva del estudiante hace que
las tareas de aprendizaje memorista sean muy vulnerables a la interferencia de materiales similares encontrados antes, durante y después de ellas.
Como veremos después, esta diferencia básica en el tipo de capacidad de
relación con la estructura cognitiva (arbitraria y literal por un lado y no
arbitraria y no literal por otro) es lo que explica la diferencia fundamental entre los procesos de aprendizaje memoristas y los procesos de aprendizaje significativos.

Por supuesto, también es totalmente posible que unos *componentes
ya significativos* de una tarea de aprendizaje memorista (por ejemplo, los
adjetivos de una tarea de pares de adjetivos) se puedan enlazar con la estructura cognitiva de manera que no supongan ningún aprendizaje actual
de las relaciones arbitrarias entre cada elemento de los pares de adjetivos
pero que, no obstante, faciliten el aprendizaje memorista de la tarea *en su
conjunto*. Por ejemplo, en virtud de esta capacidad de relación las letras
que componen unas sílabas sin sentido también se *perciben* de una manera significativa y estas sílabas, como un todo, suscitan asociaciones con
palabras significativas similares (y, en consecuencia, se perciben como si
ellas mismas fueran significativas). Por razones similares —reforzando la
familiaridad del material, eliminando la necesidad del aprendizaje actual
de los elementos componentes y haciendo posible la combinación de estos elementos en unidades más grandes (reduciendo así el número total
de asociaciones discretas que hay que enlazar)— el empleo de elementos
componentes ya significativos en los materiales de aprendizaje facilita el
aprendizaje memorista.

La relación entre significado y aprendizaje significativo

Nuestra conclusión de que los nuevos significados son productos interactivos de un proceso de aprendizaje significativo en el que unas ideas nuevas se relacionan e interaccionan con unas ideas pertinentes de la estructura cognitiva ya existente, a veces da lugar a una acusación de circularidad o plantea un problema del tipo «el huevo o la gallina». Si sólo pueden surgir nuevos significados cuando unas ideas nuevas interaccionan con significados ya existentes en la estructura cognitiva, ¿cómo se aprendieron los significados originales antes de que existiera alguna estructura cognitiva?

Es evidente que cualquier respuesta a esta pregunta se debe expresar en función del desarrollo cognitivo. Antes de que los niños formen conceptos, aprenden que ciertos objetos y eventos particulares que son perceptivamente similares reciben el mismo nombre y que otros objetos y eventos perceptivamente distintos tienen nombres diferentes. A partir de estas dos generalizaciones complementarias, hacia el final del primer año de vida la mayoría de los niños desarrolla la noción de que todo tiene un nombre y de que el nombre significa psicológicamente aquello que signifique su referente. Por lo tanto, incluso antes de que adquieran conceptos genéricos genuinos, los niños aprenden que el lenguaje tiene propiedades representacionales y, estableciendo relaciones concretas objeto-nombre como ejemplos de esta noción general, empiezan a dedicarse al aprendizaje representacional.

El siguiente paso supone la adquisición de suficientes conceptos y normas sintácticas para combinar palabras en frases rudimentarias que expresen ideas proposicionales simples. Al mismo tiempo, los niños adquieren conceptos mediante generación y comprobación de hipótesis; y de una manera gradual, los nombres de conceptos culturalmente aceptados que previamente han empleado de una manera superinclusiva o infrainclusiva para designar objetos y eventos particulares, ahora se convierten en nombres de objetos y eventos *genéricos*. Con el avance del desarrollo cognitivo aprenden conceptos de orden superior donde unos objetos y eventos perceptivamente *diferentes* que comparten ciertas propiedades características intrínsecamente similares se convierten en miembros de una clase más inclusiva designada por un nombre adecuado. De esta manera se desarrolla una estructura cognitiva organizada jerárquicamente que actúa como una matriz para la adquisición de más significados nuevos. Los pasos de este proceso se examinan con más detalle en un apartado posterior de este capítulo en el que se exponen los distintos tipos de significados y su desarrollo.

Significado lógico y psicológico

En nuestra anterior exposición sobre esta cuestión, el significado *potencial* para ciertas personas *concretas* inherente a determinadas expresiones simbólicas y al planteamiento de ciertas proposiciones se diferenciaba del significado *real* (fenomenológico o psicológico) que, por otro lado, es un producto de un proceso de aprendizaje significativo. Según este punto de vista, el significado real surge cuando este significado potencial se transforma en un contenido cognitivo nuevo, diferenciado e idiosincrásico dentro de un individuo *concreto* con una actitud de aprendizaje significativa, como resultado de interaccionar y de estar enlazado de una manera no arbitraria y no literal con ideas pertinentes de su estructura cognitiva.

Nuestra tarea en esta sección es simplemente hacer explícita la distinción análoga entre el significado lógico y el significado psicológico (véase la tabla 1). El *significado psicológico* es idéntico al significado real o fenomenológico tal como se ha definido anteriormente, mientras que el *significado lógico* se corresponde con el significado que manifiesta el material de aprendizaje si reúne los requisitos *generales* o no idiosincrásicos para el grado de significado potencial. En resumen, el significado lógico *sólo* depende de la «naturaleza del material» *per se*, al margen de sus relaciones con la estructura cognitiva del estudiante (y aunque tenga sentido). Es uno de los dos requisitos previos que, juntos, determinan si el material de aprendizaje es potencialmente significativo para una persona concreta (el otro requisito previo es la disponibilidad de un contenido adecuado pertinente en la estructura cognitiva de esa persona *concreta* con el que se pueda enlazar).

Por lo tanto, el *significado lógico* se refiere al significado que es inherente a ciertos tipos de material simbólico (por ejemplo, verbal) en virtud de su propia naturaleza. Este material presenta un significado lógico si se puede enlazar de una manera no arbitraria y no literal con ideas correspondientes pertinentes que estén dentro del ámbito de la capacidad general de aprendizaje del ser humano. Por ejemplo, si el material proposicional mismo consta de relaciones en general no arbitrarias, también se puede relacionar, casi por definición, de una manera no arbitraria y no literal con la estructura cognitiva de por lo menos algunas personas de una cultura dada y, en consecuencia, ser lógicamente significativo.

Por lo tanto, es evidente que el número casi infinito de posibles relaciones entre conceptos que se pueden formular en función de unos emparejamientos puramente *aleatorios* o arbitrarios queda excluido del ámbito del significado lógico. Como es natural, esto no significa necesariamente que todas las proposiciones con un significado lógico sean empíricamente *válidas* o ni siquiera lógicamente justificables. Las cuestiones de la validez empírica y lógica simplemente no son pertinentes para determinar el significado lógico. Cabe la posibilidad de que ciertas proposiciones basadas en premisas no validadas o en una lógica defectuosa (por ejemplo, la teoría del flogisto sobre la combustión) puedan abundar en significado lógico.

Por otro lado, el *significado psicológico* (real) es un fenómeno cognitivo totalmente *idiosincrásico*. En correspondencia con la distinción entre la estructura lógica y la estructura psicológica del conocimiento, existe una distinción igualmente importante entre el significado lógico y el significado psicológico. Sin embargo, la posibilidad de relacionar de una manera no arbitraria y no literal unas proposiciones lógicamente significativas con la estructura cognitiva de una persona *concreta* (que contenga unas ideas de anclaje adecuadamente pertinentes) es lo que las hace potencialmente significativas para ella y, de ese modo, hace posible la transformación del significado lógico en psicológico durante el curso del aprendizaje significativo. Así, la aparición del significado psicológico no sólo depende de presentar al estudiante un material que sea lógicamente significativo, sino también de la posesión real por parte del estudiante del fondo ideacional necesario para subsumirlo y anclarlo.

Por lo tanto se sigue que, cuanto más idiosincrásico sea un significado, más completa será la manera en que refleje las cualidades únicas de la estructura de conocimiento de la persona concreta que aprende y, en consecuencia, más idiosincrásica será la manera en que ésta la haya reformulado e incorporado a su marco exclusivo de referencia ideacional y a su uso exclusivo del lenguaje. Así, cuando cualquier individuo dado aprende unas proposiciones lógicamente significativas, está muy claro que éstas tienden a perder sus propiedades no idiosincrásicas de una manera automática.

El significado psicológico es, invariablemente, un fenómeno idiosincrásico. Sin embargo, su naturaleza idiosincrásica no excluye la posibilidad de unos significados sociales o compartidos. Los diversos significados individuales que los distintos miembros de una cultura dada asignan a los mismos conceptos y proposiciones suelen ser lo bastante similares como para permitir la comprensión y la comunicación interpersonal. Como hemos tenido ocasión de comentar anteriormente, esta homogeneidad de compartir significados dentro de una cultura particular e incluso entre culturas relacionadas refleja los mismos significados lógicos implícitos en conceptos y proposiciones lógicamente significativos, además de muchos aspectos comunes del fondo ideacional de las estructuras cognitivas de personas distintas.

El aprendizaje significativo frente al aprendizaje de material significativo

Como se destaca repetidamente a lo largo de este volumen, no debemos considerar que el *aprendizaje significativo* equivale simplemente al *aprendizaje de material significativo*. Antes que nada, el aprendizaje significativo se refiere a un proceso de aprendizaje distintivo y a unas condiciones distintivas de aprendizaje, y no básicamente a la naturaleza o a las características del material que se aprende. Además, en el aprendizaje significativo, el material de instrucción sólo es *potencialmente* significativo. Si *ya* fuera significativo, el objetivo del aprendizaje significativo, es decir, la adquisición de nuevos significados, ya se habría logrado, por definición, antes de que se intentara o realizara cualquier aprendizaje.

Como es evidente, en la mayoría de las tareas de aprendizaje potencialmente significativas, las *partes componentes* (las palabras) del material *ya* son significativas; pero, en estos casos, la *tarea de aprendizaje en su conjunto* (la proposición) sólo es *potencialmente* significativa. Por ejemplo, al aprender un nuevo teorema geométrico, cada una de las palabras componentes ya es significativa, pero la tarea de aprendizaje *en su conjunto* (aprender el significado del teorema) aún se debe dominar. Por lo tanto, el material *potencialmente* significativo (es decir, la tarea de aprendizaje proposicional), al igual que sus componentes ya significativos, se puede *percibir* como significativo o reaccionar ante él como tal, pero no se puede *aprender* de una manera significativa.

Esto nos lleva a la importante distinción entre el aprendizaje *significativo* de material *potencialmente* significativo y el *aprendizaje* memorista de tareas que contienen *componentes ya significativos*. Existen innumerables ejemplos del último tipo de aprendizaje memorista o no significativo. Por ejemplo, al aprender una lista de adjetivos emparejados de una manera arbitraria, cada adjetivo ya es significativo, pero la relación entre los miembros de cada par y la tarea de aprendizaje en su conjunto *no* son potencialmente significativos porque estas asociaciones totalmente arbitrarias entre los adjetivos no se pueden vincular con ningún aspecto ideacional del conocimiento ya existente del estudiante en un sentido no arbitrario y no literal. Por otro lado, al aprender un teorema geométrico cada palabra componente no sólo *ya* es significativa, sino que la tarea de aprendizaje *en su conjunto* también es potencialmente significativa. Sin embargo, a menos que en este último caso el estudiante muestre una actitud de aprendizaje significativa, no surgirá ningún significado: simplemente aprenderá y memorizará de una manera memorista una serie de palabras conectadas de una forma arbitraria.

Por lo tanto, es importante diferenciar *el aprendizaje significativo* de material *potencialmente* significativo por un lado y, por otro, el aprendizaje *memorista* de los elementos componentes *ya* significativos de una tarea de aprendizaje que, tomados conjuntamente, no forman una tarea de aprendizaje potencialmente significativa.

En el curso del aprendizaje significativo, el estudiante siempre debe vincular los elementos componentes de nuevos conceptos o proposiciones, así como los conceptos y las proposiciones en su conjunto, con su propia estructura cognitiva idiosincrásica. El resultado que casi siempre se produce supone por lo menos alguna variación menor entre cómo interioriza el estudiante la nueva información y cómo la percibe y la presenta el enseñante. Por lo tanto, en el recuerdo posterior de afirmaciones o proposiciones, la respuesta del estudiante puede variar un poco de lo que espera el enseñante aunque la respuesta del estudiante sea sustancialmente correcta. Por desgracia, estas respuestas se suelen puntuar como erróneas y, como se decía antes, el resultado puede ser que los estudiantes aprendan a emplear enfoques de aprendizaje memorista (literal) en lugar de aprender de una manera significativa.

Significado frente a grado de significado

¿A qué se refieren los investigadores del aprendizaje verbal memorista cuando hablan del *grado de significado* de las unidades (sílabas sin sentido, pares de adjetivos) que emplean en las tareas de aprendizaje de sus investigaciones? Es evidente que cuando emplean este término no se refieren al significado *sustancial* de un símbolo dado (el contenido cognitivo diferencial que suscita en el estudiante después de haberse aprendido de una manera significativa); más bien se refieren al *grado relativo* de significado que muestra en comparación con el manifestado por otros símbolos.

Por ejemplo, el grado de significado de una palabra depende principalmente de si tiene un referente identificable de una manera concreta (como «silla») o si simplemente desempeña una función transaccional (como «desde») (Epstein, Rock y Zuckerman, 1960) y también de factores como la frecuencia y la variedad de los contextos en que se encuentra (Bjorgen, 1964; Noble, 1953; Underwood y Schulz, 1960). Por lo tanto, una palabra muy significativa tiende a ser subjetivamente más familiar (Noble, 1953) y a suscitar más asociaciones (Glaze, 1928; Noble, 1953) que una palabra menos significativa. Esto indica su grado de significado en lugar de explicar cómo llega a ser significativa en primer lugar.

En otras palabras, debemos tener la precaución de no confundir el proceso psicológico por el que una palabra adquiere significado con los factores que explican el grado relativo de significado que manifiesta. Ya nos hemos referido a las razones por las que el grado de significado puede facilitar, en ocasiones, el aprendizaje memorista.

La organización psicológica del conocimiento frente a su organización lógica

A estas alturas es necesario reconocer que las ideas idiosincrásicas adquiridas por el estudiante en un campo de indagación dado pueden ser sustancialmente diferentes de estas mismas ideas tal como las perciben los estudiosos de dicha disciplina.

> No se debería olvidar [...] que además de los corpus organizados de conocimiento que representan la sabiduría colectiva registrada de unos estudiosos reconocidos en unos campos de indagación concretos, existen unas estructuras psicológicas de conocimiento correspondientes representadas por la organización de las ideas interiorizadas en las mentes de los estudiantes individuales, ideas con distintos grados de variación en cuanto a la madurez cognitiva y la complejidad de los contenidos de estas mismas disciplinas. En otras palabras, estoy planteando una distinción entre la organización formal del contenido de la materia de una disciplina dada, tal como se establece en afirmaciones autorizadas en libros de texto y en monografías acep-

tadas de una manera general, y la representación organizada e interiorizada de este conocimiento en las estructuras de memoria de unos individuos concretos, sobre todo estudiantes (Ausubel, 1964a).

Con todo, a medida que los estudiantes adquieren más experiencia en un campo de conocimiento dado, sus estructuras cognitivas muestran un parecido cada vez mayor con las jerarquías y relaciones reconocidas por los «expertos» de la disciplina (Shavelson, 1972). Esto se cumple especialmente en el caso de los buenos estudiantes en comparación con los malos.

La mayoría de los libros de texto están organizados por temas (de una manera lógica) con un nivel uniforme de conceptuación a pesar del hecho comúnmente observado de que, desde una perspectiva psicológica, el orden en el que se adquieren los distintos segmentos de conocimiento de una disciplina dada en general es congruente con el principio de diferenciación progresiva (es decir, hablando en función de la jerarquía, desde arriba hacia abajo), como demuestran diversos estudios sobre los organizadores previos (véase el capítulo 5) y los estudios de Shavelson (1972). Como resultado, en ausencia de conceptos y principios explicativos disponibles, gran parte de la información factual y de la manipulación simbólica se aprenden de una manera memorista. Por otro lado, el modelo de Gagné y Briggs (1974) presupone que la estructura cognitiva está organizada desde abajo hacia arriba y que las tareas de aprendizaje se deberían secuenciar de una manera similar. Esta última visión es más aplicable a las tareas de aprendizaje de carácter memorista y sensoriomotor en los seres humanos y al aprendizaje instrumental en los infrahumanos. Aunque sin duda se produce algún aprendizaje de orden superior en un nivel significativo, al final todas las ideas de orden superior ascienden en la jerarquía de la estructura cognitiva y se hacen más estables que las ideas subordinadas correspondientes en relación con las cuales se adquirieron originalmente.

La importancia del aprendizaje significativo en la adquisición de conocimientos

El aprendizaje significativo es tan importante en el proceso educativo porque es el mecanismo humano por excelencia para adquirir y almacenar la inmensa cantidad de ideas y de información que constituyen cualquier campo de conocimiento. La adquisición y la retención de grandes corpus de contenidos son un fenómeno extremadamente impresionante si tenemos en cuenta las siguientes consideraciones:

1. Que los seres humanos, a diferencia de los ordenadores, sólo pueden captar y recordar de inmediato unos cuantos ítem discretos de información que se presenten una sola vez.
2. Que el recuerdo de listas aprendidas de una manera memorista que reciben múltiples presentaciones está claramente limitado, tanto en relación con el tiempo como en relación con la longitud de las listas, a menos que se hayan sobreaprendido mucho y se hayan reproducido con frecuencia.

La tremenda eficacia del aprendizaje significativo como mecanismo para el procesamiento y el almacenamiento de información se puede atribuir en gran medida a sus dos características distintivas: el carácter no arbitrario y no literal de la capacidad de relación de la tarea de aprendizaje con la estructura cognitiva. En primer lugar, al relacionar *de una manera no arbitraria* un material potencialmente significativo con ideas pertinentes establecidas (de anclaje) de su estructura cognitiva, el estudiante puede aprovechar de una manera eficaz su propio conocimiento ya existente como una matriz ideacional y organizativa para la incorporación, la comprensión, la retención y la organización de grandes corpus de ideas nuevas. El mismo carácter no arbitrario de este proceso es lo que le permite emplear sus conocimientos adquiridos previamente como verdaderas piedras de toque para interiorizar y hacer comprensibles inmensas cantidades de nuevos significados de palabras, conceptos y proposiciones con un esfuerzo relativamente pequeño y pocas repeticiones. A causa de este factor del carácter no arbitrario, el significado potencial de las nuevas ideas *como conjuntos* se puede enlazar con los significados establecidos *como conjuntos* en la estructura cognitiva (conceptos, hechos y principios) para producir nuevos significados. En otras palabras, la única manera de poder utilizar ideas previamente aprendidas en el procesamiento (la interiorización) de nuevas ideas es relacionar las últimas *de una manera no arbitraria* con las primeras. A su vez, las nuevas ideas, que se convierten en significativas, también amplían la base de la matriz de aprendizaje.

En cambio, si el material de aprendizaje se relaciona *de una manera arbitraria* con la estructura cognitiva, no se puede hacer ningún uso *direc-*

to del conocimiento establecido para interiorizar la tarea de aprendizaje. En el mejor de los casos, se pueden relacionar *componentes* ya significativos de la tarea de aprendizaje con ideas *unitarias* ya existentes en la estructura cognitiva (facilitando así indirectamente el aprendizaje *memorista* de la tarea en su conjunto); pero esto no hace de ningún modo que las asociaciones arbitrarias *mismas* acabadas de interiorizar sean enlazables en su conjunto con un contenido significativo establecido en la estructura cognitiva ni las hace utilizables para la adquisición de nuevos conocimientos. Y puesto que la mente humana no está diseñada para interiorizar y almacenar asociaciones arbitrarias de una manera eficaz, este enfoque sólo permite la interiorización de cantidades muy limitadas de material y su retención durante períodos breves de tiempo, y sólo después de muchas repeticiones y/o refuerzos.

Además, el hecho de que una idea nueva se convierta en *significativa* (en un contenido de la conciencia definido, diferenciado y claramente articulado) después de haber sido aprendida de una forma significativa, es probable que la haga intrínsecamente menos vulnerable que las asociaciones arbitrarias interiorizadas a la interferencia de otras asociaciones arbitrarias y, en consecuencia, hace que sea más fácil de retener. Por otro lado, y como se indicará más adelante cuando examinemos el proceso de asimilación, el mantenimiento de esta misma ventaja de la *capacidad de relación no arbitraria* mediante el *anclaje* del nuevo significado a su correspondiente idea establecida (de anclaje) en la estructura cognitiva durante el período de almacenamiento, amplía aún más el intervalo de retención.

En segundo lugar, la naturaleza *no literal* de relacionar de esta manera el nuevo material con la estructura cognitiva e incorporarlo a ella, también evita las drásticas limitaciones impuestas en el procesamiento y en el almacenamiento de la información por la brevedad de los ítems y el corto intervalo de retención del recuerdo memorista. Es evidente que se pueden captar y retener muchas más cosas si sólo se exige al estudiante que asimile la sustancia de las ideas en lugar de las palabras exactas empleadas para expresarlas.

Naturalmente, la capacidad distintiva del ser humano para el aprendizaje verbal significativo depende de capacidades cognitivas como la representación simbólica, la abstracción, la categorización y la generalización. La posesión de estas últimas capacidades es lo que en última instancia hace posible el descubrimiento original y el posterior aprendizaje de conceptos y proposiciones de carácter genérico y, en consecuencia, la posterior adquisición de la información y las ideas más detalladas y enla-zables que constituyen el grueso del conocimiento.

Otro medio para compensar las limitaciones del cerebro humano para el procesamiento y el almacenamiento de información en comparación con los ordenadores ha sido descrito por Miller (1956). Se conoce con el nombre de *chunking* y se deriva de la teoría de la información. La palabra ingles *chunking* (derivada de *chunk*, que significa «trozo» o «pedazo») se refiere al proceso de reorganizar sucesivamente el estímulo de entrada para formar una «secuencia de trozos» de menor tamaño y con una or-ganización más eficaz. Según Miller, la recodificación lingüística es el re-curso más poderoso que posee el ser humano para ampliar la cantidad de información que puede procesar y recordar, y adquirir con ello grandes corpus de conocimiento.

Miller y Selfridge (1950) ponen en duda la importancia del significa-do para el aprendizaje aplicando este tipo de análisis de la teoría de la in-formación al problema de explicar por qué el discurso conexo y sin senti-do se recuerda mejor que ristras de palabras lingüísticamente inconexas además de prosa significativa. En este caso, el *chunking* se realiza agru-pando una serie de palabras que dependen secuencialmente unas de otras para que formen unidades más grandes (frases) y recordando luego las frases en lugar de las palabras aisladas. En estas circunstancias, el es-quema de recodificación se deriva de las limitaciones contextuales que caracterizan el discurso lingüísticamente conectado y que están incorpo-radas a la estructura de un lenguaje y que aprenden de una manera implí-cita todas las personas que lo usan. Estas limitaciones contextuales se de-finen en función de unas «probabilidades dependientes», es decir, de la dependencia estadística de la elección de una palabra concreta en fun-ción de las palabras que la preceden o de la medida en que la elección de una palabra dada esté determinada por la incidencia de las palabras que la preceden.

A medida que el grado de limitación contextual o del orden de apro-ximación a un idioma (en este caso, el inglés) va en aumento en una se-cuencia dada de palabras, el aprendizaje se va facilitando de una manera progresiva. La razón de ello es que el mensaje «conserva las asociaciones limitadas de la lengua inglesa que nos son tan familiares» (Miller y Sel-fridge, 1950) y, en consecuencia, permite el *chunking* o la formación de frases. «En realidad, cuando se conservan las dependencias contextuales limitadas de un material sin sentido, este sinsentido se recuerda con la misma facilidad que el material significativo.» A partir de esto se afirma que las dependencias contextuales que se extienden más de cinco o seis palabras permiten una transferencia positiva y que estas dependencias familiares, más que el propio significado, son las que facilitan el aprendizaje (Miller y Selfridge, 1950).

Sin embargo, un análisis cuidadoso de estos resultados revela de forma clara que los mecanismos compensatorios como el *chunking* sólo aumentan la capacidad *memorista* del estudiante para captar y retener información. Por ejemplo, aunque Miller y Selfridge demostraron de una manera inequívoca que el material sin sentido que manifiesta las mismas limitaciones contextuales que la prosa potencialmente significativa se recuerda con la misma facilidad que la prosa significativa, es importante tener presente que exigían el recuerdo *literal* del material en prosa. Es evidente que este aprendizaje literal o *memorista* de un discurso conexo potencialmente significativo impide todas las ventajas relacionadas con el procesamiento y el almacenamiento de información que ofrece el aprendizaje verbal significativo; (este último) es superior (de la misma manera que también es superior el aprendizaje memorista de material *sin sentido* pero conectado) al aprendizaje memorista de palabras lingüísticamente *inconexas* sólo porque el flujo secuencial del material conectado se ajusta a las limitaciones contextuales familiares del lenguaje que hacen posible la expresión.

Por otro lado, el verdadero aprendizaje significativo presupone *tanto* que la tarea de aprendizaje es potencialmente significativa *como* que el estudiante presenta una actitud de aprendizaje significativa. En consecuencia, al margen de la medida de significado potencial que pueda existir en un pasaje dado de discurso conexo, el material se sigue aprendiendo de una manera memorista siempre que la actitud del estudiante sea asimilarlo de una manera literal. En resumen, a causa de su *actitud de aprendizaje memorista*, los sujetos de este experimento nunca tuvieron una verdadera oportunidad de demostrar que el aprendizaje *significativo* de material en prosa es, de hecho, superior al aprendizaje *memorista* de materiales sin sentido conectados lingüísticamente.

Por lo tanto, no podemos aplicar la conclusión de Miller y Selfridge de que «estas dependencias familiares, más que el propio significado, son las que facilitan el aprendizaje» a ninguna situación que no sea la situación artificial implicada en el aprendizaje literal o memorista. La adquisición de grandes corpus de conocimiento es totalmente imposible en ausencia de un aprendizaje significativo. La conexión del discurso, al hacer posible el *chunking*, facilita sin duda el aprendizaje y la retención hasta cierto punto, pero nunca lo bastante para hacer posible la adquisición y la retención de un corpus de conocimiento que constituye una disciplina. A menos que el aprendizaje pueda ser significativo, se podrán asimilar muy pocos conocimientos, estén organizados o no.

Tipos de aprendizaje significativo

El tipo más fundamental de aprendizaje significativo del que dependen todos los otros tipos de aprendizaje significativo es el aprendizaje *representacional*, es decir, el aprendizaje de los significados de símbolos aislados (que suelen ser palabras, aunque no necesariamente)[2] o el aprendizaje de lo que representan.

Después de todo, las palabras aisladas de cualquier lenguaje son símbolos convencionales o socialmente compartidos que representan un objeto unitario, una situación, un concepto u otro símbolo en los mundos físico, social e ideacional. Sin embargo, para cualquier individuo *no iniciado*, lo que significa o representa un símbolo dado *al principio* es una incógnita completamente desconocida para él; es algo que tiene que aprender. El proceso por el cual lo aprende se llama aprendizaje representacional. Es coextensivo con el proceso por el cual las nuevas palabras llegan a representar de una manera gradual, para quien las aprende, los objetos o ideas correspondientes a las que se refieren esas palabras (sus referentes); es decir, para esa persona, las nuevas palabras llegan a significar las mismas cosas y propiedades que sus referentes o evocan el mismo contenido cognitivo diferenciado que estos últimos.

Por ejemplo, cuando los niños aprenden por primera vez el significado de la palabra «perro», otras personas de su entorno más expertas desde el punto de vista verbal les proponen que el sonido de esa palabra (que es potencialmente significativa pero que todavía no tiene ningún significado para ellos) representa o equivale a un objeto-perro concreto que están percibiendo en ese momento y que, en consecuencia, significa lo mismo (una imagen de este objeto-perro) que significa el propio objeto. A su vez, los niños relacionan de una manera activa —y relativamente no arbitraria y no literal— esta proposición de equivalencia representacional con el contenido pertinente de sus estructuras cogniti-

---

2. Por ejemplo, símbolos algebraicos y químicos, figuras geométricas, etc.

vas.[3] Así, cuando finaliza la etapa inicial del aprendizaje significativo, la palabra «perro» puede evocar, de una manera fiable, un contenido cognitivo diferenciado (una imagen compuesta de los diversos perros de su experiencia) que es aproximadamente equivalente al suscitado por los objetos-perro particulares. Una vez adquirido el significado más genérico de la palabra «perro», este símbolo también actúa como una etiqueta (un nombre) conceptual para los atributos característicos del concepto cultural «perro».

Más adelante, en este mismo capítulo, examinaremos cómo se produce en realidad el aprendizaje representacional y cómo desarrollan los niños la capacidad para este aprendizaje. A estas alturas sólo deseamos distinguir tres tipos básicos de aprendizaje significativo: el *aprendizaje representacional*, el *aprendizaje de conceptos* y el *aprendizaje proposicional*.

El *aprendizaje representacional* se refiere a los significados de símbolos o palabras unitarios y el *aprendizaje proposicional* se refiere a los significados de ideas expresadas mediante grupos de palabras combinadas en proposiciones o frases. En el primer caso (como al nombrar, definir y etiquetar actividades) aprender los significados de palabras aisladas exige aprender lo que representan. Significa aprender que unos símbolos concretos representan unos referentes determinados o son equivalentes a ellos en cuanto a significado.

Otro tipo de aprendizaje significativo que desempeña un papel destacado en la adquisición de contenidos es el *aprendizaje de conceptos*. Los conceptos (ideas genéricas o categorizadoras unitarias) también se representan mediante símbolos únicos de la misma manera que otros referentes unitarios. En realidad, y salvo en el caso de los niños muy pequeños, la mayoría de las palabras individuales (aparte de los nombres propios) que se suelen combinar en forma de frases para formar proposiciones, en el fondo, representan conceptos en lugar de objetos o situaciones concretos; por lo tanto, el aprendizaje proposicional supone en gran medida el aprendizaje del significado de una idea compuesta generada combinando en una frase palabras separadas, cada una de las cuales suele representar un concepto.

En el *aprendizaje proposicional*, la tarea de aprendizaje significativo que se debe realizar no es aprender lo que representan las palabras aisla-

---

3. Como se ha indicado antes, esta proposición específica de equivalencia representacional también está relacionada con la proposición más general en la estructura cognitiva del estudiante según la cual todos los objetos y eventos tienen nombres y estos nombres significan lo mismo que sus referentes (Ausubel, 1968).

das o en combinación sino más bien aprender el significado de nuevas ideas expresadas en forma proposicional. Por lo tanto, en el verdadero aprendizaje proposicional el objeto de la actividad de aprendizaje no es aprender proposiciones de equivalencia representacional, sino aprender el significado de proposiciones verbales que expresan ideas distintas de las de la equivalencia representacional. En otras palabras, el significado de la proposición no es la simple suma de los significados de sus palabras componentes.

En consecuencia, en el verdadero aprendizaje proposicional verbal se aprende el significado de una nueva idea compuesta en el sentido: 1) de que la propia proposición se genera combinando o relacionando mutuamente múltiples palabras (conceptos) individuales, cada una representando un referente unitario; y 2) de que las palabras individuales se combinan de tal manera (normalmente en forma de frases) que la nueva idea que se crea es más que la simple suma de los significados de las palabras individuales componentes. En consecuencia, es evidente que antes de poder aprender los significados de proposiciones verbales es necesario conocer los significados de sus términos componentes o lo que estos términos representan. Por lo tanto, el aprendizaje representacional y el aprendizaje de conceptos son básicos o necesarios para el verdadero aprendizaje proposicional cuando las proposiciones se expresan en forma verbal.

A estas alturas es necesario explicar cómo se relaciona el aprendizaje de conceptos con el aprendizaje representacional. Puesto que los conceptos, así como los objetos y las situaciones, se representan mediante palabras o nombres, aprender qué significan las *palabras conceptuales* (aprender qué concepto es representado por una nueva palabra conceptual dada o aprender que una palabra conceptual nueva es equivalente en cuanto a significado a lo que significa el propio concepto) es, sin lugar a dudas, un tipo fundamental de *aprendizaje representacional*. Normalmente sigue al propio aprendizaje de conceptos porque es muy conveniente ser capaz de representar los múltiples atributos característicos de un concepto recientemente aprendido mediante una sola palabra que sea equivalente a él en cuanto a significado. Pero aprender lo que significa el *propio* concepto que, en realidad, consiste en aprender cuáles son sus atributos característicos (distintivos o identificadores), requiere un tipo muy diferente de aprendizaje significativo que, como el aprendizaje proposicional, tiene una naturaleza y un propósito sustancial en lugar de nominalista o representacional.

Estos dos tipos de aprendizaje significativo (de conceptos y proposicional) difieren en que, en el primer caso, los *atributos característicos* de un nuevo concepto se relacionan con ideas pertinentes de la estructura cognitiva para producir un nuevo significado genérico pero *unitario*, mientras que en el segundo se relaciona una nueva *proposición* (o idea compuesta) con la estructura cognitiva para producir un nuevo significado *compuesto*. *Los dos* son muy diferentes del aprendizaje representacional, aunque el aprendizaje de conceptos suele estar seguido de una forma de aprendizaje representacional donde el concepto acabado de aprender se equipara en cuanto a significado con la palabra conceptual que lo representa. Si pensamos en un continuo de aprendizaje memorista-significativo, el aprendizaje representacional estaría normalmente más cerca del extremo memorista del continuo y el aprendizaje de conceptos o el aprendizaje proposicional constituirían las formas más elevadas de aprendizaje significativo.

La cognición y la percepción en el aprendizaje verbal significativo

La distinción entre procesos perceptivos y cognitivos[4] en el aprendizaje verbal significativo es especialmente difícil de definir porque los dos tipos de procesos suponen una interacción entre un estímulo verbal de entrada y la estructura cognitiva. Percibimos los mensajes verbales *y* aprendemos cognitivamente su significado como resultado de interpretarlos a la luz del conocimiento existente. La diferencia entre los dos procesos es de inmediación y de complejidad. La percepción supone un contenido *inmediato* de la conciencia *antes* de la intervención de procesos cognitivos tan complejos como los que intervienen en el aprendizaje basado en la recepción (la comprensión de las ideas presentadas). Por otro lado, la cognición supone procesos como relacionar el nuevo material con aspectos pertinentes de la estructura cognitiva ya existente, determinar cómo se puede conciliar el nuevo significado resultante con el conocimiento establecido y recodificarlo en un lenguaje más familiar e idiosincrásico.

En consecuencia, si el significado verbal se obtiene cuando unos materiales verbales potencialmente significativos se relacionan, interaccio-

---

4. La distinción entre percepción y cognición es especialmente importante porque la mayoría de los psicólogos «cognitivos», como Norman (1965) y Neisser (1970), parecen subsumir muchos procesos perceptivos bajo el término «cognición».

nan y se incorporan a la estructura cognitiva ya existente (generando así contenidos cognitivos nuevos y diferenciados) y si se admite que este proceso de aprender (adquirir) significados es de naturaleza *cognitiva*, ¿cuándo, dónde y cómo desempeña la *percepción* un papel en el aprendizaje verbal significativo en esta secuencia de eventos? El hecho de que una operación intelectual dada suponga un contenido inmediato de la conciencia (percepción) por un lado, o unos procesos intelectuales más complejos y diferidos (cognición) por otro, depende en gran medida de la complejidad de la tarea de aprendizaje en relación con la madurez cognitiva del estudiante y de si el nuevo material está siendo aprendido por primera vez o si *ya* es significativo (Ausubel, 1968).

Aprender que unos símbolos auditivos concretos (palabras habladas) representan unos objetos determinados es un problema *cognitivo* para el niño que aprende por primera vez los significados de palabras nuevas que tienen unos referentes perceptivos. De manera similar, sin embargo, la comprensión funcional de las propiedades sintácticas distintivas de las palabras de una frase es un problema cognitivo para el mismo niño; presupone un dominio mínimo tanto del código sintáctico como de la capacidad para aplicar este conocimiento para decodificar sintácticamente la frase en cuestión.

Sin embargo, más adelante, cuando *ya* domina completamente las palabras habladas y la sintaxis, el niño puede captar de inmediato sus significados denotativos y sus funciones sintácticas de una forma totalmente *perceptiva*. Esta secuencia de eventos en relación con la cognición y la percepción se repite más adelante, cuando el niño aprende a *leer* palabras y frases en la escuela. Dicho de otra forma, cuando los símbolos hablados o escritos se encuentran muchas veces y se convierten en significativos, se hacen comprensibles (significativos) de una manera inmediata y fácil (mediante la percepción) en posteriores encuentros.

La situación se complica un poco más en la comprensión de proposiciones expresadas en forma de frase. La proposición misma *siempre* es una *nueva* tarea de aprendizaje cuyo significado aún se debe adquirir aunque los significados y las funciones sintácticas de las palabras componentes ya se conozcan y, en consecuencia, se puedan captar (comprender) perceptivamente. Por lo tanto, la comprensión de una frase es un proceso de dos etapas en el que intervienen sucesivamente la percepción y la cognición. La primera etapa supone la percepción del material potencialmente significativo y la segunda supone relacionar los significados potenciales percibidos con las proposiciones pertinentes ya existentes en la estructura cognitiva. En la primera etapa, el estudiante percibe lo que es el mensaje o lo que tiene que aprender; en la segunda etapa comprende lo que percibe, es decir, adquiere su significado. Por lo tanto, la percepción antecede a la cognición en el aprendizaje significativo de nuevas proposiciones. El producto del proceso perceptivo no es el significado proposicional mismo, sino más bien el contenido inmediato de la conciencia que sigue a la interpretación preliminar de la entrada *sensorial* (visual o auditiva) suministrada por la tarea de aprendizaje potencialmente significativa. Este contenido perceptivo de la conciencia es intermedio, tanto desde el punto de vista temporal como desde el punto de vista de la complejidad del proceso, entre la sensación primitiva y la aparición real de significados. Consta de la conciencia de los significados separados de las palabras componentes y de las relaciones sintácticas entre ellas, pero no acaba de llegar a la comprensión del significado del mensaje proposicional en su conjunto.

En consecuencia, para comprender una frase, debemos ser capaces de:

1. En primer lugar, percibir el significado proposicional potencial que comunica (comprender los significados denotativos y las funciones sintácticas de las palabras *componentes*).
2. Luego, en segundo lugar, incorporar este significado potencial percibido a la estructura cognitiva ya existente.

El primer paso supone tanto un conocimiento adecuado del vocabulario como un conocimiento funcional, si no formal, de la sintaxis. El segundo paso supone relacionar la proposición percibida con ideas de anclaje pertinentes en la estructura cognitiva.

Sin embargo, es necesario tener presente que las exposiciones o los encuentros repetidos con las *mismas* proposiciones potencialmente significativas cambian la relación antes especificada entre la cognición y la percepción. Durante el primer encuentro, el mensaje potencialmente significativo se percibe por primera vez y el contenido percibido se incorpora después a la estructura cognitiva para producir un significado correspondiente. Cuando el mensaje ya se ha vuelto esencialmente significativo, quizás incluso en la segunda presentación, los dos procesos, la cognición y la percepción, se fusionan en uno. Es decir, como resultado de la aparición inicial de significado y del cambio concomitante en la estructura cognitiva, el estudiante se ha *sensibilizado* al significado potencial del mensaje en posteriores encuentros con él. Una vez captado su significado, el mensaje ya no plantea un problema cognitivo; cuando se vuelve a percibir más adelante, transmite *inmediatamente* (sin la intervención de ningún proceso cognitivo) un significado *real* (psicológico) en lugar de un simple significado potencial.[5] En consecuencia, aunque la *adquisición* de significados es un proceso cognitivo, es adecuado y correcto referirse al contenido cognitivo evocado por una proposición que ya es significativa como si fuera un producto de la percepción más que del aprendizaje.

En resumen, cuando los niños dominan el código sintáctico y un vocabulario básico, los únicos aspectos cognitivos de comprender una frase están asociados con relacionar las ideas que contiene con una proposición (idea) pertinente ya existente en la estructura cognitiva. Los significados denotativos y las funciones sintácticas de las palabras componentes ya son significativos y, en consecuencia, se pueden captar mediante la percepción. Incluso la comprensión del propio significado proposicional se convierte en un proceso puramente perceptivo cuando el mensaje se repite una o más veces.

La adquisición de significados

En esta sección nos proponemos explorar de una manera más sistemática algunos de los problemas implicados en la adquisición de los significados de palabras, conceptos y proposiciones. Hasta ahora, la adquisición de estos tipos de significados se ha considerado simplemente de una manera ilustrativa y en términos generales para clarificar la naturaleza del significado y al contrastar los tres tipos principales de aprendizaje significativo.

Vocabulario o aprendizaje representacional

Ya se ha propuesto que aprender los significados de palabras aisladas o aprender lo que representan unas palabras aisladas supone el aprendizaje significativo de proposiciones particulares de equivalencia representacional, es decir, aprender que unas palabras concretas representan y, en

5. En parte como resultado de este efecto de fusión (es decir, la aparición perceptiva e inmediata de significado), la repetición tiene un efecto especialmente consolidativo en el aprendizaje y la retención: el estudiante no tiene que adquirir significados en ensayos posteriores y se puede concentrar exclusivamente en tratar de recordarlos.

consecuencia, significan psicológicamente las mismas cosas que sus referentes. También se ha propuesto que, como resultado de este aprendizaje, las palabras llegan a evocar aproximadamente el mismo contenido cognitivo diferenciado que sus referentes. A estas alturas es necesario relacionar de una manera más explícita este tipo particular de aprendizaje significativo, es decir, el aprendizaje representacional, con el paradigma más general del proceso de aprendizaje significativo y con el anterior examen de la naturaleza del significado mismo. En otras palabras, ¿cómo adquiere el vocabulario el ser humano? ¿Cómo aprende realmente el significado de palabras aisladas y cómo ejemplifica este aprendizaje el aprendizaje significativo en general?

Para empezar, existe la cuestión de la dotación genética sin la cual no bastaría ninguna cantidad de experiencia adecuada. Tenemos razones para creer que los seres humanos tienen un potencial para el aprendizaje representacional que está determinado genéticamente.[6] Como se decía antes, el aprendizaje representacional supone aprender que una pauta dada de estímulos (como la pauta distintiva de sonidos del símbolo «perro») representa y, en consecuencia, significa aproximadamente lo mismo (la imagen de un perro) que una pauta de estímulos con la que no guarda ninguna relación (como el objeto-perro referente).

El paso principal en la actualización de esta potencialidad para el aprendizaje representacional se suele dar casi al final del primer año de vida. En ese momento el niño adquiere la *noción general* de que es posible emplear un símbolo (palabra o nombre) para representar cualquier objeto o evento y que ese símbolo significa para él lo mismo que significa su referente. El niño adquiere esta noción generalizando de una manera subverbal e intuitiva sus múltiples exposiciones a las dos formas complementarias de la proposición de equivalencia representacional que le ofrecen los usuarios más expertos del lenguaje nativo del niño: que distintos referentes tienen nombres *distintos* y que distintos ejemplos del mismo referente tienen el *mismo* nombre.

Cuando esta noción está firmemente establecida en la estructura cognitiva de un niño dado, constituye la base necesaria para cualquier aprendizaje representacional posterior. A partir de entonces, cuando se le presenta

6. La cuestión de si esta capacidad también está presente de una manera cualitativamente similar en los chimpancés, los delfines y otros mamíferos superiores aún está por resolver. En todo caso, ahora está claro que las capacidades cognitivas de estos animales a este respecto se han exagerado muchísimo en el pasado.

una nueva proposición concreta de equivalencia representacional (por ejemplo, que «perro» es representacionalmente equivalente a distintos objetos-perro y, en consecuencia, a sus correspondientes imágenes de perros), el niño es capaz de relacionar esta proposición de una manera no arbitraria y no literal, y a modo de ejemplo, con la afirmación de carácter más general de la misma proposición que ya está establecida en su estructura cognitiva. El producto resultante de la interacción entre las dos proposiciones es el contenido cognitivo diferenciado de que «perro» significa, o es representacionalmente equivalente, a una imagen compuesta de un perro y que la posterior presentación de la palabra «perro» evocará esta imagen.

En esta etapa es frecuente que una proposición concreta de equivalencia representacional se pueda captar y retener durante un período de tiempo sorprendentemente largo aunque se le presente al niño una sola vez y en relación con un solo ejemplo del significante en cuestión si bien, naturalmente, es necesario que ya esté familiarizado con ese objeto o evento. Esta situación contrasta claramente con la situación propia del proceso de condicionamiento o del aprendizaje asociativo memorista, que suele requerir múltiples exposiciones para que se produzca la retención incluso para intervalos de tiempo relativamente cortos.

Tipos de aprendizaje del vocabulario

En las primeras etapas del aprendizaje del vocabulario, las palabras tienden a representar objetos y eventos concretos y no categorizadores; de ahí que tiendan a ser equiparados en cuanto a significado con las imágenes relativamente concretas y específicas que significan esos referentes. En consecuencia, «nombrar», que es la primera forma de aprendizaje de vocabulario en los niños, supone el establecimiento de una equivalencia representacional entre unas imágenes concretas y unos símbolos de primer orden.

A medida que los niños crecen y que las palabras empiezan a representar conceptos o ideas de carácter genérico, estas palabras se convierten en nombres de conceptos y se equiparan en cuanto a significado con contenidos cognitivos más abstractos, generalizados y categorizadores. Para un niño muy pequeño, la palabra «perro» puede significar simplemente una imagen cognitiva de su propio perro y de los perros concretos de su vecindario; sin embargo, para el niño de preescolar se refiere a los *atributos característicos* de la imagen compuesta de un perro que él mismo ha descubierto de una manera inductiva a partir de su propia experiencia concreta y empírica con perros (este último proceso de descubrimiento se llama «formación de conceptos»).

En correlación con el significado *denotativo* de «perro», que surge cuando los atributos característicos de este concepto se aprenden de una manera significativa, se encuentran varias reacciones idiosincrásicas de carácter afectivo y actitudinal que este término evoca en cada niño en función de su experiencia particular con esta especie. Estas reacciones constituyen el significado *connotativo* de «perro». Sin embargo, es necesario destacar que en los niños de más edad las connotaciones de la mayoría de las palabras —como, por ejemplo, «democracia», «totalitarismo», «alcohol»— no se adquieren mediante una experiencia de primera mano; normalmente se asimilan de una manera acrítica a partir de las actitudes evaluadoras que predominan en su entorno familiar o cultural inmediato.

Después de los años de preescolar, la mayoría de las palabras nuevas se adquieren de una manera significativa por definición o por encontrarse en contextos adecuados y relativamente explícitos. En la estructura cognitiva se establece una equivalencia representacional entre sinónimos y palabras ya significativas o entre nuevas palabras conceptuales y sus significados transmitidos por sus respectivas definiciones o contextos.

A su vez, una definición o un contexto adecuados proporcionan los atributos característicos del nuevo concepto expresados mediante palabras ya significativas o mediante una combinación de esas palabras. Por ejemplo, al aprender el significado de una nueva *palabra conceptual* como «presidente» (una forma de aprendizaje representacional que normalmente sigue al aprendizaje del propio concepto), un alumno equipara el significado de esa palabra con cualquier cosa que signifique para él la expresión «jefe de Estado» o «presidente de una república o institución». Lo hace *después* de haber aprendido lo que significan estos atributos presentados en la definición[7] (aprendizaje de conceptos). Sin embargo, sólo el aprendizaje representacional que *sigue* al aprendizaje de conceptos (es decir, el proceso de equiparar el significado de la palabra conceptual con lo que significa el propio concepto) se puede considerar que forma parte legítimamente

---

7. Cuando los atributos característicos de un concepto se presentan al estudiante por definición o por contexto y no los descubre él mismo, como en el caso de la formación de conceptos, el aprendizaje de conceptos se conoce con el nombre de «asimilación de conceptos». Sin embargo, en los dos casos y al margen de que los atributos característicos se descubran o se presenten, es evidente que se deben relacionar de una manera significativa con ideas o imágenes pertinentes de la estructura cognitiva antes de que surjan los significados de los conceptos.

del aprendizaje del vocabulario. Desde cualquier perspectiva razonable, el aprendizaje del vocabulario sólo se puede considerar sinónimo del aprendizaje representacional. Según el significado generalmente aceptado de la expresión, adquirir un vocabulario consiste en aprender un corpus de significados de palabras que, por definición, se refiere a aprender lo que significan las palabras y no a aprender lo que significan sus referentes. En consecuencia, emplear el término «aprendizaje del vocabulario» para abarcar el aprendizaje de conceptos y también el aprendizaje de lo que significan las palabras de esos conceptos no hace más que generar confusión aunque se haga con mucha frecuencia.

Es evidente que aprender lo que significan las palabras conceptuales exige un *conocimiento previo* más completo de sus referentes correspondientes que otras formas de aprendizaje representacional, porque aprender el significado de palabras conceptuales difiere en un aspecto muy importante de aprender el significado de palabras que no representan conceptos (como, por ejemplo, nombres propios). En cambio, cuando el referente de una palabra dada es un objeto o evento *real*, en realidad aprender que la palabra significa aproximadamente lo mismo que el propio referente no supone una tarea *sustancial* previa de *aprendizaje* de lo que significa el propio referente; llegar a saber lo que significa un objeto o un evento no es más que una simple cuestión de percepción. En consecuencia, un objeto simplemente significa la correspondiente imagen perceptiva que suscita cuando está presente o la correspondiente imagen de la memoria que permanece y se puede evocar por cualquier otro motivo cuando el objeto ya no está presente.

Sin embargo, cuando el referente de una palabra es un concepto (una abstracción o una idea genérica que en realidad no existe), aprender que la palabra conceptual significa lo mismo que significa el *referente* supone una tarea sustancial previa de aprender lo que significa el referente. En este caso, sólo podemos llegar a saber lo que significa el propio concepto *aprendiendo* cuáles son sus atributos característicos y qué significan. Por definición, ésta es una forma sustancial de aprendizaje significativo. En consecuencia, aprender el significado de la palabra conceptual presupone que el estudiante *primero aprende de una manera significativa* lo que significa su referente (el concepto), es decir, sus atributos característicos, aunque el verdadero aprendizaje *representacional* implicado en esencia no es diferente en cuanto a proceso que el implicado en aprender el significado de palabras que no representan conceptos (por ejemplo, palabras como «el», «cuando», etc., y nombres propios).

La importancia práctica y educativa de distinguir con precisión entre aprender los significados de los conceptos y aprender los significados de las palabras conceptuales se puede ilustrar citando varios ejemplos cotidianos y educativos. En primer lugar, ocurre con bastante frecuencia, especialmente en la formación de conceptos, que los alumnos adquieren unos conceptos concretos de una manera significativa sin aprender durante algún tiempo cuáles son sus nombres. Así pues, simplemente porque no sepan qué significan las *palabras* de unos conceptos determinados, no se puede suponer necesariamente que no saben los *significados* (atributos característicos) de los conceptos correspondientes.

En segundo lugar, es muy posible olvidar lo que significa una palabra conceptual dada pero recordar el significado del concepto correspondiente o bien recordar la palabra conceptual pero olvidar su significado. En tercer lugar, al enseñar sinónimos de la lengua materna además de los equivalentes a palabras de la lengua materna en un idioma extranjero, es importante tener presente que los estudiantes sólo tienen que aprender nuevas palabras conceptuales, no nuevos conceptos. En consecuencia, sólo tienen que equiparar en cuanto a significado las antiguas palabras conceptuales con los nuevos sinónimos correspondientes o con los correspondientes equivalentes del idioma extranjero; para ellos es superfluo y constituye una pérdida de tiempo equiparar el significado de nuevas palabras conceptuales con el significado de los referentes de palabras conceptuales antiguas.

Por último, si los conceptos se aprenden de una manera memorista como resultado de no poder relacionar de una forma sustancial y no literal sus atributos característicos con la estructura cognitiva, de ello se sigue necesariamente que sus correspondientes palabras conceptuales también se han aprendido de una manera memorista. Es improbable que el estudiante relacione de una manera no arbitraria y no literal una palabra conceptual con las palabras de otros conceptos pertinentes de su estructura cognitiva a menos que la haya aprendido de una manera significativa. Conocer los dos tipos distintos de aprendizaje memorista que intervienen aquí nos ayuda a comprender por qué las palabras conceptuales aprendidas de una manera memorista que se han equiparado con conceptos aprendidos de una manera memorista tienen tan poca utilidad y se olvidan con tanta rapidez.

El aprendizaje del vocabulario como aprendizaje significativo

De la anterior exposición se desprende claramente que en este libro el aprendizaje del vocabulario o la adquisición de los significados de las palabras conceptuales no se considera que sean una expresión del condicionamiento o del aprendizaje verbal memorista. Más bien reflejan un proceso cognitivo significativo y activo que supone el establecimiento en la estructura cognitiva de una equivalencia representacional entre un símbolo nuevo y el contenido cognitivo idiosincrásico y específicamente pertinente que significa su referente.

Naturalmente, es verdad que la mayoría de los símbolos verbales representan a sus referentes de una manera un tanto arbitraria y literal. No suele existir ninguna razón no arbitraria por la que se elija una palabra dada para representar el correspondiente objeto o la correspondiente idea al que se refiere[8] y la reproducibilidad literal también es esencial para que los símbolos representacionales actúen como sustitutos de los referentes, porque basta un cambio muy leve (por ejemplo, una sola letra de una palabra) para cambiar drásticamente el significado o incluso invertirlo. Por lo tanto, en estos dos cometidos, el aprendizaje del vocabulario (representacional) es el tipo de aprendizaje significativo que está más relacionado con el aprendizaje memorista.

No obstante, el aprendizaje representacional todavía satisface el criterio mínimo de una capacidad de relación no arbitraria y no literal de la tarea de aprendizaje con la estructura cognitiva que es necesario para el aprendizaje significativo. Esto es así porque: 1) cualquier proposición particular de equivalencia representacional es enlazable de una manera no arbitraria con una proposición más general de la misma naturaleza que normalmente se ha establecido en la estructura cognitiva muy al principio de la infancia; y 2) incluso los niños muy pequeños que crecen en un entorno bilingüe parecen apreciar de una manera implícita que los símbolos de la segunda lengua manifiestan la misma relación representacional que los símbolos de la lengua materna, tanto con los referentes en cuestión como con lo que significan esos referentes.

En todo caso, la adquisición de la equivalencia representacional entre unos símbolos nuevos y lo que significan sus referentes es una tarea

8. En algunos casos, cuando se derivan palabras nuevas de raíces que ya son significativas, sean nativas o extranjeras, la relación representacional entre la palabra y el referente no es arbitraria siempre que los individuos que aprenden estas palabras sean conscientes de las derivaciones en cuestión.

de aprendizaje mucho menos arbitraria que el aprendizaje seriado de sílabas sin sentido o el aprendizaje de una lista de pares asociados. El tipo de proceso cognitivo significativo implicado en el aprendizaje representacional es evidentemente básico y constituye un requisito previo para el aprendizaje de todas las unidades de significado de cualquier sistema simbólico. Además, puesto que los significados de las palabras aisladas sólo se pueden aprender de esta manera, la combinación de estos significados hace posible generar verbalmente ideas tanto conceptuales como proposicionales que son intrínsecamente menos arbitrarias y que, en consecuencia, se pueden aprender de una manera más significativa.

Aprendizaje de conceptos

Definimos los conceptos como objetos, eventos, situaciones o propiedades que poseen unos atributos característicos comunes y se designan mediante el mismo signo o símbolo. En esencia hay dos métodos para aprender conceptos: 1) la formación de conceptos que se produce básicamente en los niños pequeños (de preescolar); y 2) la asimilación de conceptos que es la forma de aprendizaje de conceptos predominante en los niños mayores y en los adultos.

En la *formación* de conceptos, los atributos característicos del concepto se adquieren como consecuencia de la experiencia directa por medio de etapas sucesivas de generación, comprobación y generalización de hipótesis. Por lo tanto, el niño pequeño llega a conocer el concepto «perro» mediante encuentros sucesivos con perros, gatos, vacas, etc., hasta que puede generalizar los atributos característicos que constituyen el concepto cultural de «perro». En este caso, el signo (palabra) «perro» se suele adquirir antes del propio concepto. Sin embargo, también puede ocurrir lo contrario con otros conceptos como «argumento» o «mamífero».

A medida que aumenta el vocabulario del niño, los nuevos conceptos se tienden a adquirir con más frecuencia por medio del proceso de *asimilación* de conceptos, puesto que los atributos característicos de los nuevos conceptos se pueden determinar mediante el empleo de nuevas combinaciones de referentes ya existentes (palabras además de imágenes) que están disponibles en la estructura cognitiva del niño. Aunque se deben emplear apoyos de carácter concreto y empírico para facilitar la asimilación de conceptos en los niños de primera enseñanza, también es posible usar con alumnos de más edad otros conceptos pertinentes ya existentes en su estructura cognitiva para acelerar el proceso de definir los atributos característicos de nuevos conceptos.

Los niños de más edad y los adultos aprenden muy pocos conceptos nuevos por medio del proceso de formación de conceptos. Normalmente, sólo los adultos superdotados o creativos de nuestra cultura descubren nuevos conceptos de una manera inductiva o incluso deductiva, por medio del análisis y la síntesis.

Aprendizaje proposicional

Aunque es algo más complejo que aprender el significado de nuevas palabras, el aprendizaje significativo de nuevas proposiciones verbales presentadas es similar al aprendizaje representacional en el sentido de que (dada una actitud de aprendizaje significativa en el estudiante) sus significados surgen después de que una tarea de aprendizaje potencialmente significativa se relacione e interaccione con ideas pertinentes de la estructura cognitiva de una manera no arbitraria y no literal. Sin embargo, en este caso la tarea de aprendizaje o la proposición potencialmente significativa consta de una idea *compuesta* y se expresa verbalmente en una frase que contiene tanto significados de palabras de carácter denotativo y connotativo como las funciones sintácticas de las palabras y las relaciones entre ellas. El contenido cognitivo diferenciado que genera el proceso de aprendizaje significativo (en el que interaccionan las nuevas ideas de instrucción y las ideas establecidas en la estructura cognitiva) y que constituye su significado es el producto de la manera *particular* en la que el contenido de la nueva proposición se relaciona con el contenido de las ideas pertinentes establecidas (de anclaje) en la estructura cognitiva. La relación en cuestión puede ser subordinada, de orden superior o combinatoria (una combinación de las dos).

Distintas maneras jerárquicas de relacionar nueva información con ideas ya existentes (de anclaje) en la estructura cognitiva

El significado emergente se ha definido anteriormente como el producto principal de un proceso interactivo activo e integrador entre las nuevas ideas del material de instrucción y las ideas pertinentes (de anclaje) ya existentes en la estructura cognitiva del estudiante. El tipo y el grado de significado que surge en el aprendizaje y la retención de carácter significativo, su posición en la jerarquía de ideas relacionadas interiorizadas y de relaciones ideacionales en su campo de conocimiento concreto, su longevidad y su relativa facilidad de adquisición, dependen en gran medida de factores como: 1) las relaciones jerárquicas y sustanciales particulares entre las ideas nuevas y las ideas ya existentes (de anclaje) en el proceso interactivo; 2) el grado de pertinencia particularizada de las ideas de anclaje de la estructura cognitiva del estudiante para las nuevas ideas del material de instrucción con las que están relacionadas; 3) si el nuevo material de instrucción está relacionado con ideas de anclaje relativamente *específicas* (particularizadas) en el proceso de aprendizaje significativo o con un conocimiento de fondo más general y difuso en el almacenamiento pertinente en la memoria del estudiante; y 4) variables de la estructura cognitiva como la disponibilidad, la estabilidad, la longevidad y la claridad de las ideas de anclaje y su discriminabilidad tanto de las nuevas ideas del material de aprendizaje como de las ideas de anclaje pertinentes de la estructura cognitiva.

Aprendizaje subordinado o subsunción

Tanto en el aprendizaje de conceptos como en el aprendizaje proposicional, lo más frecuente es que la información nueva y potencialmente significativa se ancle a ideas pertinentes de carácter más general e inclusivo de la estructura cognitiva que ya posee el estudiante. Este proceso de relacionar nueva información con segmentos de la estructura cognitiva preexistentes, pertinentes y de orden superior se ha descrito anteriormente como aprendizaje *subsumidor*. Puesto que la propia estructura cognitiva tiende a estar organizada de una manera jerárquica en relación con el nivel de abstracción, la generalidad y la inclusividad de las ideas, lo más normal es que la aparición de *nuevos* significados proposicionales refleje una relación *subordinada* del nuevo material con ideas de orden superior ya existentes en la estructura cognitiva.

A su vez, este resultado produce una mayor organización jerárquica de la estructura cognitiva cuando las propias ideas subsumidas se convierten en subsumidoras. Es probable que la eficacia y la longevidad del aprendizaje subsumidor se puedan atribuir al hecho de que cuando las propias ideas subsumidoras (de anclaje) se han establecido de una manera adecuada en la estructura cognitiva:

1. Tienen una pertinencia máximamente específica, particularizada y directa para posteriores tareas de aprendizaje.
2. Poseen un poder explicativo suficiente para hacer que unos detalles factuales en principio arbitrarios sean potencialmente significativos.
3. Poseen una estabilidad intrínseca suficiente para proporcionar el tipo de anclaje más firme para los significados acabados de aprender y de carácter muy particularizado.[9]
4. Organizan los nuevos hechos relacionados en torno a un tema común, integrando así los elementos componentes del nuevo conocimiento entre sí y con el conocimiento ya existente.

A estas alturas es necesario diferenciar entre dos tipos básicamente diferentes de subsunción que se pueden dar en el curso del aprendizaje y la retención de carácter significativo. La subsunción *derivada* se produce cuando el nuevo material de aprendizaje se comprende o bien como un ejemplo específico de un concepto o proposición ya establecidos en la estructura cognitiva, o bien como un apoyo o una ilustración de un concepto o proposición de carácter general aprendidos previamente. En cualquier caso, es evidente que el nuevo material de aprendizaje puede estar implícito o se puede derivar de una manera directa de un concepto o de una proposición de anclaje preexistentes, ya establecidos y más inclusivos, de la estructura cognitiva. En estas circunstancias, el significado del material derivado surge rápidamente y con una *relativa* facilidad, pero tiende a olvidarse con rapidez tanto a causa de que se puede representar adecuadamente por el propio subsumidor como porque se puede regenerar con facilidad un nuevo ejemplo cuando sea necesario.

Sin embargo, lo más normal es que la nueva materia se aprenda mediante un proceso de subsunción *correlativa*. Aquí el nuevo material de aprendizaje es una extensión, una elaboración, una modificación o una

9. El lector interesado puede consultar a Bellugi (1971), Chomsky (1957, 1972), Cocking (1972), McNeill (1970), Manyuk (1971) y Nelson (1973). También se debe tener presente que si bien los niños de 5 años de edad son funcionalmente competentes con las principales pautas sintácticas de su lengua materna, el desarrollo sintáctico continúa durante los años de primera enseñanza (Laban, 1966; O'Donnell, 1967; Palermo y Mofese, 1972; Slobin, 1976).

matización de conceptos o proposiciones aprendidos previamente. También interacciona y se incorpora a subsumidores más pertinentes e inclusivos de la estructura cognitiva; pero su significado no está implícito y no se puede representar de una manera adecuada por estos últimos subsumidores. En consecuencia, a diferencia del caso de la subsunción derivada, el olvido de las ideas correlativas no es inocuo porque no se pueden regenerar a partir de las propias ideas de anclaje. Cuando el material de aprendizaje intenta aumentar de una manera explícita la discriminabilidad entre las nuevas ideas de instrucción y las presuntas ideas subsumidoras pertinentes de la estructura cognitiva por medio de una serie de comparaciones que suponen la exposición explícita de las similitudes y las diferencias entre ellas, se puede considerar la existencia de un subtipo *comparativo* de subsunción correlativa.

Aprendizaje de orden superior y combinatorio

Los nuevos aprendizajes mantienen una relación de orden superior con la estructura cognitiva cuando un individuo aprende una nueva proposición inclusiva bajo la cual se pueden subsumir varias ideas preexistentes y establecidas pero menos inclusivas. El aprendizaje de orden superior se produce en el curso del razonamiento inductivo, cuando el material presentado se organiza de una manera inductiva y supone la síntesis de las ideas componentes, y en el aprendizaje de abstracciones de orden superior. La adquisición de significados de orden superior se produce con más frecuencia en el aprendizaje de *conceptos* que en el aprendizaje proposicional, como cuando los niños aprenden que los conceptos familiares de lechuga, col y espinaca se pueden subsumir bajo el nuevo concepto de orden superior de «verdura» aunque todas sean muy diferentes desde el punto de vista de la percepción.

El aprendizaje significativo de nuevas proposiciones que no mantienen una relación subordinada ni de orden superior con unas ideas *particulares* pertinentes de la estructura cognitiva (que no se pueden subsumir bajo conceptos o proposiciones inclusivos o establecidos o que ellas mismas no pueden subsumir ideas específicas y menos inclusivas) da lugar a significados *combinatorios*. Son potencialmente significativos porque constan de nuevas combinaciones razonables de ideas aprendidas previamente que se pueden relacionar de una manera no arbitraria con un *amplio fondo* de contenidos pertinentes *en general* de la estructura cognitiva en virtud de su *congruencia general* con esos contenidos en su conjunto. A diferencia de las proposiciones subordinadas o de orden superior, no son enlazables con unas ideas pertinentes *particulares* de la estructura cognitiva. Es de suponer que la disponibilidad en este caso de unas ideas de anclaje en la estructura cognitiva que sólo son pertinentes de una manera general y no específica, hace que las proposiciones combinatorias sean menos enlazables o se puedan anclar menos en conocimientos adquiridos previamente. En consecuencia, por lo menos al principio, son más difíciles de aprender y de recordar que las proposiciones subordinadas o de orden superior. Esta última inferencia se sigue directamente de las condiciones antes descritas del aprendizaje significativo y de pruebas que indican que la disponibilidad de un contenido *específico* adecuadamente pertinente en la estructura cognitiva es una variable crucial en el aprendizaje significativo.

No obstante, muchas de las *nuevas* generalizaciones inclusivas y ampliamente explicativas que aprenden los estudiantes en las ciencias, las matemáticas, los estudios sociales y las humanidades son ejemplos de aprendizajes combinatorios como, por ejemplo, las relaciones entre masa y energía, calor y volumen, estructura genética y variabilidad fenotípica, oferta y demanda, etc. Aunque se adquieren con más dificultad que las proposiciones subordinadas o de orden superior, cuando se han establecido de una manera adecuada manifiestan la misma estabilidad intrínseca que cualquier idea inclusiva o de orden superior (subsumidora) de la estructura cognitiva (véase la anterior exposición al respecto). La posterior elaboración de estas ideas suele dar como resultado una subsunción derivada o correlativa (análisis, diferenciación) y, con bastante menos frecuencia, un aprendizaje de orden superior (generalización, síntesis).

Puesto que es de suponer que las proposiciones se pueden aprender y retener con más facilidad cuando se pueden subsumir bajo ideas *específicamente* pertinentes de la estructura cognitiva y ya que la organización *jerárquica* de la propia estructura cognitiva refleja en gran medida el proceso subsumidor que predomina en el aprendizaje y la retención de carácter significativo, parece razonable proponer que el modo subsumidor del aprendizaje significativo se utilice para la enseñanza siempre que sea posible.

Parte del aprendizaje escolar que se suele etiquetar como «aprendizaje memorista» (y que en muchas circunstancias *es* puramente memorista) en realidad intenta ser una simple forma de aprendizaje proposicional significativo, como en el caso de ciertos aspectos del aprendizaje de la suma y la multiplicación. Es verdad que en algunos casos se puede alentar el aprendizaje memorista como un medio para acelerar la velocidad de respuesta y de cálculo; pero, por ejemplo, en la mayoría de las escuelas modernas la tabla de multiplicar se aprende *después* de que se haya adquirido una comprensión clara de ideas y relaciones de carácter numérico. Puesto que este tipo de aprendizaje —relacionar pares de números con su producto— se puede relacionar de una manera no arbitraria y no literal con conceptos de relaciones numéricas ya existentes en la estructura cognitiva, presenta muy pocas analogías con el aprendizaje memorista de pares asociados o de sílabas sin sentido. En cambio, es mucho más parecido a la memorización literal que hace un actor de su papel después de haber adquirido una comprensión significativa de la historia o del argumento. En consecuencia, no es necesario que las actitudes de aprendizaje deban ser de carácter puramente memorista o significativo. Los estudiantes pueden elegir aprender simultánea o sucesivamente tanto de una manera significativa como de una manera memorista.

Puede que algunos lectores perciban alguna similitud entre los conceptos de aprendizaje subordinado (subsumidor) y de orden superior en relación con la teoría de la asimilación por un lado, y con las nociones contrastantes de la asimilación y la acomodación de Piaget por el otro. En realidad, el parecido es más terminológico (nominal) que real. Piaget sólo emplea estos términos para describir distintos tipos de cambios *evolutivos* en los esquemas en lugar de emplearlos para describir unos procesos de aprendizaje *contemporáneos*. En consecuencia, no hace ninguna referencia a las condiciones o mecanismos que subyacen a estos procesos de aprendizaje.

Aprendizaje basado en el descubrimiento

El aprendizaje proposicional, tal como se ha descrito anteriormente, es típico de la situación que predomina en el aprendizaje basado en la recepción cuando se *presentan* proposiciones sustanciales al estudiante y éste sólo tiene que aprender y recordar su significado. Sin embargo, es importante tener presente que el aprendizaje proposicional también es un tipo fundamental de aprendizaje basado en el descubrimiento o de resolución de problemas de carácter verbal. La diferencia principal entre el aprendizaje proposicional tal como se encuentra en las situaciones de aprendizaje basado en la recepción por un lado, y en las situaciones de aprendizaje basado en el descubrimiento por el otro, reside en si el contenido principal de lo que se debe aprender es descubierto por la propia persona que aprende o de si le es presentado. En el aprendizaje basado en la recepción, este contenido se presenta al estudiante en la forma de una proposición sustancial o que no plantea un problema que sólo se debe comprender y recordar. Por otro lado, en el aprendizaje basado en el descubrimiento, el estudiante debe descubrir primero este último contenido por su cuenta, generando proposiciones que representen o bien soluciones ya establecidas a los problemas planteados o bien pasos sucesivos en su solución.

En realidad, las variedades de aprendizaje proposicional basadas en la recepción y en el descubrimiento no son dicotómicas. Suponen dos variedades consecutivas de aprendizaje proposicional en distintas etapas del proceso de resolución de problemas. Para empezar, las proposiciones de resolución de problemas no se suelen generar *de novo*. Su generación supone más bien una transformación (reestructuración, reorganización, síntesis, integración) de unas proposiciones *sustanciales* pertinentes y disponibles (proposiciones que experimentan la transformación). A su vez, estas proposiciones sustanciales puede ser de dos tipos principales: 1) proposiciones de *planteamiento de problemas*, que definen la naturaleza y las condiciones de la situación de problema actual; y 2) proposiciones *de fondo*, que consisten en aspectos pertinentes de conocimientos previamente adquiridos (información, principios) que guardan relación con el problema.

Normalmente, el aprendizaje significativo de proposiciones de planteamiento de problemas en la escuela y en entornos de aprendizaje similares sólo supone un aprendizaje basado en la recepción.[10] Es decir, las proposiciones de planteamiento de problemas se presentan al estudiante y éste sólo debe aprender y recordar lo que significan relacionándolas de una manera no arbitraria y no literal con ideas subsumidoras pertinentes de su estructura cognitiva. Sin embargo, a diferencia de las situaciones de aprendizaje basadas en la recepción *sustancial*, que *acaban* con el aprendizaje y la retención de las proposiciones en cuestión, la interiorización significativa de proposiciones de *planteamiento de problemas* primero pone en marcha un proceso de aprendizaje basado en el descubrimiento.

---

10. La estabilidad intrísecamente superior de las ideas inclusivas o de orden superior en la estructura cognitiva se demuestra por su mayor resistencia al olvido durante períodos prolongados de tiempo, como indica el análisis cualitativo del olvido en situaciones experimentales y en el aula.

Entonces se genera una nueva proposición *de resolución de problemas* que incluye una relación potencialmente significativa entre medios y fines mediante varias operaciones de transformación sobre las proposiciones interiorizadas de planteamiento de problemas y de fondo. De nuevo, el paso final de esta secuencia de aprendizaje significativo, aprender y retener el significado de la proposición de resolución de problemas con éxito acabada de generar, es una cuestión de aprendizaje significativo basado en la recepción. En realidad, el único aspecto verdaderamente relacionado con el descubrimiento de esta secuencia completa de aprendizaje proposicional significativo basado en el descubrimiento, aparte de generar una proposición de resolución de problemas con éxito, es el proceso real de transformar las proposiciones sustanciales en una proposición de resolución de problemas potencialmente significativa.

Por lo tanto, en el aprendizaje significativo basado en el descubrimiento, y en contraposición a los casos más típicos (sustanciales) de aprendizaje significativo basado en la recepción, el estudiante no relaciona de una manera no arbitraria y no literal proposiciones de planteamiento de problemas con su estructura cognitiva con el propósito de comprender y recordar lo que significan *como un fin en sí mismo*, sino con el objeto de transformarlas (junto con el conocimiento de fondo pertinente adquirido previamente y con la ventaja del mismo) en nuevas proposiciones de resolución de problemas con éxito que sean potencialmente significativas para él.

El papel del lenguaje en el funcionamiento cognitivo

Aunque es indudable que el funcionamiento cognitivo preverbal existe y que caracteriza la conducta y el «pensamiento» de los organismos infrahumanos y de los niños pequeños, desempeña un papel relativamente menor en el aprendizaje escolar. A efectos prácticos, la adquisición de ideas y de conocimientos sobre una materia depende del aprendizaje simbólico verbal y de otras formas del mismo. En realidad, el lenguaje y la simbolización hacen posible en gran medida la mayoría de las formas complejas de funcionamiento cognitivo.

La traducción de la experiencia a una forma simbólica, con los medios que comporta para lograr una referencia remota, una transformación y una combinación, abre unos ámbitos de posibilidad intelectual que se encuentran muchísimo más allá del sistema de formación de imágenes más poderoso. [...] Cuando el niño ha interiorizado con éxito el lenguaje como instrumento cognitivo, se le hace posible representar y transformar de una manera sistemática las regularidades de la experiencia con más poder y flexibilidad que antes (Bruner, 1964a).

Pruebas procedentes de otras fuentes indican que entre los 4 y 5 años de edad el lenguaje adopta un papel mucho más dominante en el funcionamiento cognitivo. Luria (1959) ha demostrado que la «interiorización» del habla a esta edad (es decir, la capacidad del niño para manifestar el habla de una manera no vocal y no comunicativa) coincide con la aparición del lenguaje como principal factor directivo en la instigación, el control y la organización de la conducta. El mismo cambio de estímulo a control verbal-cognitivo de la conducta aparece en el aprendizaje basado en la discriminación (T. S. Kendler, 1963) y en la capacidad de trasponer una relación aprendida a un par análogo de estímulos (Alberts y Ehrenfreund, 1951). Por ejemplo, después de que el niño «verbal» aprenda a elegir al miembro mayor de un par de bloques, puede transferir esta relación aprendida a pares similares de *cualquier* tamaño absoluto.

Los resultados experimentales sobre el aprendizaje basado en la discriminación (Kendler y Kendler, 1961), el aprendizaje basado en la trasposición (Spiker y Terrell, 1955) y la formación de conceptos (Weir y Stevenson, 1959) indican que la superioridad del aprendizaje verbal sobre el funcionamiento cognitivo preverbal se puede atribuir al hecho de que los aprendizajes simbólicos se pueden identificar y transformar, y se puede responder a ellos de una manera diferencial con mucha más eficacia, que los estímulos o las situaciones concretas representadas por los símbolos.[11] Por último, hacia esa edad (5 años), el niño también domina en grado suficiente la sintaxis del lenguaje para comprender y generar declaraciones proposicionales bastante complejas.

Un análisis paralelo del desarrollo del lenguaje y del pensamiento (Inhelder y Piaget, 1958; Vygotsky, 1962) también indica que el desarrollo del pensamiento lógico está vinculado, en gran medida, con el desarrollo de la aptitud para el lenguaje. Desde una perspectiva puramente teórica, sería muy difícil negar la existencia de algún grado de relación

11. En situaciones de aprendizaje más informales y en laboratorios de investigación (donde el descubrimiento es genuinamente autónomo), la persona misma que aprende formula proposiciones de planteamiento de problemas que están seguidas de un tipo preliminar de aprendizaje basado en el descubrimiento y del aprendizaje significativo basado en la recepción de los productos del descubrimiento.

causa-efecto entre desarrollos lingüísticos como la representación simbólica, el dominio de la sintaxis, la interiorización del lenguaje y la adquisición de términos lingüísticos más abstractos y relacionales por un lado y, por otro, desarrollos del funcionamiento cognitivo como la interiorización de operaciones lógicas, la aparición de la capacidad para comprender y manipular relaciones entre abstracciones sin necesidad de una experiencia concreta y empírica actual o reciente y el logro de la capacidad para pensar en función de relaciones hipotéticas entre variables.

Naturalmente, gran parte de la incapacidad de apreciar el importante impacto facilitador del lenguaje en el funcionamiento cognitivo es un reflejo de la noción popularizada por el movimiento de la «educación progresista o activa» según la cual el aprendizaje verbal consta necesariamente de verbalismos aprendidos de una manera memorista. Sin embargo, en gran medida también *refleja una confusión entre las funciones de etiquetado y de proceso del lenguaje*. Por ejemplo, Hendrix afirma que «en el orden natural de los eventos, primero viene la abstracción y *después* se inventa un nombre para ella» (Hendrix, 1950). Según esta autora, la comprensión y el descubrimiento de ideas es un proceso totalmente «subverbal e interno»; la sustancia *entera* de una idea es inherente a la comprensión subverbal. El lenguaje sólo interviene en este proceso a causa de la necesidad de vincular un símbolo o una etiqueta a la comprensión subverbal que aparece para que se pueda registrar, verificar, clasificar y comunicar a los demás. Hendrix (1947) también afirma que la verbalización no sólo es innecesaria para la generación y la transferencia de ideas y comprensiones, sino que es totalmente «perjudicial» cuando se emplea para *estos* fines. «Entonces, el problema resultante reside en cómo planificar y poner en práctica la enseñanza para que el lenguaje se pueda usar para sus necesarias funciones *secundarias* (etiquetar) sin perjudicar la cualidad dinámica del propio aprendizaje» (Hendrix, 1961).

¿Hasta qué punto son plausibles estas proposiciones? Admitamos desde el principio que existe un tipo de comprensión subverbal y que este tipo de comprensión aparece en ratas, monos y chimpancés en situaciones experimentales de aprendizaje y en animales domésticos, de corral y salvajes, así como en niños y adultos, en una amplia variedad de situaciones cotidianas de resolución de problemas. Pero ¿es *este* tipo de comprensión la causa de que los seres humanos hayan creado culturas y sean capaces de descubrir y asimilar conocimientos en campos como la física, la química, la biología, las matemáticas y la filosofía, superando totalmente cualquier nivel que puedan alcanzar los caballos, los pollos o los monos?

¿O quizá la causa es el poder de transferencia cualitativamente superior de la generalización *verbal* o simbólica?

Naturalmente, Hendrix se refiere simplemente a la función representacional («etiquetar» o «nombrar») del lenguaje en el pensamiento. Es evidente que la elección de un símbolo arbitrario particular para representar una *nueva* abstracción viene *después* del proceso de abstracción mismo y no está relacionado intrínsecamente con él. Sin embargo, éste no es el *único* papel del lenguaje en el proceso de abstracción, ni es la *primera* vez que se emplea en este proceso. La verbalización hace algo más que vestir verbalmente la comprensión subverbal; hace algo más que adjuntar un asidero simbólico a una idea para que se pueda registrar, verificar, clasificar y comunicar con más facilidad. Más bien constituye una parte *esencial* del mismo proceso de adquirir nuevas ideas abstractas e influye tanto en la naturaleza como en el producto de los procesos cognitivos implicados en la generación de nuevos conceptos y nuevas proposiciones abstractas. Una de las influencias importantes del lenguaje en el desarrollo de conceptos ha sido estudiada detenidamente por Whorf, sobre todo contrastando los idiomas de los indios nativos estadounidenses con el inglés u otros idiomas europeos. Según Whorf (Carroll, 1964), «los conceptos de "tiempo" y de "materia" no están dados por la experiencia de la misma forma sustancial a todos los hombres, sino que dependen de la naturaleza del idioma o idiomas mediante cuyo uso se han desarrollado».

Está claro que el acto propiamente dicho de asignar un nombre arbitrario a una abstracción acabada de generar no es una parte esencial del mismo proceso de abstracción. A estas alturas, el lenguaje sólo *tiene* una función puramente *etiquetadora*. Sin embargo, el lenguaje también interviene de otras dos maneras por lo menos: en los aspectos *de proceso* de la abstracción y del pensamiento. En primer lugar, el hecho de que las abstracciones tengan nombres, de que sus significados se puedan representar mediante palabras, desempeña un papel muy importante en el *proceso* de generar nuevos conceptos a partir de sus abstracciones constituyentes. Por ejemplo, cuando observamos al revés el proceso de abstracción que precede al etiquetado de un concepto dado acabado de generar, es evidente que este proceso mismo nunca se habría podido originar si no fuera por el poder representacional de las palabras. En los aspectos de abstraer, categorizar, diferenciar y generalizar propios de la combinación y la transformación de conceptos conocidos ya existentes en nuevas abstracciones, las mismas ideas genéricas simplemente no son lo bastante *mani-*

pulables para poderlas manejar de estas maneras designadas a menos que se nombren antes;[12] estas operaciones de combinación y de transformación sólo son posibles porque los significados de los conceptos complejos se pueden representar mediante palabras aisladas. En consecuencia, aprovechando la capacidad única de manipulación de los símbolos representacionales, es posible generar nuevos conceptos y proposiciones que trasciendan con mucho —en cuanto a inclusividad, generalidad, claridad y precisión— el nivel de abstracción que se podría lograr si los conceptos carecieran de nombre. Por lo tanto, el hecho de nombrar las ideas es un *requisito* importante para su *uso* posterior en la conceptualización y en otras formas de pensamiento salvo, naturalmente, en el caso de generar nuevos conceptos y proposiciones en un nivel muy bajo de abstracción.

En segundo lugar, el lenguaje desempeña un papel importante en la verbalización o codificación en frases de los nuevos productos (conceptos o proposiciones) intuitivos o subverbales que surgen de las operaciones de transformación que intervienen en el pensamiento. Verbalizar ideas subverbales (*expresándolas* verbalmente en una forma proposicional en contraposición con el acto posterior de *nombrarlas*) es un proceso de *refinamiento* que hace que sean mucho más claras, explícitas y precisas y que estén definidas con más claridad. En consecuencia, es un grave error creer que la sustancia *entera* de una idea, así como *todo* su poder de transferencia, son intrínsecos a su forma subverbal como afirma Hendrix (1961). La antigua noción filosófica según la cual la verbalización «simplemente refleja el pensamiento» o «lo viste» es muy poética, pero hoy en día tiene muy poca utilidad psicológica y escaso valor explicativo. Mediante sus importantes funciones refinadoras, la verbalización amplía muchísimo el significado y la capacidad de transferencia de los productos del pensamiento; por lo tanto, se debe considerar una parte esencial del proceso de pensamiento.

Así pues, en conclusión se puede afirmar que el lenguaje contribuye de tres maneras importantes a la formación de conceptos y a la resolución de problemas:

---

12. Como veremos después (capítulo 5) al examinar la investigación pertinente, la verbalización es un factor importante en la transferencia de principios aprendidos a nuevas situaciones de resolución de problemas, incluyendo los de naturaleza motriz o mecánica. Estos resultados ponen en duda el principio ampliamente aceptado de la «educación progresista o activa» según el cual el aprendizaje verbal es necesariamente de carácter memorista y sólo la experiencia no representacional se puede transferir de una situación de resolución de problemas a otra.

1. Las propiedades representacionales de las palabras facilitan los procesos de transformación implicados en el pensamiento.
2. La verbalización de los productos subverbales que surgen de estas operaciones, antes de nombrarlos, refina y refuerza sus significados y, en consecuencia, aumenta su poder de transferencia.
3. En un sentido más amplio, la adquisición del lenguaje también permite a los seres humanos en desarrollo adquirir por medio del aprendizaje basado en la *recepción*, y emplear en el aprendizaje basado en el *descubrimiento*, un inmenso repertorio de conceptos y principios que nunca podrían llegar a descubrir por su cuenta.

Esto último sucede porque la capacidad humana para el simbolismo y la verbalización representacional hace posible: 1) la generación *original* (descubrimiento) de ideas en un nivel de abstracción, generalidad y precisión singularmente elevado; y 2) la acumulación y la transmisión de estas ideas durante el curso de la historia cultural. A su vez, el alcance y la complejidad de las ideas adquiridas mediante el aprendizaje basado en la recepción hacen posible y fomentan un nivel general de desarrollo cognitivo individual que sería totalmente inconcebible en ausencia del lenguaje; y 3) por último, los tipos de conceptos que aprende un individuo en una cultura particular, así como sus procesos de pensamiento, están profundamente influidos por el vocabulario y la estructura del lenguaje al que se expone en su cultura particular (Whorf, 1956).

Bibliografía

Alberts, C. A. y D. Ehrenfreund, *Transposition in Children as a Function of Age*.

Ausubel, D. P., *Educational Psychology: A Cognitive View*, Nueva York, Holt, Rinehart and Winston, 1968.

Bernard, W., «Psychological principles of language learning and the bilingual reading method», *Modern Language Journal*, nº 35, 1951, págs. 87-96.

Bjorgen, I. A., *A Re-evaluation of Rote Learning*, Oslo, Oslo University Press, 1964.

Bower, G., *Human Memory: Basic Processes*, Nueva York, Academic Press, 1977.

Brozova, V., «Effect of organized learning on text understanding and perceiving», *Studia Psychologica*, nº 37, 1995, págs. 259-268.

Carroll, J. B., «The analysis of reading instruction: Perspectives from psychology and linguistics», en *Theories of learning and instruction, 63rd Yearbook Natl. Soc. Stud. Educ.*, Chicago, University of Chicago Press, 1964, 1ª parte.

Chomsky, N. A., *Language and Mind*, Nueva York, Harcourt, 1972 (trad. cast.: *El lenguaje y el entendimiento*, Barcelona, Seix Barral, 1986).

—, *Syntactic structures*, La Haya, Mouton, 1957 (trad. cast.: *Estructuras sintácticas*, Madrid, Gredos, 1974).

Epstein, W., I. Rock y C. B. Zuckerman, «Meaning and familiarity in associative learning», *Psychological Monographs*, n° 74 (491), 1960.

Gagné, R. M. y L. J. Briggs, *Principles of Instructional Design*, Nueva York, Holt, Rinehart and Winston, 1974.

Glaze, J. A., «The association value of nonsense syllabes», *Journal of Genetic Psychology*, n° 35, 1928, págs. 255-267.

Greeno, J. G., «Situations, mental models and generative knowledge», en D. Klahs y K. Hotovsky (comps.), *Complex Information Processing: The Impact of Herbert A. Simon*, Mahwah, N. J., Lawrence Erlbaum Associates, 1989.

—, *Human Memory: Paradigms and Paradoxes*, Hillsdale, N. J., Lawrence Erlbaum Associates, 1992.

Hendrix, G., «A new clue to transfer of training», *Elementary School Journal*, n° 48, 1947, págs. 197-208.

—, «Learning by discovery», *Mathematics Teacher*, n° 54, 1961, págs. 290-299.

Hirt, E. R., H. E. McDonald y G. A. Erikson, «How do I remember thee? The role of encoding, set, and delay in reconstructive memory processes», *J. Exp. Soc. Psychol.*, n° 31, 1995, págs. 379-409.

Inhelder, B. y J. Piaget, *The Growth of Logical Thinking from Childhood to Adolescence*, Nueva York, Basic Books, 1958 (trad. cast.: *De la lógica del niño a la lógica del adolescente: ensayo sobre la construcción de las estructuras operatorias formales*, Barcelona, Paidós, 1996).

Kendler, H. H. y T. S. Kendler, «Effect of verbalization on reversal shifts in children», *Science*, n° 134, 1961, págs. 1.619-1.620.

Kendler, T. S., «Development of mediating responses in children», *Monographs of the Society for Research in Child Development*, vol. 28, n° E, 1963, págs. 33-48.

Lennenberg, E. H., «On explaining language: The development of language in children can best be understood in the context of developmental biology», *Science*, n° 164, 1969, págs. 635-643.

McNeill, D., *The Acquisition of Language*, Nueva York, Harper and Row, 1970.

Miller, G. A., «The magical number seven plus or minus two: Some limits in our ability for processing information», *Psychological Review*, n° 63, 1956, págs. 81-97.

Miller, G. A. y J. A. Selfridge, «Verbal context and the recall of meaningful material», *American Journal of Psychology*, n° 63, 1950, págs. 176-185.

Moreno, V. y F. J. Di Vesta, «Analogies (adages) as aids for comprehending structural relations in text», *Contemporary Educational Psychology*, n° 19, 1994, págs. 179-198.

Neisser, U., *Psychology of Cognition*, Nueva York, Appleton-Century-Crofts, 1970.

Noble, E. E., «The familiarity-frequency relationship», *Psychological Review*, nº 60, 1953, págs. 80-98.

Norman, D. A., *Memory and Attention*, Nueva York, Wiley, 1968 (trad. cast.: *El procesamiento de la información en el hombre: memoria y atención*, Barcelona, Paidós, 1984).

Rosch, E., «On the internal structure of perceptual and semantic categories», en T. E. Moore (comp.), *Cognitive Development and the Acquisition of Language*, Nueva York, Academic Press, 1973.

Shavelson, R. G., «Some aspects of the correspondence between content structures and cognitive structures in physics instruction», *Journal of Educational Psychology*, 1972, págs. 225-234.

Spiker, C. C. y G. Terrell, «Factors associated with transposition behavior of preschool children», *Journal of Genetic Psychology*, nº 86, 1955, págs. 143-158.

Underwood, B. J. y R. W. Schulz, *Meaningfulness and Verbal Learning*, Filadelfia, Lippincott, 1960.

Vygotsky, L. S., *Thought and Language*, Nueva York, Wiley, 1962 (trad. cast.: *Pensamiento y lenguaje*, Barcelona, Paidós, 2000).

Weir, M. W. y H. W. Stevenson, «The effect of verbalization in children's learning as a function of chronological age», *Child Development*, nº 30, 1959, págs. 143-149.

Whorf, B. L., *Language, Thought and Reality: Selected writings of Benjamin Lee Whorf*, Cambridge, Mass., Massachusetts Institute of Technology Press, 1956 (trad. cast.: *Lenguaje, pensamiento y realidad*, Barcelona, Barral, 1971).

5   La teoría de la asimilación en los procesos de aprendizaje y de retención de carácter significativo

Una vez descrita la naturaleza del significado y los tipos de condiciones y procesos implicados en el aprendizaje significativo de palabras, conceptos y proposiciones, exploraremos con más detalle los mecanismos psicológicos mediante los cuales se retienen grandes cantidades de conocimientos sobre una materia en la estructura cognitiva durante períodos prolongados de tiempo. ¿Cómo se asimila y se organiza este conocimiento en la estructura cognitiva y por qué se olvida más adelante? ¿Hay más de una explicación válida de la discrepancia entre los contenidos aprendidos y los recordados, es decir, hay distintos tipos de olvido? Por último, ¿en qué difiere el aprendizaje significativo como proceso del aprendizaje memorista y por qué produce unos resultados superiores en cuanto a aprendizaje y retención?

El proceso de asimilación en la adquisición, la retención y la organización del conocimiento

Para explicar de una manera más completa la adquisición, la retención y la organización de significados en la estructura cognitiva, es necesario desarrollar aún más el principio de *asimilación*. Esto se puede realizar de una manera muy eficaz y comprensible empleando simples símbolos de representación.

Cuando una nueva idea *a* se aprende de una manera significativa relacionándose e interaccionando con una idea establecida pertinente *A* de la estructura cognitiva, las dos ideas se modifican y *a* se *asimila* a *A*, la idea ya establecida. Éste sería un caso típico de subsunción derivada o correlativa y, como se indicaba en el capítulo 4, tanto la idea de anclaje A como la nueva idea a se modifican algo al formar el producto interactivo $A'a'$. Por ejemplo, si A es el concepto del pecado cristiano que ya posee un niño en su estructura cognitiva, a puede ser una presentación de los conceptos budistas de pecado, modificando así ligeramente el concepto de pecado cristiano del niño (A') además de proporcionar un nuevo significado idiosincrásico al pecado budista (a').

En términos más precisos, se plantea la hipótesis de que el producto interactivo *real* o total de la nueva idea del material de aprendizaje y de la idea establecida en la estructura cognitiva es mayor y más complejo (es decir, $A'a'$) de lo que se ha descrito originalmente en el capítulo 4. Aquí es donde empieza la etapa de retención del proceso de asimilación; y, en consecuencia, debemos examinar con mayor detalle el nuevo concepto a, la posterior disociabilidad de a' (el nuevo significado) en relación a A' (la idea de anclaje modificada), y la eventual pérdida de disociabilidad de a' en relación a A'.

Como se ha comentado antes, el proceso interactivo no sólo modifica la idea potencialmente significativa a, sino que también modifica la idea A establecida en la estructura cognitiva (a la que aquélla se ancla). Esto se indica mediante el empleo de los símbolos a' y A'. Más importante aún, los dos productos interactivos a' y A' mantienen su mutua relación como miembros de una unidad compuesta enlazada o de un complejo ideacional, $A'a'$. Por lo tanto, en el sentido más completo del término, el producto interactivo propiamente dicho del proceso del aprendizaje significativo no es sólo el nuevo significado a', sino que también incluye la modificación de la idea de anclaje y, en consecuencia, es coextensivo con el significado compuesto $A'a'$.

En el curso posterior del aprendizaje subsumidor, aparece una nueva idea compuesta que puede experimentar más cambios con el tiempo durante los intervalos de retención y de olvido. Por lo tanto, la *asimilación* no termina cuando se produce el aprendizaje significativo sino que continúa durante un período de tiempo que puede suponer más aprendizaje y/o más retención (como ocurre, por ejemplo, después de un repaso), o diversos grados de retención o almacenamiento de la información intacta, o la pérdida eventual de la capacidad de recuperación de las ideas subordinadas asimiladas.

La mayoría del material de aprendizaje que se presenta en las escuelas y en instituciones similares adopta la forma de conceptos y *proposiciones* (que constan de conceptos que, en combinación, tienen algún significado nuevo compuesto). Así pues, aprender el significado de una nueva proposición potencialmente significativa requiere algo más que aprender sólo los significados de sus conceptos componentes. Presupone la disponibilidad en la estructura cognitiva de conceptos de anclaje y proposiciones pertinentes que estén relacionados tanto con las partes componentes de la nueva proposición que hay que aprender como con el significado compuesto de esta última proposición en su conjunto.

Por lo tanto, en el centro de la teoría de la asimilación se encuentra la idea de que los nuevos significados se adquieren mediante la *interacción* de ideas (conocimientos) nuevas y potencialmente significativas con conceptos y proposiciones aprendidos con anterioridad. Este proceso interactivo produce como resultado una modificación tanto del significado potencial de la nueva información como del significado de los conceptos o proposiciones a los que se ancla, y también crea un nuevo producto ideacional que constituye su nuevo significado para el estudiante. El proceso de asimilación secuencial de nuevos significados a partir de exposiciones sucesivas a nuevos materiales potencialmente significativos, da como resultado una *diferenciación progresiva* de los conceptos o proposiciones, el consiguiente refinamiento de los significados y una mayor potencialidad para ofrecer anclaje a otros aprendizajes significativos.

Cuando se aprenden conceptos o proposiciones mediante procesos subsumidores, de orden superior o combinatorios nuevos y consecutivos, se pueden desarrollar significados nuevos y diferentes; y es posible que los significados contradictorios se puedan resolver mediante un proceso de *conciliación integradora*. Con el tiempo, a medida que el proceso de asimilación sigue operando, los significados de los conceptos o proposiciones componentes ya no se pueden disociar (recuperar) de sus ideas de anclaje y decimos que se ha producido una asimilación *obliteradora* o un olvido significativo: la asimilación relativamente completa de la especificidad del nuevo significado hace que ya no se pueda disociar (recuperar) de la generalidad de la idea de anclaje más inclusiva de la estructura cognitiva (a causa de la subsunción obliteradora) y, en consecuencia, se considera que se olvida.

El valor explicativo del proceso de asimilación

La teoría de la asimilación tiene un considerable valor explicativo para dilucidar la naturaleza de los fenómenos del aprendizaje y la retención de carácter significativo porque ayuda a explicar la adquisición, la retención y el olvido de ideas aprendidas de una manera significativa y también la manera en que se organiza el conocimiento en la estructura cognitiva. Cabe la posibilidad de que la asimilación de una nueva idea pueda reforzar la retención de tres maneras diferentes. En primer lugar, al quedarse «anclado», por así decirlo, a una forma modificada de una idea ya existente, muy estable y pertinente de la estructura cognitiva, el nuevo significado comparte de una manera indirecta la estabilidad y la longevidad de esta última idea.[1] En segundo lugar, como este tipo de anclaje *continúa* la relación *original* no arbitraria y sustancial entre las ideas nuevas y las ideas establecidas durante el intervalo de almacenamiento, también protege al nuevo significado de la interferencia relativamente leve ejercida por ideas contradictorias similares aprendidas antes (proactivas), experimentadas al mismo tiempo o encontradas después (retroactivas). Esta interferencia es lo que causa tantos perjuicios cuando el material de aprendizaje se relaciona de una manera arbitraria con la estructura cognitiva, como en el caso del aprendizaje memorista.

Por último, el hecho de que la idea significativa que acaba de surgir se almacene manteniendo una estrecha relación con la idea o ideas *particulares* de la estructura cognitiva que le son más pertinentes, es decir, con la idea o ideas con las que estaba originalmente relacionada al adquirir su significado, probablemente hace que la recuperación sea un proceso menos arbitrario y más sistemático además de explicar la asimilación obliteradora cuando

1. De aquí en adelante será conveniente (como ya hemos hecho hasta ahora) referirnos a la idea pertinente *A* establecida en la estructura cognitiva (con la que se relaciona la nueva idea *a* potencialmente significativa) como «idea de anclaje». Sin embargo, estrictamente hablando, la verdadera idea de anclaje (después de la subsunción) es *A'*, no *A*; pero esta distinción se puede pasar por alto a efectos prácticos porque, en general, *A'* y *A* no suelen ser muy distintas entre sí. Con todo, *es* importante tener presente que no es *a* la que se ancla a *A*, sino *a'* (el significado potencial modificado de *a*).

También se debe tener presente que el término «asimilación» se ha empleado aquí en el sentido más estricto del término para designar la pérdida de la identidad original del significado potencial, el enlace del nuevo significado emergente con su idea de anclaje para su almacenamiento y también el posterior proceso de reducción. Asimismo, sería legítimo incluir los primeros aspectos del proceso del aprendizaje significativo (cuando la nueva idea se relaciona e interacciona con su idea pertinente establecida en la estructura cognitiva para producir un nuevo significado) como parte del proceso de asimilación en el sentido más amplio del término. Este uso más amplio no sólo es coherente con lo que normalmente se entiende por asimilación, sino también con el hecho de que la unión del nuevo significado modificado con su idea de anclaje durante el intervalo de almacenamiento (de retención) supone necesariamente que, en el proceso del aprendizaje significativo, la idea potencialmente significativa *primero se relaciona* e *interacciona* con esa idea establecida para producir la versión emergente inicial de su significado psicológico para el estudiante.

esta recuperación no es posible. La asimilación explica el fenómeno del olvido (o pérdida de la capacidad de recuperación en relación con el significado acabado de aprender) mediante la hipótesis de que la particularidad y la especificidad únicas de este último significado es desplazado (borrado) en grados diversos por la generalidad de sus ideas de anclaje.

La hipótesis de la asimilación también puede ayudar a explicar cómo se organiza el conocimiento en la estructura cognitiva. Si las ideas nuevas se *almacenan* mediante relaciones enlazadas con las correspondientes ideas pertinentes ya existentes en la estructura cognitiva (y si también se cumple que uno de los miembros de este par enlazado es típicamente de orden superior o más inclusivo que el otro y que el miembro de orden superior [por lo menos, una vez establecido] es el miembro más estable del par), entonces se sigue necesariamente que el residuo acumulativo de lo que se aprende, se retiene y se olvida (la estructura psicológica del conocimiento o la estructura cognitiva en su conjunto) se ajusta al principio organizativo de la diferenciación progresiva.

Así pues, si el principio de asimilación actúa de hecho en el almacenamiento de ideas significativas, entonces sería totalmente comprensible por qué la organización de los contenidos de una disciplina concreta en la mente de un individuo ejemplifica una pirámide ordenada de una manera jerárquica. En esta pirámide, las ideas más inclusivas y más explicativas se encuentran en la cúspide y subsumen progresivamente las ideas menos inclusivas o más diferenciadas, cada una enlazada con el nivel inmediatamente superior de la jerarquía mediante enlaces relacionales que tienen una naturaleza asimilativa.

Como ya se ha indicado, es probable que el proceso de asimilación o de anclaje tenga un efecto facilitador general en la retención. Para explicar cómo siguen estando disponibles los significados recientemente asimilados durante una parte o la totalidad del período de retención, es necesario suponer que durante un período variable de tiempo son *disociables* de sus ideas de anclaje y que, en consecuencia, son reproducibles como entidades identificables de una manera individual. Al principio, el significado a' acabado de aprender y de asimilar es disociable de su relación enlazada con la idea de anclaje A'; en otras palabras, el producto interactivo $A'a'$ se puede disociar en A' y a'. La experiencia universal indica que el grado o la fuerza de disociabilidad llega al máximo poco después del aprendizaje y que, en consecuencia, los significados recientemente adquiridos se pueden disociar al máximo en ese momento incluso en ausencia de una práctica (revisión) directa o indirecta.

Por lo tanto, el significado acabado de aprender, modificado por la asimilación obliteradora que emana de su idea de anclaje y enlazado con esta última idea durante los intervalos de retención y de almacenamiento, comparte de una manera indirecta la elevada estabilidad de la idea de anclaje. Así pues, a este respecto, y contrariamente a la pérdida de fuerza de disociabilidad causada por la asimilación obliteradora antes mencionada, la retención de los nuevos significados emergentes está facilitada por la protección contra ideas muy similares y aparentemente contradictorias que permite el enlace de este nuevo significado con su idea de anclaje.

Reducción del recuerdo: asimilación obliteradora u olvido

El atractivo teórico del proceso de asimilación postulado no sólo reside en su capacidad para explicar la superior retención (a largo plazo) de las ideas aprendidas de una manera significativa en comparación con las ideas aprendidas de una manera memorista, sino también en el hecho de que implica un mecanismo plausible de retención y de olvido que es al mismo tiempo continuo y compatible con el proceso de adquisición (aprendizaje) y con el posterior olvido de estas ideas (es decir, con la «reducción» gradual de sus significados a los significados de las correspondientes ideas de anclaje con las que están enlazadas). Por lo tanto, aunque la retención de significados acabados de aprender al principio está reforzada por su anclaje a ideas pertinentes muy estables ya establecidas en la estructura cognitiva del estudiante, este conocimiento sigue estando sometido a la influencia erosiva de la tendencia reduccionista general de la organización cognitiva. Puesto que psicológicamente es más económico y menos pesado recordar simplemente variantes reducidas de los conceptos y proposiciones de anclaje más estables y generales que recordar las ideas nuevas y más diferenciadas (nuevos significados) que son asimiladas por ellos de una manera obliteradora, el significado de ideas nuevas no repetidas o no sobreaprendidas tiende a ser asimilado o reducido, con el paso del tiempo, a los significados más estables de las ideas de anclaje ya establecidas.

Por lo tanto, un tiempo después de haberse producido el aprendizaje, cuando esta segunda etapa *obliteradora* de la asimilación empieza a tener lugar, las ideas acabadas de aprender empiezan a ser cada vez menos disociables (recuperables) de sus ideas de anclaje como entidades por derecho propio hasta que dejan de estar disponibles y decimos que se olvidan. Cuando a fuerza de disociabilidad de a' cae por debajo de cierto nivel crítico (el umbral de disponibilidad) ya no se puede recuperar. Al final se llega a una disociabilidad nula y *A'a'* se reduce aún más convirtiéndose en *A'* o en la misma *A*, la idea de anclaje original.

También cabe destacar que, en el aprendizaje *significativo*, los significados potenciales del nuevo material de instrucción original *a* puede que nunca se puedan recuperar exactamente con la misma forma en que fueron presentados en origen. El proceso mismo de subsunción que se produce en la asimilación de *a* puede dar como resultado una alteración drástica de *a* convirtiéndola en *a'* y, en consecuencia, la subsunción obliteradora realmente puede *empezar*, en cierto sentido, en el momento en que se produce el propio aprendizaje significativo. Por esta razón, las prácticas de evaluación que exigen una reproducción literal de la información o las ideas presentadas tienden a impedir el aprendizaje significativo. Además, el olvido de material aprendido de una manera significativa también tiende a dejar un residuo de ideas de anclaje modificadas por debajo del umbral.

El concepto adicional de un umbral variable de disponibilidad es especialmente útil porque puede explicar las fluctuaciones transitorias de la disponibilidad de recuerdos que se pueden atribuir a variables generales de carácter cognitivo, afectivo o motivacional (como, por ejemplo, la atención, la ansiedad, el cambio de escenario o de contexto, la liberación de la represión) sin que se produzca ningún cambio significativo en la fuerza de disociabilidad (la fuerza intrínseca de la capacidad de recuperación del ítem mismo de la memoria). De la misma manera, explica por qué los ítem con poca fuerza de disociabilidad, que en general no están disponibles en las condiciones típicas de conciencia, están disponibles bajo hipnosis y por qué muchos ítem de la memoria se pueden reconocer pero no recordar.

En consecuencia, el olvido es una continuación o una etapa temporal posterior del mismo proceso asimilativo que subyace a la disponibilidad de ideas aprendidas recientemente durante una fase anterior del intervalo de retención. La misma capacidad de interacción y de relación no arbitraria con una idea pertinente establecida en la estructura cognitiva que es necesaria para el aprendizaje significativo de una idea nueva y que conduce al refuerzo de su retención mediante el proceso de anclar el significado emergente al significado de la idea establecida (de anclaje), ofrece de una manera un tanto paradójica el mecanismo para la mayoría del olvido posterior.

Por lo tanto, en el principio o proceso de la asimilación observamos una economía de explicación o una concisión teórica porque el mismo principio básico de la asimilación explica muchos aspectos diferentes del aprendizaje y la retención de carácter significativo, las causas de que se den variaciones individuales en el desempeño del aprendizaje significativo en unas situaciones de aprendizaje particulares (dependiendo, en parte, de las diferencias en cuanto a disponibilidad, estabilidad y discriminabilidad de los subsumidores pertinentes), y por qué cabe esperar períodos diferenciales de retención (dependiendo, en parte, de factores similares que influyen en la asimilación obliteradora).

En el caso del aprendizaje subordinado y combinatorio, el proceso de asimilación obliteradora como fenómeno de reducción parece muy sencillo: el significado menos estable (y más específico) de una idea subordinada se incorpora o se reduce de una manera gradual al significado más estable (y más general e inclusivo) de la idea pertinente de orden superior de la estructura cognitiva que lo asimila; y el significado menos estable (y más específico) de una idea combinatoria se asimila o se reduce de una manera similar a los significados más estables (y más generalizados) del corpus de ideas más amplio y menos específicamente pertinente de la estructura cognitiva con el que está relacionado. Sin embargo, el olvido de aprendizajes *de orden superior* que, por definición, son más generalizados e inclusivos en el momento del aprendizaje que las ideas subordinadas establecidas en la estructura cognitiva que los subsume, se debe explicar de una manera distinta. Aquí, es evidente que el proceso de asimilación obliteradora se debe ajustar a un paradigma algo diferente, puesto que en este caso las ideas de anclaje más estables son *menos* generales e inclusivas que los nuevos significados de orden superior que asimilan.

Por lo tanto, y por lo menos al principio, si bien los nuevos significados emergentes de orden superior son relativamente inestables, se reducen a sus ideas de anclaje menos inclusivas (subordinadas) durante el proceso de asimilación obliteradora. Sin embargo, más adelante, cuando los nuevos significados emergentes de orden superior se consolidan y se diferencian más (si es que ello sucede), tienden a hacerse más estables que las ideas subordinadas que originalmente los asimilaron, ya que la estabilidad de una idea en la memoria, siendo constante todo lo demás, tiende a aumentar con su nivel de generalidad e inclusividad (Kintsch, 1974; Meyer y McConkie, 1973). Así pues, en este punto, la dirección de la asimilación obliteradora se invierte: ahora, los significados menos inclusivos y menos estables de las ideas subordinadas aprendidas anteriormente tienden a ser incorporados o reducidos a los significados más generalizados de las ideas de orden superior aprendidas más tarde y que ya son más estables (véase la tabla 2).

TABLA 2. Formas de aprendizaje significativo desde la perspectiva de la teoría de la asimilación.

---

1. Aprendizaje subordinado: Idea establecida
   A. *Subsunción derivada*

$$A$$

$$\text{Nueva} \rightarrow a_5 \quad a_1 \quad a_2 \quad a_3 \quad a_4$$

En la subsunción derivada, la nueva información $a5$ se enlaza con la idea de orden superior A y representa otro caso o extensión de A. Los atributos característicos del concepto A no cambian, pero los nuevos ejemplos se reconocen como pertinentes.

   B. *Subsunción correlativa*   Idea establecida

$$X$$

$$\text{Nueva} \rightarrow y \quad u \quad v \quad w$$

En la subsunción correlativa, la nueva información y se enlaza con la idea X, pero es una extensión, modificación o matización de X. Los atributos característicos del concepto subsumidor se pueden extender o modificar con la nueva subsunción correlativa.

2. Aprendizaje de orden superior: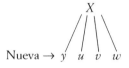

Nueva idea $A \rightarrow A$

Ideas establecidas $a_1 \quad a_2 \quad a_3$

En el aprendizaje de orden superior, las ideas establecidas a_1, a_2 y a_3 se reconocen como ejemplos más específicos de la nueva idea A y se acaban enlazando con A. La idea de orden superior A se define por un nuevo conjunto de atributos característicos que comprende las ideas subordinadas.

3. Aprendizaje combinatorio: Nueva idea $A \rightarrow B$ - C - D

Ideas establecidas

En el aprendizaje combinatorio se considera que la nueva idea A está relacionada con las ideas ya existentes B, C y D pero sin ser más inclusiva ni más específica que ellas. En este caso, se considera que la nueva idea A tiene algunos atributos característicos en común con las ideas ya existentes.

4. La teoría de la asimilación:

La nueva información se enlaza con aspectos *pertinentes* y *ya existentes* de la estructura cognitiva y tanto la información acabada de adquirir como la estructura preexistente se modifican durante el proceso. Todas las formas anteriores de aprendizaje son ejemplos de asimilación. La mayor parte del aprendizaje significativo es, en esencia, asimilación de nueva información.

La dinámica que subyace al aprendizaje, la retención y el olvido de carácter significativo de ideas recientemente aprendidas se puede apreciar con más claridad al considerar ciertos aspectos detallados de los procesos interactivos y de asimilación que aún no se han mencionado. Por ejemplo, consideremos la historia natural de un concepto o proposición a correlativo y potencialmente significativo que un estudiante relaciona (subsumiéndolo) con una proposición A establecida en su estructura cognitiva específicamente pertinente, más inclusiva y más estable. Como resultado del proceso de subsunción, se forma un producto interactivo $A'a'$ donde los dos componentes originales que intervienen en el proceso interactivo se modifican como consecuencia de la interacción.

Sin embargo, es evidente que suponer que la nueva idea de aprendizaje a sólo forma un único producto interactivo con A es una simplificación excesiva hecha por razones de conveniencia. La realidad es que, en menor medida, forma otros productos interactivos con otras ideas menos enlazables y pertinentes de la estructura cognitiva llamadas B, C, D, E, etc., siendo el grado de asimilación en cada caso aproximadamente proporcional al lugar que ocupan estas últimas ideas en una escala de pertinencia. Además, en esta visión más amplia del proceso interactivo, las ideas asimiladoras se podrían modificar considerablemente por medio de una experiencia nueva particular, dando como resultado, por ejemplo, la corrección de conceptos o proposiciones infrainclusivos o superinclusivos. Por ejemplo, los atributos que definen la idea subsumidora de la estructura cognitiva se podrían ampliar para incluir nuevas características que antes fueron excluidas o se podrían hacer menos inclusivos excluyendo características que originalmente fueron incluidas.

En el nuevo producto interactivo $A'a'$ se debe sobrentender que a', una vez formada, no pierde su identidad por completo: como desde el principio se establece un equilibrio de la disociación $A'a' \leftrightarrow A' + a'$, dependiendo de las condiciones actuales en cuanto a umbral a' tiene un grado dado de capacidad de recuperación como entidad identificable durante un período dado de tiempo. Como se explicará más adelante con más detalle (capítulo 6), el grado original de fuerza de disociabilidad de a' después de haberse producido el aprendizaje significativo varía con factores tales como la pertinencia relativa de la idea de anclaje A, su estabilidad, su claridad y la medida en que A es discriminable del material de aprendizaje (es decir, de a).

En realidad, los ítem asimilados dejan de estar disponibles (se olvidan) mucho antes de alcanzarse el punto de disociabilidad nula porque ya no se pueden recuperar cuando caen por debajo del *umbral de disponibilidad* imperante (el nivel crítico de la fuerza de disociabilidad que un ítem dado debe mostrar para ser recuperable). Existe mucha fuerza de disociabilidad residual entre este nivel por debajo del umbral y el punto de disociabilidad nula, pero no es suficiente para hacer que el nuevo significado esté disponible (sea recuperable) en condiciones ordinarias de reconocimiento o recuerdo. Sin embargo, la existencia de una disociabilidad por debajo del umbral se puede demostrar mediante el uso de la hipnosis (Nagge, 1935; Rosenthal, 1944), que en gran medida rebaja el umbral de disponibilidad para la mayoría o la totalidad de los ítem de la memoria, con el resultado de que muchos ítem que en general estarían por debajo del nivel de disponibilidad se hacen disponibles bajo hipnosis. El reaprendizaje también demuestra la fuerza de disociabilidad por debajo del umbral (Burtt, 1941). El hecho de que materiales ya olvidados se puedan *reaprender* de una manera más eficaz y en menos tiempo que el necesario para el aprendizaje original demuestra claramente la existencia de una fuerza de disociabilidad por debajo del umbral; a causa de su presencia, hace falta menos aprendizaje nuevo para alcanzar un nivel de umbral dado que en el caso contrario.

Este concepto de un equilibrio de la disociación donde una idea asimilada se hace gradualmente menos disociable del sistema ideacional establecido al que está anclada y del que obtiene su significado y que, tarde o temprano, se acaba olvidando, tiene un valor heurístico considerable. Explica *tanto* la disponibilidad original de un significado acabado de aprender *como* la posterior disminución *gradual* de su disponibilidad durante el intervalo de retención hasta que se llega al olvido.

Como se indicará después, en principio la teoría de la asimilación difiere notablemente de la teoría del olvido de la Gestalt a este respecto. La teoría de la Gestalt sostiene que el proceso asimilativo inducido por la interacción entre trazas es cuestión de una sustitución tipo «todo o nada» de una traza dada por otra traza más potente en virtud de la similitud que exista entre ellas.

Los familiares fenómenos de «nivelación» y «agudización» de la Gestalt, donde el olvido se manifiesta mediante la reducción a una idea más familiar y estable o acentuando una característica especialmente destacada, se pueden reinterpretar fácilmente en función de la teoría de la asimilación. Por ejemplo, en el proceso de *nivelación* (Allport y Postman, 1947; Wulf, 1922), *a*, que es un derivado o una ilustración específica de *A* o bien una variante ligeramente asimétrica o incompleta de *A*, se convierte en *a'* después de haberse aprendido y simplemente se reduce a *A'* en el curso del olvido; en cambio, en el proceso de *agudización*, un aspecto más llamativo o destacado de *a* se convierte en su atributo característico y se recuerda de una forma acentuada porque se subsume, y al final se reduce, a una representación preexistente de esta característica en la estructura cognitiva. De manera similar, los principios continuos e inversos y los principios con condiciones calificativas se tienden a recordar con el paso del tiempo como si tuvieran una naturaleza más discontinua, directa y sin calificaciones (Tomlinson, 1962).

El aprendizaje frente a la retención

En el aprendizaje significativo basado en la recepción, el fenómeno interactivo distintivo tanto en las secuencias de aprendizaje como en las de retención es un aumento gradual de la disponibilidad o reproducibilidad futura de los significados derivados del proceso de aprendizaje en curso. Aprender es el proceso de *adquirir nuevos significados reales* a partir de los significados potenciales presentados en el material de aprendizaje y de *hacerlos más disponibles*. Representa un *incremento* en la disponibilidad de estos nuevos significados: la situación que predomina cuando surgen o se establecen por primera vez o cuando su fuerza de disociabilidad aumenta posteriormente por medio de la repetición o de condiciones que refuerzan su estabilidad, su claridad o su discriminabilidad. En cambio, la retención se refiere al proceso de *mantener la disponibilidad* de una réplica de los nuevos significados adquiridos. Por lo tanto, el olvido representa una *disminución* de la disponibilidad, es decir, la situación que predomina entre el establecimiento de un nuevo significado emergente y su posterior reproducción, o entre dos presentaciones del material de aprendizaje.

Como ya hemos observado, la *retención* es en gran medida una etapa temporal posterior y un aspecto más limitado en grado variable del *mismo* fenómeno o capacidad funcional que interviene en el propio aprendizaje. En general, la disponibilidad posterior siempre es una función de la disponibilidad inicial. Por lo tanto, en ausencia de una práctica intermedia, es imposible que la retención diferida pueda superar la retención inmediata. Por ejemplo, el común fenómeno de la *reminiscencia* (la superioridad de la retención diferida sobre la inmediata) con toda probabilidad no refleja un aumento posterior de la fuerza de disociabilidad del material acabado de aprender. En cambio, refleja el posterior rebajamiento, en una comprobación posterior de la retención, de unos umbrales de disponibilidad temporalmente elevados después de haber completado el aprendizaje.

La retención significativa no sólo es una manifestación posterior atenuada de la misma función de disponibilidad establecida durante el aprendizaje, sino que también es una etapa temporal posterior del *mismo proceso interactivo* que subyace a esta disponibilidad. Durante la etapa de aprendizaje, el significado de la idea o ideas de instrucción potencialmente significativas forma un producto interactivo con su idea de anclaje pertinente y muestra un grado determinado de disociabilidad en relación con ella. La interacción espontánea ininterrumpida entre los significados sucesivos de los nuevos materiales de instrucción y sus ideas de anclaje durante el intervalo de retención, produce una disminución gradual de la disociabilidad de los nuevos significados (es decir, un olvido) hasta que el producto interactivo se reduce al mínimo denominador común capaz de representarlo, es decir, a la propia idea de anclaje (asimilativa). Los *mismos* factores de la estructura cognitiva (la disponibilidad, la pertinencia, la estabilidad, la claridad, la discriminabilidad y el grado de diferenciación de las ideas de anclaje) que determinan el grado original de la fuerza de disociabilidad del nuevo significado inmediatamente después del aprendizaje (interacción inicial), también determinan el ritmo al que luego se pierde la fuerza de disociabilidad durante la retención (interacción posterior).

Por otro lado, en el aprendizaje *memorista no* interviene el *mismo* proceso interactivo en el aprendizaje y en la retención. En consecuencia, el aprendizaje memorista representa un incremento de la disponibilidad (fuerza asociativa) después del aprendizaje que supone un proceso interactivo discreto y un conjunto de variables; y el olvido memorista representa una pérdida de esta disponibilidad a causa de la interferencia de *otro* proceso discreto (y otro conjunto de variables) que se pone en marcha poco antes o poco después del aprendizaje.

Por lo tanto, es probable que haya tres razones que expliquen la superioridad de la retención que genera el aprendizaje significativo en contraste con la retención posterior al aprendizaje memorista. En primer lugar, puesto que el aprendizaje significativo es más eficaz a causa de las ventajas inherentes a la capacidad de relación no arbitraria y no literal de las nuevas ideas con las ideas pertinentes ya establecidas en la estructura cognitiva, se incorpora una cantidad mayor de material con más facilidad y también se hace más disponible justo después del aprendizaje (se produce más aprendizaje originalmente).

En segundo lugar, puesto que el proceso de asimilación mantiene la misma relación entre las ideas nuevas y las ideas establecidas durante el intervalo de retención, igual que durante el propio aprendizaje, y puesto que las mismas variables influyen en la fuerza de disociabilidad tanto inicial como posterior, esta misma ventaja de una capacidad de relación continuada no arbitraria y no literal refuerza *aún más* la eficacia del proceso por el que los significados adquiridos se *retienen* posteriormente. Por último, una nueva idea presentada que sea sometida a la asimilación por una idea pertinente y bien establecida tenderá a adquirir indirectamente parte de la estabilidad inherente a la idea de anclaje original y, en consecuencia, se retendrá durante más tiempo.

De manera similar, al abordar distintas condiciones de aprendizaje que influyen en el propio aprendizaje significativo, cabría esperar que estas mismas tres causas de la superioridad de la retención también actuaran siempre que una variable cognitiva, como por ejemplo el grado de discriminabilidad, influyera en el proceso de aprendizaje y de retención. Johnson (1973) encontró que el material textual en prosa con el nivel más elevado de grado de significado se recordaba cuantitativamente de tres a dieciocho veces más que el material con un nivel menor de grado de significado. Aulls (1975) obtuvo unos resultados similares con pasajes de prosa más significativos y estructurados de una manera lógica.

En función del método empleado para medir la retención significativa, podemos obtener índices cuantitativos o cualitativos del proceso de asimilación que se pueden suscitar durante el intervalo de retención. Si nos limitamos a contar el número de conceptos o proposiciones de un pasaje de aprendizaje cuyos significados puede reconocer o identificar correctamente el estudiante, determinaremos qué proporción del material acabado de aprender mantiene una fuerza de disociabilidad suficiente para sobrepasar el umbral de disponibilidad. Por otro lado, si examinamos el *tipo* de los errores de reconocimiento o de recuerdo que se cometen y la organización de lo que se recuerda, también obtenemos una imagen de la *dirección* de los cambios de la memoria inducidos por el proceso de asimilación y de sus aspectos cualitativos (como, por ejemplo, la coherencia y la integridad). Estos últimos cambios incluyen tanto los productos finales de la asimilación obliteradora (reducción a una idea más general o menos matizada) como las diversas etapas intermedias que reflejan distintos grados de fuerza de disociabilidad. Naturalmente, éstas se deben diferenciar de los cambios que reflejan la reconstrucción selectiva de los recuerdos que están disponibles en el momento de la reproducción.

Es evidente que la distinción entre aprender y olvidar es mucho mayor en el aprendizaje basado en el descubrimiento que en el aprendizaje basado en la recepción. En el aprendizaje basado en el descubrimiento, unos encuentros repetidos con la tarea de aprendizaje dan lugar a etapas sucesivas de un proceso de resolución de problemas autónomo o planificado, mientras que en el aprendizaje basado en la recepción, la repetición (aparte de algunos posibles cambios en el grado y la precisión del significado) aumenta principalmente la disponibilidad futura del material. Así pues, el aspecto del olvido del aprendizaje basado en el descubrimiento no se limita de ningún modo a constituir una etapa continua posterior de un proceso de aprendizaje original que simplemente exige al estudiante que interiorice el material presentado y lo haga más disponible. En consecuencia, en este último caso el olvido tiene poco en común con la parte del aprendizaje basado en el descubrimiento, donde el significado primero se debe descubrir por medio de la resolución de problemas antes de que pueda estar disponible y se pueda retener.

La retención frente al olvido

Antes se ha hecho una distinción entre la subsunción derivada y la subsunción correlativa. La subsunción derivada se produce cuando se sobrentiende que el material de aprendizaje es un ejemplo específico de un concepto o proposición ya establecido en la estructura cognitiva o cuando el nuevo material apoya o ilustra una proposición general previamente aprendida. En la subsunción derivada, el nuevo aprendizaje se da con facilidad pero el olvido se puede dar con más rapidez a menos que este material nuevo esté muy sobreaprendido. La razón de esta rápida subsunción *obliteradora* es, simplemente, que el significado del nuevo material se puede representar de una manera muy adecuada mediante el significado más general e inclusivo de su subsumidor establecido en la estructura cognitiva y que este último proceso de representación en la memoria es más eficiente y menos oneroso que la retención de los propios datos derivados, de apoyo o ilustrativos. Si estos datos se llegan a necesitar en un momento posterior, se pueden sintetizar o reconstruir de una manera adecuada manipulando elementos específicos de la experiencia

184 | Adquisición y retención del conocimiento

pasada y presente para que ejemplifiquen el concepto o proposición desea-do. Por ejemplo, al recordar un incidente ocurrido mucho tiempo atrás, en general sólo se retiene la sustancia o centro ideacional de la experien-cia y a partir de él se reconstruyen o se inventan detalles plausibles que sean congruentes con su importancia y su marco general.

Sin embargo, los nuevos contenidos se suelen aprender mediante un proceso de subsunción *correlativa*. En este caso, el nuevo material de apren-dizaje se incorpora, interacciona y es asimilado por subsumidores perti-nentes y más inclusivos de la estructura cognitiva, pero su significado no está implícito en estos últimos subsumidores y no puede ser representa-do de una manera adecuada por ellos. No obstante, en interés de la eco-nomía de la organización cognitiva y con el fin de reducir la carga de la memoria, se produce la misma tendencia hacia la subsunción oblitera-dora. Esta tendencia es especialmente evidente si los subsumidores son inestables, confusos o poco pertinentes, o si el propio material de apren-dizaje carece de discriminabilidad o no se sobreaprende. Sin embargo, en este último caso las consecuencias del olvido (es decir, la subsunción obliteradora) no son tan inocuas como en el caso de la subsunción deri-vada. Cuando las proposiciones correlativas pierden su identificabilidad idiosincrásica y ya no se pueden disociar de sus subsumidores, se produ-ce una pérdida genuina de conocimiento. En estas condiciones los subsu-midores no pueden representar de una manera adecuada el significado de proposiciones correlativas nuevas y presentadas previamente; en con-secuencia, la mera disponibilidad de los subsumidores aislados en la me-moria no permite hacer una reconstrucción de la sustancia del material olvidado. También se plantea la misma situación cuando se olvidan signi-ficados nuevos de orden superior y combinatorios. En estos últimos ca-sos no estamos tratando básicamente con un proceso de aprendizaje sub-sumidor; en consecuencia, en estos contextos podría ser más adecuado hablar de *asimilación obliteradora* en lugar de aprendizaje subsumidor, aunque el proceso básico de olvido es similar al que sigue a la subsunción derivada o correlativa por un lado, o al aprendizaje de orden superior o combinatorio por otro.

Por lo tanto, la adquisición de un corpus de conocimiento una vez completado el aprendizaje es, en gran medida, una cuestión de contrarres-tar la tendencia a la asimilación obliteradora en la retención de aprendiza-jes correlativos, de orden superior y combinatorios. Así pues, la insisten-cia exclusiva de Bruner en un «aprendizaje genérico» o en la adquisición de unos «sistemas codificadores genéricos» como medios para facilitar el aprendizaje escolar es, en nuestra opinión, poco realista porque se centra en aspectos derivados de la subsunción que son atípicos tanto en el proceso de asimilación en general como en la mayoría de los casos de asimilación de nuevos contenidos.

Como afirma Bruner, es verdad que los aspectos más específicos de los contenidos de una materia se pueden olvidar con impunidad siempre que sean derivables o se puedan reconstruir cuando sea necesario a partir de los conceptos o fórmulas de carácter genérico que se recuerden. Sin embargo, el olvido análogo de contenidos correlativos, de orden superior o combinatorios produce una pérdida de conocimiento que no se puede regenerar a partir de conceptos genéricos residuales. La tendencia reduccionista de la memoria (es decir, la asimilación obliteradora) que es funcional o, en el peor de los casos, inocua en el caso de material derivado, constituye la principal dificultad para retener un corpus de conocimiento que consista en gran medida de conceptos y proposiciones correlativos, de orden superior o combinatorios.

En consecuencia, el problema del aprendizaje y la retención de carácter significativo en general no se puede resolver incorporando «una representación de los rasgos característicos de [una] situación [o] una descripción sin contenido del caso ideal» (Bruner, 1960) y luego pasar por alto la pérdida de contenidos específicos que se produce. El propósito principal de aprender los conceptos y proposiciones de carácter genérico *no* es tanto hacer posible la reconstrucción posterior de casos derivados olvidados como ofrecer un anclaje estable para el aprendizaje del material correlativo, de orden superior o combinatorio que sigue; y cualquier disminución del ritmo de asimilación obliteradora que genere la interacción entre el material de instrucción y las ideas de anclaje es lo que proporciona a los enseñantes una de sus principales oportunidades para reforzar la fuerza de disociabilidad de la asimilación por parte de los alumnos de los contenidos presentados.

La asimilación de materiales abstractos frente a la asimilación de materiales factuales

La medida en que la naturaleza del material de aprendizaje sea abstracta o factual tiene una importante influencia en su longevidad o en el ritmo en que se produce la asimilación obliteradora. La comparación de los intervalos relativos de retención de ítem sustanciales y literales muestra invariablemente que la longevidad de los distintos componentes del material de aprendizaje, siendo constantes todos los factores restantes, varía directamente con el grado de abstracción o de superordinación (Kintsch y otros, 1975; Meyer y McConkie, 1973). La principal distinción entre los ítem abstractos y los factuales se da en función del nivel de particularidad o de proximidad a la experiencia concreta y empírica. Normalmente, el material abstracto también se caracteriza por una mayor conexión o una menor distinción que el material factual.

Además, todo el material factual no es de una sola pieza. Algunos materiales factuales se pueden aprender de una manera significativa, mientras que otros no se pueden relacionar con la estructura cognitiva de una manera no arbitraria y no literal y, en consecuencia, se deben aprender de una forma memorista si es que se llegan a aprender. Pero aunque unos contenidos factuales sean potencialmente significativos, es más probable que se aprendan de una manera memorista que el material abstracto porque, sin duda, es más difícil relacionarlos con materiales ideacionales ya existentes en la estructura cognitiva.

La distinción hecha anteriormente entre la subsunción derivada y la subsunción correlativa también es importante para explicar las diferencias en la susceptibilidad relativa a la subsunción obliteradora de distintos tipos de material factual potencialmente significativo. Los hechos derivados sufren una subsunción obliteradora con más rapidez porque, a diferencia de los contenidos correlativos similares, su significado se puede representar de una manera adecuada mediante el material ideacional pertinente ya existente en la estructura cognitiva que los subsume. En todo caso, normalmente es posible conseguir un grado de reconstrucción factual que sea bastante satisfactorio para la mayoría de los propósitos de comunicación cuando se necesita o se intenta su reproducción.

Por lo tanto, la mayor longevidad de la retención del material abstracto en relación con el material factual se puede explicar en parte en función de la superioridad del aprendizaje y la retención de carácter significativo en relación con el aprendizaje y la retención de carácter memorista. Otra explicación creíble es que las abstracciones tienden con más frecuencia a tener una naturaleza más correlativa que derivada en comparación con el material factual. En consecuencia, como desde el mismo principio están mucho menos cerca que el material factual del extremo final de la subsunción obliteradora, se pueden retener durante períodos de tiempo más largos.

Reminiscencia y umbral de disponibilidad

Ya se ha observado que, para que los materiales asimilados se puedan reproducir en el futuro, su fuerza de disociabilidad debe sobrepasar un valor crítico determinado o umbral de disponibilidad. En consecuencia, la causa más importante de la imposibilidad de disponer de materiales aprendidos de una manera significativa es una disminución de la fuerza de disociabilidad por debajo de este umbral de disponibilidad. Sin embargo, el hecho de que la fuerza de disociabilidad sea suficiente para sobrepasar o no el valor del umbral también es, en parte, una función del método empleado para medir la retención.

Por ejemplo, el reconocimiento y el recuerdo plantean unas exigencias muy distintas en cuanto al grado de disociabilidad de un ítem dado que es necesario para superar el umbral de disponibilidad. En el reconocimiento, el material originalmente aprendido se presenta junto con otras variantes alternativas plausibles y el sujeto sólo necesita identificarlo de una manera selectiva; por otro lado, en el caso del recuerdo, el sujeto debe reproducir *espontáneamente* o bajo demanda la sustancia del material original. Por lo tanto, es evidente que el reconocimiento puede conducir a una reproducción exitosa con un nivel mucho más bajo de fuerza de disociabilidad que el recuerdo. Los ítem que uno tiene «en la punta de la lengua» y que no se pueden recordar de una manera espontánea se recuerdan con la ayuda de una pista (por ejemplo, proporcionando la primera letra de la respuesta correcta) o se pueden reconocer correctamente en una prueba de opciones múltiples. Los sujetos incluso pueden predecir éxitos y fracasos del reconocimiento para ítem que no pueden recordar (Hart, 1965). Además de este diferencial en cuanto a fuerza de disociabilidad entre el reconocimiento y el recuerdo, otra explicación de la diferencia en cuanto a reproducibilidad es que el umbral de disponibilidad es más elevado para el recuerdo que para el reconocimiento cuando la fuerza de disociabilidad se mantiene constante.

Así pues, otra causa independiente, aunque subordinada, de la variabilidad en la disponibilidad de los materiales subsumidos es la fluctuación del *propio umbral de disponibilidad*. En consecuencia, un ítem particular de conocimiento puede manifestar una fuerza de disociabilidad más que suficiente para superar el umbral de disponibilidad. De manera similar, un ítem particular de conocimiento puede manifestar una fuerza de disociabilidad más que suficiente para superar el valor del umbral *normalmente* predominante, pero puede que siga sin estar disponible a causa de una elevación *temporal* del umbral de disponibilidad. Las causas más comunes de esta elevación transitoria del valor del umbral son:

1. El «shock del aprendizaje inicial».
2. La competición de recuerdos alternativos o contradictorios.
3. Una tendencia actitudinal negativa o una motivación para *no* recordar (represión).

La eliminación de estos factores que elevan el umbral o inhiben el recuerdo (es decir, la desinhibición) produce de una manera natural una aparente facilitación del recuerdo. El ejemplo más extremo de desinhibición se produce durante la hipnosis cuando, a causa del aumento de la sugestionabilidad, se produce una restricción drástica del campo de conciencia del estudiante que reduce al mínimo los efectos opuestos de sistemas ideacionales alternativos (Rosenthal, 1944). Se puede obtener el mismo resultado en menor medida mediante una reducción de la represión.

La reminiscencia (el fenómeno Ballard-William) se refiere a un aparente *aumento* de la retención de material aprendido de una manera significativa durante un período de dos o más días sin ninguna práctica intermedia.[2] Puesto que es imposible que la retención pueda exceder el aprendizaje original en estas condiciones, es probable que este fenómeno refleje una recuperación espontánea de los efectos elevadores del umbral provocados por el «shock del aprendizaje inicial». En otras palabras, se postula que se produce tanto una determinada cantidad de resistencia al aprendizaje como una confusión cognitiva generalizada cuando se presentan por primera vez ideas nuevas y poco familiares en la estructura cognitiva, que esta confusión y esta resistencia se disipan de una manera gradual a medida que las nuevas ideas se hacen más familiares y menos amenazadoras, y que la existencia de la resistencia y la confusión iniciales y su dispersión gradual son análogas, respectivamente, a una elevación inicial correspondiente y a una posterior disminución del umbral de disponibilidad. Esta interpretación está apoyada por el hecho de que la reminiscencia sólo se produce cuando el material se ha aprendido parcialmente o no se ha sobreaprendido y cuando los ensayos de práctica se concentran, es decir,

---

2. La reminiscencia a corto plazo, manifestada de dos a seis minutos después del aprendizaje (el fenómeno Ward-Hovland) no se considerará aquí porque se ocupa exclusivamente de la memorización de carácter memorista.

cuando se da una oportunidad máxima para una confusión inmediata y una clarificación posterior.

El hecho de que la reminiscencia sólo se haya demostrado de una manera convincente en los niños de primera enseñanza (Sharpe, 1952) y de que disminuya (Sharpe, 1952) o desaparezca por completo (Williams, 1926) en sujetos de más edad, indica que el «*shock* del aprendizaje» inicial tiende a disminuir con la edad a medida que la estructura cognitiva se hace más estable y se organiza mejor.

Causas del olvido en relación con las etapas del aprendizaje y la retención de carácter significativo

Las diversas causas del olvido se pueden resumir de una manera integral categorizándolas tanto en relación con los procesos o mecanismos principalmente implicados en cada categoría como en relación con la etapa concreta de la secuencia de aprendizaje y retención de carácter significativo donde la causa designada es básicamente operativa. En consecuencia, cada etapa contribuye de maneras distintivas y destacadas a las diferencias entre lo que realmente se aprende o se experimenta por un lado y, por otro, los recuerdos de ello que no se retienen o no se pueden reproducir en parte o en su totalidad y que, en consecuencia, indican lo que se considera olvido en términos convencionales.

Temporalmente se pueden distinguir tres etapas distintas funcionales y superpuestas durante el aprendizaje y la retención de carácter significativo y basados en la recepción. Cada etapa da lugar, en función de su proceso correspondiente, a unos tipos de olvido característicos. Durante la primera etapa, la del aprendizaje significativo, se adquieren nuevos significados como resultado de que las ideas lógicas y potencialmente significativas del material de instrucción se relacionen e interaccionen con un material ideacional pertinente (ideas de anclaje) de la estructura cognitiva, generando así unos significados idiosincrásicos con un grado determinado de fuerza de disociabilidad y almacenándose cada uno con un enlace con su correspondiente idea de anclaje. Naturalmente, este último resultado también depende de los efectos de las variables cognitivas, motivacionales y afectivas que influyen de una manera positiva o negativa en la retención significativa durante este intervalo.

Gran parte de la particularidad de la asimilación obliteradora, si se lleva hasta el extremo final del proceso asimilativo del olvido total, reduce los significados acabados de aprender a los contenidos más generales, no particularizados y no matizados que caracterizan las ideas que los subsumen o asimilan. Los factores más importantes que influyen en el grado resultante de asimilación obliteradora o de pérdida de la fuerza de disociabilidad en las etapas primera y segunda del aprendizaje y la retención de carácter significativo, son las variables cognitivas (la disponibilidad, la estabilidad, la claridad y la discriminabilidad de las ideas de anclaje pertinentes). Los factores relacionados con la práctica y la tarea y los de carácter afectivo y motivacional, también ayudan a determinar estos últimos resultados, sobre todo durante la tercera y última etapa del proceso de aprendizaje y de retención de carácter significativo.

Esta tercera y última etapa de la secuencia y el proceso de aprendizaje y de retención de carácter significativo supone la recuperación y la reproducción de los significados acabados de adquirir y de retener y que, como se explicaba anteriormente, o bien superan el valor del umbral de disponibilidad o bien no lo pueden hacer y, en consecuencia, se dice que se han olvidado. Los mismos factores cognitivos y afectivos, en su mayoría de carácter negativo, que elevan o rebajan el umbral de disponibilidad, también alteran el proceso mismo de reconstruir y reformular los ítem que perduran (retenidos) o no se han olvidado en una declaración resumida más generalizada y menos particularizada que es adecuada para las demandas de la situación actual de recuerdo (Bartlett, 1932).

En la tabla 3 se resumen, se particularizan, se identifican brevemente y se explican las diversas fuentes o causas del olvido examinadas en este capítulo, así como en otros capítulos anteriores y posteriores.

TABLA 3.   Causas del olvido.

I. En la etapa del aprendizaje significativo

1. Ausencia de las condiciones cognitivas necesarias para el aprendizaje significativo: material de instrucción carente de significado lógico; actitud de aprendizaje memorista (en lugar de significativa); falta de ideas de anclaje pertinentes en la estructura cognitiva del estudiante.

2. Asimilación obliteradora: hacer que los recuerdos sean menos específicos y concretos de lo que eran originalmente como resultado de la asimilación del contenido de estos últimos por el alcance de las generalidades predominantes.

3. Conceptos erróneos pertinentes muy potentes, aparentemente plausibles y bien establecidos en la estructura cognitiva, que pueden asimilar las ideas equivalentes y objetivamente más válidas y verídicas del pasaje de aprendizaje, disminuyendo así su veracidad.

TABLA 3. Causas del olvido *(continuación)*.

4. Unos marcos de referencia y unos sesgos actitudinales culturales e idiosincrásicos selectivos. Ejercen su máxima influencia estableciendo una dirección inicial errónea o etnocéntrica que con frecuencia tiende a seguirse después con gran firmeza.

5. Un umbral elevado de disponibilidad para unos elementos particulares del pasaje de aprendizaje que suelen generar ansiedad o sentimientos de culpa como en los casos de represión.

6. Aspectos vagos, difusos, ambiguos, imprecisos o confusos del material de aprendizaje cuyos significados son inciertos u oscuros.

7. Un apoyo afectivo y/o una energización motivacional inadecuados: una intención de aprender deliberada o explícitamente deficiente (aprendizaje incidental); una movilización y una concentración de la atención así como un esfuerzo insuficientes; un compromiso personal y un interés insuficientes en la adquisición de conocimientos en general y también específicamente en relación con el contenido particular del pasaje de instrucción.

8. El aprendizaje, la retención y el olvido de carácter significativo se facilitan o se inhiben al máximo por ciertas propiedades designadas de las ideas de anclaje pertinentes (es decir, variables de la estructura cognitiva) poco después de que estas últimas ideas interaccionen con sus homólogas del material de instrucción. Estas variables incluyen la disponibilidad de unas ideas de anclaje adecuadamente pertinentes, específicas y particularizadas que sean claras, estables y discriminables de otras ideas relacionadas y confusamente similares, tanto en el pasaje de instrucción como en la estructura cognitiva.

9. Que no se haya realizado un número suficiente de repeticiones, ensayos de práctica o pruebas para estabilizar la fuerza de disociabilidad y lograr un nivel adecuado de estabilidad.

10. Cambios degenerativos, tóxicos y traumáticos en células nerviosas cerebrales y/o fibras de tractos neurológicos específicos responsables de la retención y el almacenamiento de eventos de la experiencia y de la información aprendida, como en el mal de Alzheimer.

11. Unas necesidades de aspiración y unas actitudes autocríticas en el estudiante insuficientes para adquirir ideas y conocimientos de carácter claro, preciso, estable y verídico de las fuentes que tiene disponibles.

12. Un aprendizaje verbal, una retención y una capacidad intelectual insuficientes para aprender, comprender y transferir conceptos y proposiciones verbales.

II. En las etapas de retención y reproducción de carácter significativo

1. De acuerdo con nuestra observación mencionada anteriormente de que la mayoría de los procesos que explican el olvido en el curso del aprendizaje y la retención de carácter significativo también se pueden encontrar en las

TABLA 3. Causas del olvido *(continuación)*

tres etapas de los diversos mecanismos o procesos que subyacen a la adquisición, la retención y la consolidación del conocimiento, nueve de las doce causas del olvido enumeradas e identificadas por separado en la etapa del aprendizaje significativo también actúan en las etapas de retención y de reproducción, con dos excepciones notables en las causas de olvido cuyos efectos influyen en la primera etapa pero no en las dos etapas posteriores. Estas dos excepciones son los efectos de: 1) una movilización y una concentración inadecuadas del esfuerzo y la atención; y 2) un compromiso personal, un interés y unas actitudes autocríticas insuficientes en relación con la adquisición y la retención de conocimiento.

2. Bajo una fuerte motivación, un individuo puede «recordar» que otra persona, antes cercana a él, pero ahora alejada, es culpable de ciertos actos vergonzosos, deshonrosos o abyectos. Estas últimas malevolencias se toman de prestado de libros, periódicos, revistas, películas, la televisión, etc., y simplemente se insertan en el almacén de recuerdos de esa persona. Para acomodar todas las inserciones, la escala temporal se puede estirar con los ritmos adecuados y varios eventos reales que tuvieron lugar en momentos diferentes de la vida de la persona vilipendiada se pueden «recordar» como si se hubieran producido de una manera simultánea o consecutiva.

Ofrecer al estudiante una información contextual adicional como, por ejemplo, los datos biográficos de los personajes implicados en un acontecimiento histórico, tiende más a reforzar que a debilitar el recuerdo de ese acontecimiento a pesar de la mayor carga que supone para la memoria este contexto adicional (Boon y Davies, 1993), siempre y cuando este contexto adicional sea adecuado para el acontecimiento en cuestión.

Este resultado sobre la adición de contexto a una tarea de recuerdo nos recuerda la dificultad de reconocer a nuestro carnicero cuando está sentado en un palco del teatro de la ópera en comparación con la facilidad de hacerlo cuando está trabajando en la carnicería. Los recuerdos de eventos similares o relacionados que en realidad ocurren en momentos diferentes también tienden a fusionarse en la retención y a recordarse erróneamente como si hubieran ocurrido de una manera simultánea o consecutiva. De manera similar, puesto que en general las intenciones se suelen ejecutar o implementar, las que no lo son también tienden a ser recordadas erróneamente como si en realidad se hubieran llevado a cabo tal como se pretendía en su origen.

En general podemos predecir sin temor a equivocarnos que cualquier superposición sustancial en cuando a contenido entre el conocimiento de fondo de la estructura cognitiva y el material de instrucción (presentado de la manera más explícita y coherente posible) refuerza la retención y la reproducción de ese material. Es evidente que esto sucede porque normalmente el conocimiento de fondo ofrece ideas de anclaje pertinentes para la incorporación inicial y la interacción con las ideas lógicamente significativas del material de instrucción, interacción que produce la aparición de nuevos significados.

Inserción motivada de pseudorrecuerdos selectivos

Hablando en términos generales, en los casos anecdóticos donde existe una diferencia marcada y verificada con objetividad entre un evento pasado real y el mismo evento autobiográfico supuestamente recordado, el evento en cuestión se suele recordar de una manera culturalmente más común, convencional, tradicional, socialmente aceptable y sesgada a favor del individuo que recuerda de lo que es en realidad, salvo en esos casos algo raros donde este último individuo está muy motivado para percibir a uno de sus oponentes de una manera muy negativa, deshonrosa, inmoral o incluso delictiva. Por ejemplo, un supuesto evento, como la violación forzada e incestuosa de una hija por parte de su padre, al margen de si en realidad ha ocurrido o no, se puede reprimir durante muchos años a causa de sus repercusiones emocionales traumáticas y de la resultante necesidad potente y autoprotectora de *no* recordar, satisfecha mediante una marcada elevación de su umbral de disponibilidad.

Es decir, en el clima cultural ahora de moda, que fomenta la aceptación pública de la validez de estos recuerdos supuestamente reprimidos durante mucho tiempo, éstos pueden aparecer muchos años después con la ayuda de las indicaciones y sugestiones veladas de un psicoterapeuta según las cuales «el oponente» del paciente, quizá su padre, es realmente culpable de los actos incestuosos hechos por la fuerza y reprimidos que ya se sabe que han ocurrido en otras familias. Luego, estos supuestos recuerdos sexuales reprimidos se magnifican en cuanto a su frecuencia y edad de inicio y son tergiversados mediante la inserción selectiva de violaciones por la fuerza y de varios otros ejemplos de agresión sexual. Estas inserciones ficticias se suelen seleccionar de versiones soñadas de historias escabrosas que tienen su origen en la prensa sensacionalista, las revistas de sexo, el cine y la televisión y también de casos psiquiátricos presentados en revistas médicas. Luego, todos estos supuestos eventos se «recuerdan», bajo la inducción del psicoterapeuta, como si en realidad le hubieran ocurrido personalmente al paciente de una manera real, vívida y traumática, aunque después se le demuestre sin lugar a dudas que estos recuerdos son física y temporalmente imposibles y que, en consecuencia, carecen por completo de una base real. Este cambio tan drástico, desde la represión completa de un abuso sexual incestuoso, que supone una rígida autoprotección contra las repercusiones emocionalmente traumáticas de esta mala conducta sexual, hasta buscar el castigo y la venganza contra el oponente ahora odiado, representa un círculo motivacional completo desde la necesidad de una represión total autoprotectora hasta la necesidad de una revelación completa.

Represión e hipnosis

Es un hecho empíricamente bien establecido, tanto desde el punto de vista experimental como desde el punto de vista clínico, que la rememoración de recuerdos normalmente disponibles se puede inhibir (reprimir) mediante factores como el sesgo actitudinal negativo (McKillop, 1952). Este fenómeno es más o menos equivalente al mecanismo freudiano clínico de la *represión* o no disponibilidad (incapacidad de recuperación) de recuerdos retenidos (normalmente recuperables o por encima del valor del umbral) a causa de la elevación selectiva de unos umbrales clínicos particulares de no disponibilidad. Normalmente, el motivo subyacente para la represión del recuerdo de una idea o un evento es una poderosa necesidad de autoprotección o el deseo de *no* recordar un acto determinado despreciativo para el ego, una sensación de culpa o una intención, acción, idea o evento que provoca ansiedad.

Sin embargo, contrariamente a la formulación de Freud del concepto de represión, sólo se ha demostrado de una manera creíble la elevación limitada en el tiempo de los umbrales específicos de disponibilidad de los últimos recuerdos en cuestión, no el supuesto destierro rígido de estos recuerdos a un inconsciente hipotético, topográfico, aislado y en general inaccesible.

La hipnosis, que es un buen ejemplo de la condición opuesta a la represión, refuerza los recuerdos reprimidos de actos, ideas y eventos despreciativos o amenazadores para el ego. Esta condición, opuesta en cuan-

to a proceso a lo que supuestamente tiene lugar en la represión, es provo-
cada por un *descenso* de los umbrales pertinentes de disponibilidad de los
recuerdos existentes en la memoria de un individuo que siempre han sido
viables pero a un nivel muy por debajo de este umbral o que han estado especialmente sometidos a la represión después de originarse primero como
recuerdos no inhibidos. En realidad, hubo una época en el pasado (aunque
aún se sigue haciendo) en la que la hipnosis se practicaba de una manera
terapéutica para recuperar de los pacientes recuerdos casi perdidos que se
creía que habían sido previamente reprimidos en el pasado y que habían
permanecido así desde entonces.

La capacidad de la hipnosis para efectuar este último cambio en el
valor del umbral de disponibilidad, haciendo así recuperables unos recuerdos particulares, normamente se atribuye: 1) a la respuesta positiva
de un sujeto sugestionable a la sugerencia del hipnotizador de que él, el
sujeto (bajo la dirección y la volición del primero), es totalmente capaz
de recuperar el material buscado y temporalmente no disponible; y 2) a
la movilización y concentración extremas del esfuerzo y de la atención, es
decir, a la exclusión completa de cualquier ideación existente posiblemente competidora.

Interferencia proactiva e interferencia retroactiva

Al contrastar los procesos del aprendizaje significativo y del aprendizaje memorista, a lo largo de este capítulo y de los capítulos anteriores se
adopta la postura de que, puesto que el material del aprendizaje memorista no es lógicamente significativo y, en consecuencia, no se puede relacionar ni puede interaccionar de una manera sustancial (no arbitraria)
con ideas de anclaje pertinentes en situaciones cognitivas, como mucho
se puede relacionar de una manera no significativa y fragmentaria con
símbolos unitarios o letras componentes de palabras y frases de la estructura cognitiva. Como es lógico, estas relaciones verbales y simbólicas están
completamente aisladas de cualquier corpus existente de conocimiento y,
en consecuencia, no les pueden aportar nada.

En gran medida es por esta razón, y también porque los significados
recientemente adquiridos se enlazan y se almacenan con sus ideas de anclaje y, en consecuencia, comparten indirectamente la elevada resistencia
de las últimas a la asimilación obliteradora, que el material de aprendizaje memorista interpolado no ejerce una gran interferencia proactiva o re-

troactiva en una tarea de aprendizaje y de retención de carácter *significativo* mientras que, indudablemente, las dos formas de interferencia intervienen de una manera mucho más causal en el olvido de una tarea de aprendizaje y de retención de carácter memorista.

No obstante, parece probable que los efectos de este tipo de interferencia se hayan exagerado en parte por razones didácticas, destacando el contraste entre las diferencias básicas en cuanto a proceso del aprendizaje y la retención de carácter memorista y del aprendizaje y la retención de carácter significativo, respectivamente. En efecto, esto se ha ofrecido como explicación de la relativa falta de susceptibilidad de la retención significativa a la interferencia memorista o significativa. En realidad, esta explicación se aplica más a la situación de recuperación usual o típica que a la situación de recuperación atípica.

En consecuencia, es totalmente concebible que unos recuerdos extremadamente pronunciados, similares, contradictorios o cargados de emoción, generados poco antes o poco después del aprendizaje significativo, puedan producir como resultado un bloqueo temporal de la recuperación del recuerdo en cuestión. Por lo tanto, este bloqueo y su posterior desaparición poco después, que permiten que los recuerdos que tenemos «en la punta de la lengua» finalmente se puedan recuperar, se explican de la manera más plausible como consecuencia de la elevación temporal del umbral de disponibilidad.

En términos más explícitos y breves, otra razón importante para los grandes efectos de la interferencia proactiva o retroactiva (en el caso del aprendizaje *memorista* en comparación con el aprendizaje significativo) es el hecho de que, a causa de la naturaleza memorista del material, sólo es posible una capacidad de relación fragmentaria, discreta, unitaria y componente de este material interpolado con símbolos comparables de la estructura cognitiva. No obstante, todavía no se pueden pasar por alto ni descartar por completo como irrelevantes para la tarea de aprendizaje en curso. Por otro lado, en el caso del aprendizaje significativo, el grado de significado del material interpolado permite que el estudiante se forme un juicio instantáneo de su pertinencia para la tarea de aprendizaje; y si lo considera irrelevante, entonces puede rechazarlo por completo, evitando así la mayoría de sus efectos de interferencia.

El recuerdo frente al reconocimiento

Una manifestación cotidiana más típica de la imposibilidad de recuperar ciertos recuerdos a causa del funcionamiento selectivo del umbral de disponibilidad, es la experiencia familiar de ser incapaz de *recordar* bajo demanda o bien un recuerdo episódico o bien un nombre propio aprendidos como parte del material de instrucción, y al mismo tiempo ser totalmente capaz de reconocerlo cuando se presenta entre varias alternativas posibles y plausibles (como en una prueba de opciones múltiples). Aquí, una hipótesis explicativa creíble que también se ha considerado antes es que el umbral de disponibilidad para la rememoración de un recuerdo con una fuerza de disociabilidad dada en general es suficientemente más elevada para la rememoración que para el reconocimiento hasta el punto de marcar una diferencia funcional en la capacidad de recuperarlo.

Sesgo selectivo y distorsión en el aprendizaje y la retención de carácter significativo

Los significados lógicos y verídicos inherentes a los materiales de instrucción se suelen distorsionar subjetivamente en la memoria porque es evidente que cada individuo posee, en su estructura cognitiva, unos marcos de referencia idiosincrásicos y culturales para evaluar personas y eventos. Cada individuo también posee unos sesgos idiosincrásicos y culturales con los que se relaciona e interacciona el nuevo material de aprendizaje (junto con ideas más objetivas de la estructura cognitiva) en la generación de nuevos significados. Así pues, los nuevos significados resultantes que surgen idiosincrásicamente de los procesos de aprendizaje y de retención de carácter significativo descritos anteriormente, son una función de: 1) las asimilaciones obliteradoras particulares que se producen; y 2) los acentos, las distorsiones, los sesgos, las omisiones, los rechazos, los descartes y las inversiones de carácter selectivo sugeridos por los significados particulares lógicos, tanto objetivos como subjetivos, presentes en el material de instrucción o en la estructura cognitiva idiosincrásica.

Cuando el material de instrucción es más objetivo en cuanto a contenido y tiene menos implicaciones afectivas perturbadoras, las diferencias individuales en los nuevos significados emergentes tienden más a ser un reflejo de la experiencia, las identificaciones, la vocación y la educación de carácter idiosincrásico que la serie interiorizada de actitudes y sesgos personales del estudiante.

Además de la elevación selectiva de sus umbrales de disponibilidad, los mismos significados retenidos también se pueden alterar en parte en el propio proceso de ser reconstruidos de acuerdo con los requisitos sociales de la situación reproductora actual (por ejemplo, las expectativas de las personas concretas que estén interviniendo).

La etapa inicial del aprendizaje significativo (es decir, la presentación introductoria al estudiante del pasaje de instrucción, con la eventual aparición correspondiente de nuevos significados iniciales) es probablemente la más importante desde el punto de vista de determinar en el estudiante un recuerdo posterior y persistente del contenido sustancial originalmente deseado, sobre todo si tiene unas referencias e implicaciones afectivas implícitas o explícitas (Bartlett, 1932). La elección selectiva inicial de un conjunto particular de significados dominante e interpretativo por parte de un estudiante dado entre varios conjuntos posibles, indica evidentemente la dirección (mediante un proceso de sensibilización serial) que seguirán los resultados del sujeto en futuros ensayos de aprendizaje y de retención.

Para Bartlett (1932), esta reacción inicial interpretativa y subjetiva del estudiante se debe tanto al material narrativo cargado afectivamente como a una forma de *percepción* selectiva que refleja el propio marco de referencia cultural del sujeto (en lugar del marco de referencia cultural del personaje de ficción desconocido del pasaje narrativo).

En realidad, sin embargo, la aparición selectiva de significado en esta última situación de aprendizaje significativo se parece muchísimo más a un proceso *cognitivo* que *perceptivo*. La percepción como proceso supone una comprensión casi inmediata o instantánea del significado o importancia de un objeto, evento, idea, etc., sin ninguna intervención de operaciones mentales relativamente complejas y que requieren tiempo. Sin embargo, cuando la cognición ya está bien establecida en una situación de aprendizaje concreta y tiene lugar de una manera prácticamente inmediata o instantánea, podemos decir casi con seguridad que ha sido reemplazada por la percepción. Antes de este último momento, los aspectos procesales de la cognición incluyen la determinación de los subsumidores (ideas de anclaje) más pertinentes de la estructura cognitiva, la naturaleza de la interacción de estos últimos con sus ideas homólogas del material de instrucción y la reacción actitudinal y afectiva ante los nuevos significados emergentes. Suele suceder que después de varias repeticiones, estos aspectos componentes de la cognición se acaban fusionando y el estudiante capta de inmediato (perceptivamente en lugar de cognitivamente) lo que significa la palabra, frase, oración o párrafo sólo porque ya ha aprendido su significado en una ocasión anterior (aunque no tan anterior como para haberlo olvidado) y no tiene que aprenderlo de nuevo cuando se lo vuelve a encontrar en el futuro.

Al considerar los tres mecanismos generales descritos antes, que explican la retención selectivamente mejor de un material aprendido de una manera significativa en lugar de memorista y la «distorsión» subjetiva de los significados por el sesgo cultural y actitudinal idiosincrásico del estudiante, es evidente que el peso relativo de los factores actuales cognitivos, afectivos y motivacionales *idiosincrásicos* en la determinación del contenido sustancial (denotativo), connotativo y actitudinal de los significados adquiridos recientemente suele ser mucho mayor que el peso de la tendencia objetiva de los significados componentes lógicos inherentes al material de instrucción.

Deterioro y causas neurológicas

Sin duda es totalmente irrefutable que para que los individuos tengan alguna conciencia y algún registro (permanente o semipermanente) de los resultados de su experiencia pasada y de su anterior participación en intentos de aprendizaje de carácter formal e informal, se deben producir unos cambios representacionales correspondientes o unos cambios neurales correlativos de naturaleza perdurable o casi perdurable en aquellas células y/o fibras nerviosas de las áreas localizadas del cerebro asociadas funcionalmente al aprendizaje y a la memoria de carácter simbólico (verbal). Que esto debe ser así se demuestra de una manera objetiva por la amnesia que precede y sigue a una conmoción cerebral, por las lesiones traumáticas del cerebro y, de una manera aún más destacada, por la pérdida gradual y completa de la memoria a causa de la degeneración patológica y progresiva de las células nerviosas que, como sucede en el caso del mal de Alzheimer, se produce sobre todo en individuos senescentes.

Estos hechos bien conocidos, en cierto sentido han estimulado de forma involuntaria un interés renovado en la teoría del olvido basada en el «deterioro», antes ampliamente aceptada, que atribuía por lo menos parte del olvido al «deterioro» espontáneo de la representación neuroanatómica y neuropsicológica de los recuerdos, conocidos de una manera un tanto vaga como «trazas».

Según esta teoría, lo que supuestamente sufre una «decadencia» o un «deterioro» de carácter espontáneo en ausencia de práctica o de sobreaprendizaje, es meramente atribuible al paso del tiempo. Sin embargo, en términos generales, en los estados psicológicos, como en la mayoría de los estados fisiológicos homeostáticos del cuerpo, no se producen de una manera espontánea ni la pérdida total ni el cese de la función (deterioro) por un lado, ni las etapas antecedentes en la progresión gradual hacia el deterioro (decadencia) por otro. Normalmente, estos estados fisiológicos se mantienen en un estado de equilibrio mediante fuerzas opuestas cuya potencia relativa varía y que también tienden a fluctuar con el tiempo. Por ejemplo, en la asimilación obliteradora de un significado emergente nuevo en relación con su idea de anclaje, la fuerza de disociabilidad del significado recientemente adquirido puede declinar de una manera gradual por diversas razones; pero difícilmente podríamos llamar a esto «decadencia espontánea». De manera similar, si —y cuando— este significado se acaba olvidando, más que tratarse de un caso de deterioro se tratará de un caso de declive de la fuerza de disociabilidad que va siendo superada de una manera gradual por la asimilación obliteradora (decadencia) hasta alcanzar el punto cero (deterioro). En otras palabras, más que ser un estado psicológico debilitado que desaparece por su cuenta de una manera espontánea, se trata de un estado psicológico contrario que se hace relativamente más fuerte a expensas de su antagonista más débil hasta que ya no tiene ninguna posibilidad de expresarse en absoluto.

En mi opinión, la teoría del deterioro carece de credibilidad ordinaria, de concisión teórica y de comprobación empírica, y tampoco puede contrarrestar los argumentos más persuasivos de los teóricos contrarios. Por ejemplo, en contraste con la teoría del deterioro, no hace falta ningún supuesto nuevo radical o carente de base, como la desintegración espontánea (deterioro) de la base estructural o funcional de una traza de recuerdo con el simple paso del tiempo *per se*, para explicar el olvido total de un recuerdo mediante: 1) la asimilación obliteradora gradual, progresiva y acumulativa de las particularidades, las condiciones calificativas y los detalles específicos de un nuevo pasaje de aprendizaje por parte de las generalizaciones contenidas en sus ideas de anclaje pertinentes; o 2) una pérdida igualmente gradual, progresiva y acumulativa de la fuerza de disociabilidad debida a la asimilación obliteradora causada por factores distintos de las tendencias asimilativas (generalidades) de las ideas de anclaje hacia las ideas subordinadas que subsumen (por ejemplo, en el caso de las ideas falsas, el material de aprendizaje vago, difuso y ambiguo, los marcos culturales de referencia o los sesgos actitudinales idiosincrásicos). Varias pruebas experimentales realizadas por Brown (1958) sobre la teoría del deterioro de la memoria inmediata, en general han producido unos resultados equívocos y no concluyentes.

Esta pérdida gradual de la fuerza de disociabilidad conduce al olvido simplemente porque en una traza de memoria dada está presente una capacidad funcional para disociarse que es insuficiente para superar el umbral de disponibilidad preponderante. Sin embargo, salvo en los casos de deterioro de la memoria por causas patológicas tóxicas, degenerativas y traumáticas, no interviene en absoluto ningún daño neuroanatómico al sustrato de la memoria.

Es evidente que existen estados y fenómenos psicológicos manifiestos y demostrables en el nivel más elevado de la fenomenología humana (por ejemplo, el recuerdo). No obstante, ciertos estados psicológicos como el recuerdo siguen dependiendo funcionalmente de la integridad (inalterabilidad) del sustrato de dos regiones microbiológicas del cerebro correlacionadas con la memoria, cada una de ellas localizada y con una función especializada: en primer lugar, las propiedades anatómicas y fisiológicas de las neuronas consideradas como tejido nervioso y, en consecuencia, estructural y funcionalmente distintas, desde el punto de vista neural, de todas las otras células del cuerpo; y, en segundo lugar, las propiedades no neurales que estas últimas células nerviosas comparten con las restantes células corporales.

Según los puntos de vista modernos y no reduccionistas de la filosofía de la ciencia, en general deberíamos buscar explicaciones completas de fenómenos psicológicos que sólo se investigan en un nivel de análisis psicológico. Por lo tanto, antes hemos intentado explicar el olvido significativo en función por completo de diversos procesos o mecanismos probablemente psicológicos: la asimilación obliteradora en el nivel de las ideas de anclaje pertinentes, la extrema pérdida de la fuerza de disociabilidad a causa de la presencia asimilativa de potentes conceptos erróneos en la estructura cognitiva, un material de aprendizaje vago, confuso y ambiguo, los marcos de referencia culturales, el sesgo actitudinal idiosincrásico y unos umbrales elevados de disponibilidad. Naturalmente, es verdad que ciertas causas no psicológicas del olvido significativo, como la conmoción cerebral y las lesiones o patologías de carácter traumático, degenerativo y tóxico de áreas cerebrales localizadas y especializadas, se han detallado antes como causas no psicológicas del olvido. Sin embargo, para empezar, estas últimas causas no son las razones usuales por las que la gente olvida; y los mecanismos subyacentes no son los procesos típicos que intervienen en la inducción del fenómeno psicológico tan común del olvido humano. Esto se ha examinado básicamente en otro contexto, donde se ha demostrado que el concepto mismo de una idea aprendida y recordada supone algún cambio semiduradero correlacionado en el sustrato del cerebro, un cambio que podría verse afectado por alguna patología neurológica y, en consecuencia, llegar a ser una causa atípica del olvido.

El hecho de que el trastorno del sustrato neural subyacente a funciones psicológicas como la memoria también pueda trastornar por completo todas las otras funciones psicológicas que dependen de su integridad para su funcionamiento normal, ha llevado a muchos psicólogos a creer que normalmente los factores del sustrato neural regulan, controlan y explican los estados y procesos psicológicos que dependen de la integridad de este sustrato. En consecuencia, una conclusión más justificable a estas alturas sería que el funcionamiento psicológico normal requiere un sustrato neural que funcione de una manera normal.

Los procesos de aprendizaje significativo frente a los procesos de aprendizaje memorista

Los materiales aprendidos de una manera significativa y de una manera memorista se aprenden y se retienen de maneras cualitativamente diferentes porque las tareas de aprendizaje potencialmente significativas, a diferencia de las tareas de aprendizaje de carácter memorista, por definición se pueden enlazar y anclar a ideas pertinentes ya establecidas en la estructura cognitiva de maneras que hacen posible la comprensión de diversos tipos de relaciones ideacionales significativas (por ejemplo, derivadas, correlativas, subordinadas, de orden superior y combinatorias).

La mayoría de los nuevos materiales ideacionales que los alumnos se encuentran en un contexto escolar son enlazables de una manera no arbitraria y no literal con un fondo previamente aprendido de ideas e información de carácter significativo. En realidad, el currículo está y debería estar deliberadamente organizado de esta manera para ofrecer una introducción no traumática a nuevos hechos, conceptos y proposiciones en cada materia a medida que crecen los niños. Por otro lado, los materiales

aprendidos de una manera memorista son entidades discretas y relativamente aisladas que sólo se pueden enlazar con los componentes de la estructura cognitiva pertinente de una manera arbitraria y literal que no
permite el establecimiento de ninguno de los distintos tipos de relaciones
mencionados anteriormente.

Esta diferencia fundamental entre el aprendizaje memorista y el aprendizaje significativo tiene unas importantes repercusiones para los tipos
de procesos de aprendizaje y de retención que subyacen a cada categoría.
Puesto que los materiales aprendidos de una manera memorista no interaccionan con la estructura cognitiva de una forma sustancial (no arbitraria y no literal), se aprenden y se retienen de una manera completamente
asociativa; y su retención está influida principalmente por los efectos de
interferencia de materiales memoristas *similares* o contradictorios aprendidos *inmediatamente* antes o después de la tarea de aprendizaje. Por
otro lado los resultados, en cuanto a aprendizaje y retención en el caso
del aprendizaje significativo, están influidos principalmente por las propiedades de los sistemas ideacionales pertinentes y establecidos de una
manera acumulativa en la estructura cognitiva con los que interacciona la
tarea primaria de aprendizaje y que determinan su fuerza de disociabilidad. En comparación con este último tipo de interacción extendida, los
efectos concurrentes de la interferencia tienen una influencia relativamente pequeña y un escaso valor explicativo para el aprendizaje significativo.

Procesos de aprendizaje significativo

La incorporación no literal y no arbitraria de una tarea de aprendizaje potencialmente significativa a las partes pertinentes de la estructura
cognitiva para que surja un nuevo significado, implica que el significado
acabado de adquirir se convierte en una parte esencial de un sistema ideacional particular e interrelacionado. La posibilidad de este tipo de capacidad de relación y de incorporación en relación con la estructura cognitiva tiene dos consecuencias principales para los procesos de aprendizaje
y de retención. En primer lugar, el aprendizaje y la retención ya no dependen de la capacidad humana más bien frágil para retener asociaciones
arbitrarias y literales como entidades discretas y aisladas por derecho
propio (un período de retención de 7 ± 2). Como resultado, el período
temporal de retención significativa se amplía mucho. En segundo lugar,

el material acabado de aprender se somete a los principios organizativos que gobiernan el aprendizaje y la retención de los macrosistemas y microsistemas por medio de los cuales se asimila y se incorpora. Para empezar, los actos mismos de asimilación y de incorporación requieren una colocación adecuada (pertinente) dentro de un sistema de conocimiento organizado de una manera jerárquica. Más adelante, una vez producida la incorporación, el nuevo material retiene inicialmente su identidad sustancial en virtud de ser disociable de sus ideas de anclaje, pero entonces pierde de una manera gradual su identificabilidad mientras se va reduciendo y haciendo indisociable de estas últimas ideas (asimilación obliteradora).

En este tipo de proceso de aprendizaje-retención de carácter significativo, la formación y el refuerzo de vínculos asociativos arbitrarios entre elementos discretos y literales, aislados en un sentido sustancial y organizativo de los sistemas ideacionales establecidos, sólo desempeñan un papel muy limitado. Por desgracia, la mayoría de las investigaciones realizadas en el pasado en laboratorios de psicología se dedicaban al aprendizaje memorista o arbitrario y literal; y a partir de sus resultados se hicieron después unas extrapolaciones injustificadas al aprendizaje en el aula.

Puesto que el aprendizaje significativo depende de la estructura cognitiva idiosincrásica de cada individuo concreto, no se presta fácilmente a simples estudios de laboratorio. No obstante, sigue siendo el modo predominante de aprendizaje escolar y académico. Los mecanismos importantes que intervienen en este proceso son:

1. El logro de un anclaje relacional adecuado dentro de un sistema ideacional pertinente.
2. Una retención que refleja una resistencia al aumento progresivo de los avances de la asimilación obliteradora o de la pérdida de disociabilidad y que caracteriza la organización y la integridad del recuerdo a largo plazo de materiales aprendidos de una manera significativa en la estructura cognitiva.

Las tareas de aprendizaje memorista sólo se pueden incorporar a la estructura cognitiva en forma de asociaciones arbitrarias, es decir, como entidades discretas, independientes y aisladas, desde el punto de vista organizativo y a efectos prácticos, de los sistemas ideacionales establecidos del estudiante. El requisito de que estas asociaciones arbitrarias estén constituidas de una manera literal en lugar de sustancial (puesto que algo que no llegue a una fidelidad completamente literal carece de valor en el caso de asociaciones puramente arbitrarias) magnifica aún más la naturaleza discreta y aislada de las entidades incorporadas de una manera memorista.

Una consecuencia importante de la incorporación discreta y aislada de tareas de aprendizaje memorista a la estructura cognitiva es que, totalmente al contrario de la situación típica del aprendizaje significativo, no se obtiene un anclaje a largo plazo con los sistemas ideacionales establecidos. En consecuencia, puesto que la mente humana, a diferencia de un ordenador, no se ha diseñado de una manera eficaz para el almacenamiento literal y a largo plazo de grandes cantidades de asociaciones arbitrarias, el período de retención para los aprendizajes memoristas es relativamente breve. El declive mucho más pronunciado del olvido en el caso del aprendizaje memorista en comparación con el aprendizaje significativo requiere que examinemos el proceso de la retención memorista y los factores que influyen en él dentro de su brevísima duración, porque si esperamos más allá de este breve período de tiempo nos quedaremos sin nada que estudiar, ya que entonces todo se habrá olvidado. El período de retención es cuestión de horas para sílabas sin sentido (Ebbinghaus, 1913) y de días cuando se trata de la poesía (Boreas, 1930).

Otra consecuencia importante de la incorporación arbitraria y literal de material de aprendizaje a la estructura cognitiva es que la *asociación* constituye necesariamente el mecanismo básico del aprendizaje y la retención y que las leyes de asociación forman, por definición, los principios explicativos básicos que gobiernan el aprendizaje y la retención de carácter memorista. Por lo tanto, los principales objetivos del aprendizaje y la retención de carácter memorista son aumentar y mantener la fuerza asociativa, no lograr un anclaje adecuado dentro de la estructura cognitiva para conservar la fuerza de disociabilidad o para adquirir significado y conocimiento. En consecuencia, variables como la contigüidad, la frecuencia y el refuerzo son importantes y fundamentales para el aprendizaje memorista; y la retención y el olvido están influidos principalmente por interferencias concurrentes (tanto de origen interno como externo) en función de la similitud intratarea e intertarea, de la competición de respuestas y de la generalización de estímulos y respuestas.

Pruebas del aprendizaje significativo

Sorprende que no siempre sea fácil demostrar que se ha producido un aprendizaje significativo. Una comprensión genuina supone la posesión de unos significados claros, precisos, diferenciados y transferibles. Pero si intentamos comprobar este conocimiento pidiendo a los estudiantes que expongan los atributos característicos o los elementos esenciales de un principio, puede que simplemente obtengamos verbalizaciones adquiridas de una manera memorista. En consecuencia, como mínimo las comprobaciones de la comprensión se deberían formular empleando un lenguaje distinto y presentar en un contexto un tanto diferente del de la presentación inicial del material. Quizá la manera más simple de hacer esto sea exigir a los estudiantes que distingan entre ideas relacionadas (similares) pero no idénticas o que elijan los elementos identificadores de un concepto o proposición de una lista que también contenga los elementos identificadores de conceptos y proposiciones relacionados (pruebas de opción múltiple).

La resolución independiente de problemas suele ser la única manera factible de comprobar si los estudiantes *realmente* comprenden de una manera significativa las ideas que pueden memorizar y verbalizar con tanta facilidad. Pero aquí hemos de tener la precaución de no caer en una trampa. Por ejemplo, podemos decir con toda seguridad que la resolución de problemas es un método válido y práctico de medir la comprensión significativa de unas ideas. Sin embargo, esto *no* equivale a decir que si una persona es incapaz de resolver un conjunto representativo de problemas basados en un grupo dado de materiales de instrucción, carece *necesariamente* de comprensión y se ha limitado a adquirir de una manera memorista los principios ejemplificados por estos problemas. La resolución de problemas con éxito exige muchas *otras* capacidades y cualidades —como la capacidad de razonamiento, la perseverancia, la flexibilidad, la osadía, la improvisación, la sensibilidad hacia el problema y la astucia táctica— *además* de la comprensión de los principios subyacentes. De ahí que el fracaso en resolver los problemas en cuestión pueda reflejar deficiencias en estos últimos factores en lugar de la incapacidad de comprender genuinamente el pasaje de aprendizaje. En el peor de los casos puede reflejar un orden inferior de comprensión que el manifestado por la capacidad de aplicar con éxito los principios a la resolución de problemas relacionados. A la inversa, la capacidad demostrada para resolver problemas basados en una comprensión adecuada de un pasaje de instrucción aprendido de una manera significativa tampoco indica necesariamente que exista una comprensión verdadera del pasaje de instrucción previamente aprendido. Esto ocurre porque la aplicación exitosa de los principios de un pasaje de aprendizaje a la tarea de transferencia sólo puede reflejar un aprendizaje basado en el ensayo y el error o un simple golpe de suerte en pruebas aleatorias, sin ninguna comprensión o apreciación de la pertinencia del pasaje de aprendizaje para la solución de la clase de problemas en cuestión.

Otro método más factible para comprobar que se ha dado un aprendizaje significativo no supone esta última dificultad de interpretación: al estudiante se le presenta un pasaje de aprendizaje nuevo y secuencialmente dependiente que es imposible de dominar en ausencia de una comprensión genuina de la tarea de aprendizaje anterior. Reaprender el *mismo* pasaje de aprendizaje es una variante factible del mismo método: se puede suponer la existencia de algún grado de aprendizaje original si el reaprendizaje produce una mejora apreciable del rendimiento.

En consecuencia, al buscar pruebas del aprendizaje significativo, sea por medio de un interrogatorio verbal, de un aprendizaje secuencialmente dependiente o de tareas de resolución de problemas, siempre se debe tener presente la posibilidad de una adquisición memorista. Los estudiantes que ya tienen mucha experiencia en pasar exámenes no sólo tienden a memorizar las proposiciones y fórmulas esenciales, sino también las causas, los ejemplos, las razones, las explicaciones y las maneras de reconocer y resolver «problemas típicos». La mejor manera de evitar el peligro de la simulación memorista de la comprensión significativa es hacer preguntas y plantear problemas cuya forma sea novedosa y poco familiar y que, al mismo tiempo, requieran una transformación máxima del conocimiento ya existente.

La superioridad del aprendizaje y la retención de carácter significativo sobre el aprendizaje y la retención de carácter memorista

Varias líneas de evidencia apuntan hacia la conclusión de que el aprendizaje y la retención de carácter significativo son más eficaces en cuanto a lo que se aprende y se recuerda que sus equivalentes memoristas. En primer lugar, Briggs y Reed (1943) demostraron que es mucho más fácil aprender y recordar de una manera significativa la sustancia de un material potencialmente significativo que memorizar una cantidad equivalente de discurso conexo de una manera memorista y literal.

En segundo lugar, el material que se puede aprender de una manera significativa (poesía, prosa y observaciones de carácter pictórico) se asimila con mucha más rapidez que una serie arbitraria de números o sílabas sin sentido (Reed, 1938). Encontramos la misma diferencia en las gradaciones del aprendizaje significativo: el material narrativo simple se aprende con más rapidez y se recuerda mejor que ideas filosóficas más complejas que son difíciles de entender (Reed, 1938). Un aumento en la cantidad de material que hay que aprender también suele suponer menos tiempo de aprendizaje en las tareas de aprendizaje significativo que en las tareas de aprendizaje memorista (Cofer, 1941).

Otro tipo de pruebas experimentales se derivan de estudios que demuestran que varias tareas de resolución de problemas (trucos de cartas, problemas con palillos) se retienen durante mucho más tiempo y son más transferibles cuando los sujetos aprenden los principios subyacentes en lugar de limitarse a aprender las soluciones de una manera memorista (Hilgard, Irvine y Whipple, 1953).

Una línea relacionada de pruebas que demuestran que los ítem «sustanciales» se aprenden (Cofer, 1941) y se retienen (Edwards y English, 1939; English, Welborn y Kilian, 1934; Newman, 1939) de una manera más eficaz que los ítem «literales», tienen un carácter más inductivo que directo. Es de suponer que, aunque los ítem literales también se pueden aprender de una manera significativa, es probable que se aprendan de una forma más memorista que los conceptos y las generalizaciones.

A este respecto, un estudio diseñado con ingenio por Newman (1939) en el que se comparaba la retención durante los períodos de sueño y de vigilia, aporta mucha luz sobre los períodos relativos de retención y los respectivos procesos de olvido de los materiales aprendidos de una manera memorista y de una manera significativa. En el estudio de Newman, los detalles no esenciales de una narración se recordaban mucho mejor después de un período de sueño que después de un período de actividad cotidiana normal, mientras que no se observó ninguna diferencia equivalente en el caso de los elementos esenciales. Una inferencia que se puede hacer con seguridad en este caso es que la interferencia retroactiva inmediata, que evidentemente es mayor durante la actividad cotidiana que durante el sueño, es un factor importante en el aprendizaje memorista pero no influye de forma significativa en la retención de materiales aprendidos significativamente.

También se ha visto que las ideas de un pasaje en prosa que se consideran más significativas o comprensibles (Johnson, 1973), que son más familiares (y, en consecuencia, están supuestamente establecidas con más firmeza en la estructura cognitiva; Annis y Davis, 1972) y que también son más destacadas u ocupan un lugar de orden superior en la estructura de un párrafo (Mayer y McConkie, 1973) o de una disciplina tienden a recordarse mejor, sobre todo a largo plazo.

Muchos estudios realizados en el aula apoyan los resultados de este último enfoque experimental. En general demuestran que los principios, las generalizaciones y las aplicaciones de los principios estudiados en disciplinas como la biología, la química, la geometría y la física se recuerdan mucho mejor durante meses e incluso años que ítem más factuales como símbolos, fórmulas y terminología (Eikenberry, 1923; Frutchey, 1937; Kastrinos, 1965; R. W. Tyler, 1930).

Otro tipo de prueba basada en estudios hechos en clase demuestra que el conocimiento de hechos numéricos (adición, sustracción, multiplicación y división) aprendidos con comprensión se retienen de una manera más eficaz y son más transferibles que si se aprenden de una forma mecánica y memorista (Brownell y Moser, 1949; Thiele, 1938). Newson y Gaite (1971) encontraron que, una semana después de haberlos leído, los estudiantes recordaban más un pasaje breve (300 palabras) que un pasaje largo (2.500 palabras) de ciencia-ficción. El pasaje breve se había escrito a partir de información retenida por los estudiantes una semana después de haber leído el pasaje largo.

Los dos tipos de pruebas (las experimentales y las obtenidas en el aula) nos inducen a creer que la desalentadora imagen del rápido olvido de la inmensa mayoría de los aprendizajes de materias, que sin duda caracteriza a la mayoría de los estudiantes de hoy, no es necesariamente inevitable. Gran parte de esta pérdida refleja un aprendizaje memorista de material mal organizado y programado, de una ambigüedad y una confusión corregibles en la presentación de las ideas y de un ritmo y un repaso inadecuados del material (empollar). Si la materia estuviera organizada y programada de una manera adecuada, si las ideas pertinentes estuvieran disponibles en la estructura cognitiva, si el material se presentara de una manera lúcida e incisiva, si los conceptos erróneos se corrigieran con rapidez y si los estudiantes estuvieran adecuadamente motivados para aprender de una manera significativa y prestaran atención a consideraciones como un repaso y un ritmo óptimos, existen buenas razones para creer que retendrían durante una buena parte de su vida muchas de las ideas importantes aprendidas en la escuela. Como mínimo cabría esperar de ellos que fueran capaces de reaprender con rapidez y con un esfuerzo relativamente pequeño la mayoría de lo que hubieran olvidado. En capítulos posteriores examinaremos las variables importantes de la estructura cognitiva que tienen más efecto en la longevidad de materiales aprendidos de una manera significativa.

Se han ofrecido muchos tipos diferentes de explicaciones para la superioridad del aprendizaje y la retención de carácter significativo sobre el aprendizaje y la retención de carácter memorista. Una explicación identifica el aprendizaje significativo con el aprendizaje de material significativo y propone todos los argumentos mencionados anteriormente para explicar por qué el grado de significado facilita el aprendizaje verbal memorista. Sin embargo, nuestra definición del aprendizaje significativo implica que es un *proceso* característico donde el significado es un *producto* o resultado del aprendizaje en lugar de ser principalmente un atributo del contenido de lo que se debe aprender. Este proceso, y no el grado de significado del contenido[3] que se aprende, es lo que caracteriza el aprendizaje significativo. Por lo tanto, las mismas razones que explican por qué los materiales *más* significativos se pueden aprender y retener con más facilidad de una manera *memorista* que los materiales *menos* signifi-

---

3. También se ha indicado anteriormente y en varios contextos que, en el aprendizaje significativo, los materiales de instrucción *ya* no son significativos sino que sólo son *potencialmente* significativos. El objeto mismo del aprendizaje significativo es convertir el significado potencial en significado real (psicológico). Las tareas aprendidas *tanto* de una manera memorista *como* significativa ya contienen componentes significativos, pero en el primer caso la tarea *en su conjunto* no es potencialmente significativa, mientras que en el segundo caso sí lo es. Por lo tanto, la presencia de componentes ya significativos es, como mucho, un factor *indirecto* que explica el aprendizaje superior (memorista o significativo) que se produce cuando los últimos componentes se incluyen en la tarea. En modo alguno puede explicar la superioridad del aprendizaje significativo sobre el aprendizaje memorista en relación con la tarea de aprendizaje en su conjunto. La razón más importante de la superioridad del aprendizaje significativo en relación con el aprendizaje memorista reside claramente en el hecho de que, en el aprendizaje significativo, la tarea en su conjunto es potencialmente significativa y, en consecuencia, se puede relacionar de una manera no arbitraria y no literal con la estructura cognitiva.

El hecho de que el aprendizaje significativo se refiera principalmente a un *proceso* de aprendizaje distintivo en lugar de al grado de significado del contenido presentado, se destaca aún más por el hecho de que tanto el proceso del aprendizaje significativo como su resultado pueden ser memoristas, aunque la tarea de aprendizaje en su conjunto sea potencialmente significativa, si el estudiante no muestra una actitud de aprendizaje significativa.

cativos no explican necesariamente por qué los resultados del aprendizaje y la retención de carácter significativo son superiores a los de sus equivalentes memoristas.

Por otro lado, los teóricos de la Gestalt (por ejemplo, Katona, 1940; Koffka, 1935) equiparan la intuición y la comprensión de relaciones con el establecimiento de trazas «estructurales» estables que, a su vez, se contrastan con trazas discretas, inestables y relativamente «rígidas» establecidas por materiales adquiridos de una manera memorista. Sin embargo, en realidad esta explicación elude el problema porque explica la superioridad de los procesos de aprendizaje significativo atribuyendo simplemente una potencia superior a la representación neural de estos procesos. En otras palabras, se afirma que los procesos de aprendizaje significativo producen unos resultados de aprendizaje superiores porque dan lugar a trazas más estables. Evidentemente, esto aumenta muy poco nuestra comprensión porque el verdadero problema es comprender por qué estos procesos supuestamente «dan como resultado unas trazas más estables».

También se debe destacar que, si bien el aprendizaje memorista es típicamente más difícil que el aprendizaje significativo en la mayoría de las circunstancias, en realidad puede ser o parecer más fácil para el individuo que carece del fondo ideacional necesario y pertinente para el aprendizaje significativo de una tarea de aprendizaje particular. Además, a la persona llena de ansiedad y que carece de confianza en su capacidad para comprender nuevas proposiciones difíciles y poco familiares y que, en consecuencia, se siente amenazada por estas tareas de aprendizaje, el aprendizaje memorista le suele *parecer* más fácil que el aprendizaje significativo.

La retención significativa frente a la retención memorista

La superioridad de la retención significativa en relación con la retención memorista ¿refleja realmente una diferencia en la eficacia de los procesos respectivos de *retención* o bien esta superioridad simplemente refleja la mayor eficacia del aprendizaje significativo en relación con el *aprendizaje* memorista? Evidentemente, si para empezar se domina mejor el material *aprendido* de una manera significativa, habrá más significados asimilados disponibles en cualquier momento posterior, cuando se compruebe la retención, aun en el caso de que los mismos *procesos* de la retención memorista y la retención significativa fueran igualmente eficaces. En el caso del aprendizaje *memorista* de materiales que varían en cuanto a su grado de significado, se ha demostrado que el grado de *aprendizaje* es la única variable importante. Cuando se aprenden materiales más y menos significativos con el mismo criterio de dominio (permitiendo un número mayor de ensayos para el material menos significativo), no se encuentran diferencias en los resultados de la retención (Postman y Rau, 1957; Underwood y Richardson, 1956).

Sin embargo, si nuestra teoría sobre la existencia de diferencias fundamentales (incluyendo la efectividad relativa) entre los procesos de *retención* memoristas y significativos fuera correcta, *no* esperaríamos que si unos materiales aprendidos de una manera memorista y de una manera significativa se dominaran por igual, también se recordaran con la misma efectividad. Según la teoría de la asimilación, las mismas variables que influyen en el resultado del aprendizaje significativo y los mismos factores que explican la superioridad de los procesos de aprendizaje significativo en relación con los procesos de aprendizaje memorista *siguen* operando durante el intervalo de retención e influyen en los resultados de la retención. En consecuencia, aunque los materiales aprendidos de una manera memorista y los materiales aprendidos de una manera significativa se aprendieran con el mismo criterio de dominio, la superioridad del proceso de retención significativa se reflejaría en unas puntuaciones de retención más elevadas. Estudios realizados por Kastrinos (1965) y Kuhn (1967) indican que los conceptos y las proposiciones aprendidos de una manera significativa se pueden retener durante años y seguir facilitando el aprendizaje significativo de nuevos materiales de instrucción.

Otras teorías del procesamiento de la información y otras teorías del olvido

El olvido y las interferencias retroactivas y proactivas

Una premisa básica de la teoría de la asimilación del aprendizaje verbal de carácter significativo es la proposición de que la retención y el olvido constituyen etapas posteriores en el funcionamiento cognitivo del *mismo* proceso de aprendizaje interactivo entre los nuevos materiales de aprendizaje y las ideas pertinentes ya existentes en la estructura de conocimiento del estudiante (Ausubel, 1960, 1963). En virtud de este proceso interactivo acaban apareciendo nuevos significados conceptuales, representacionales o proposicionales.

Durante el intervalo de retención, los significados que acaban de emerger permanecen unidos funcionalmente a las ideas de anclaje pero al principio son disociables de ellas, mientras que, más avanzado el intervalo de retención, la fuerza de disociabilidad de los significados acabados de aprender suele caer por debajo de los umbrales críticos de recuerdo y reconocimiento. Cuando esto ocurre, estos significados dejan de estar disponibles para el estudiante como entidades identificables por separado; a causa de la subsunción obliteradora se ha producido el olvido. Así pues, y para empezar, las mismas variables que influyen en el aprendizaje significativo siguen influyendo después, y de la misma manera, en la retención y en el olvido, salvo por el hecho de que existen otras variables como la motivación, la represión y la hipnosis que influyen en la retención incidiendo en el umbral de disponibilidad (sin influir de ninguna manera en la fuerza de disociabilidad de las ideas retenidas en la estructura cognitiva).

Como parte de esta hipótesis sobre la naturaleza de la retención y del olvido, también se postulaba que la incorporación funcional de significados acabados de aprender a un sistema jerárquico de ideas de anclaje pertinentes de la estructura cognitiva protegería parcialmente a estos significados de los efectos de interferencia de carácter proactivo, concurrente y retroactivo de materiales similares pero contradictorios. Por lo tanto, se predecía que la interferencia retroactiva y proactiva que se encuentra en el aprendizaje y la retención de carácter verbal y memorista sería básicamente inoperante en el aprendizaje significativo de material en prosa.[4] Esta predicción ha sido verificada en relación con la interferencia retroactiva por Ausubel, Robbins y Blake (1957), así como por muchos estudios anteriores y posteriores. En realidad, en un estudio (Ausubel, Stager y Gaite, 1968), la interpolación de material contradictorio incluso llegó a *facilitar* la retención del material original, se supone que aumentando su claridad y discriminabilidad y suscitando su repetición.

En la conclusión del estudio de Myrow y Anderson (1972) se encuentra la siguiente admisión, sorprendente pero reveladora, sobre la verdadera importancia psicológica de su metodología de investigación (y de sus resultados):

---

4. Royer, Sefkow y Kropf (1977) demostraron que se produce menos interferencia retroactiva cuando los materiales en prosa se pueden enlazar con ideas de anclaje en la estructura cognitiva.

Los observadores del aula se pueden preguntar con qué frecuencia se produce en «el mundo real» un olvido análogo a la RI ([siglas en inglés de] «interferencia retroactiva»). ¿Con qué frecuencia las condiciones previas a la RI —estímulos similares emparejados con respuestas diferentes— aparecen por casualidad en la actividad ordinaria del aula? Rara vez enseñamos a los estudiantes respuestas diferentes a la misma pregunta. Si la RI sólo se genera en la prosa cuando los materiales son tan similares, debemos poner en duda la eficacia del modelo de la interferencia como explicación global del olvido en el aula.[5] El enfoque atomista necesario para hacer efectiva la analogía entre la interferencia retroactiva de pares asociados y la interferencia retroactiva de la prosa parece al mismo tiempo necesario y potencialmente engañoso.

La teoría de la Gestalt

Según la teoría de la Gestalt (Koffka, 1935), el olvido está provocado por dos mecanismos principales, cada uno de los cuales tiene relativamente muy poco en común con el otro. El primer mecanismo, la *asimilación*, se concibe como un proceso por el que las trazas de un recuerdo se borran o son reemplazadas por trazas similares de la estructura cognitiva que son relativamente más estables.[6] Aunque este fenómeno es superficialmente similar al proceso asimilativo descrito anteriormente en el sentido de que parece implicar una *interacción* entre ideas relacionadas en lugar de la sustitución de un par estímulo-respuesta previamente aprendido por miembros de estímulo o de respuesta nuevos y más estables, en realidad es más congruente con los supuestos de la teoría del ol-

---

5. En todos los tipos y causas del olvido (salvo en el causado únicamente por una elevación del umbral de disponibilidad), es decir, cuando la fuerza de disociabilidad se mantiene constante como, por ejemplo, en el caso de los conceptos erróneos, el factor mediador común entre la presencia de la causa precipitadora del olvido y el olvido fenomenológico y real propiamente dicho es una gran pérdida acumulativa de la fuerza de disociabilidad de los elementos que se olvidan. En estos últimos casos (a diferencia del caso de la represión), se supone que el umbral de disponibilidad permanece relativamente constante.

6. La variabilidad de estos factores de la estructura cognitiva se produce de una manera natural en el curso del aprendizaje y la retención de carácter significativo. Sin embargo, se puede planificar una variabilidad mucho mayor de estos factores, sobre todo en situaciones pedagógicas y de investigación, manipulándolos uno por uno en un diseño experimental de un organizador previo.

vido basada en la interferencia. Los mecanismos conductistas de la competición de respuestas o de la generalización de respuestas y de estímulos podrían explicar de una manera totalmente adecuada la asimilación de la Gestalt.

El segundo mecanismo del olvido más distintivo de la Gestalt es conceptuado por sus teóricos como un proceso de *desintegración autónoma* dentro de las trazas de recuerdo.[7] En el caso de un material poco estructurado o mal organizado (por ejemplo, cuando la figura y el fondo son difíciles de diferenciar), se forman unas trazas inestables o «caóticas» que experimentan rápidamente un tipo de «deterioro espontáneo».[8] En otros casos, sin embargo, en la traza persisten unas «tensiones dinámicas» derivadas de las percepciones originales; se van aclarando de una manera gradual mediante cambios progresivos como la nivelación y la agudización o en la dirección del «cierre», la «simetría» y la «buena forma». En consecuencia, tanto este aspecto de la teoría de la Gestalt como nuestra teoría del olvido basado en la asimilación difieren de la teoría de la interferencia al considerar que los procesos subyacentes al olvido se producen de una manera gradual y continua en lugar de producirse únicamente cuando los miembros de estímulo o de respuesta de una asociación obran o están en contacto.

Sin embargo, la teoría de la Gestalt es menos concisa porque pasa por alto el dominio de las ideas pertinentes y más estables aprendidas previamente tanto en el proceso de aprendizaje como en la determinación del grado y la dirección del olvido. En cambio, postula lo siguiente:

7. La destrucción por enfermedad o por trauma del sustrato neurológico de: 1) los recuerdos de experiencias pasadas conscientes; y 2) los procesos psicológicos que subyacen al aprendizaje y a la retención de carácter significativo impide necesariamente la presencia psicológica futura de estas últimas experiencias y procesos. Sin embargo, esto no demuestra necesariamente que este sustrato *normalmente* regule y controle, y también podría explicar su funcionamiento al nivel del sustrato. Para que la experiencia personal y los resultados del aprendizaje se retengan, incluso durante un breve período de tiempo, es evidente que estos eventos conscientes diferenciados deben motivar algunos cambios correlativos semipermanentes en el cerebro de carácter neurológico (no en el sustrato); pero es posible que estos cambios sólo se puedan correlacionar en un sentido representacional o a modo de código con los cambios psicológicos manifiestos en lugar de correlacionarse en un sentido funcional o regulador con una capacidad explicativa.

8. La razón de esta excepción es que no existe ningún cauce funcional mediante el cual los factores afectivos y motivacionales positivos puedan rebajar los umbrales de disponibilidad de los elementos de recuerdo en cuestión. Sin embargo, los factores afectivos o motivacionales negativos pueden elevar los umbrales de disponibilidad, disminuyendo así la reproducibilidad o suscitabilidad del recuerdo para los elementos implicados.

1. Las nuevas ideas no interaccionan con ideas pertinentes establecidas en la estructura cognitiva sino que más bien se incorporan a ella como trazas independientes.
2. Estas trazas independientes experimentan cambios espontáneos como una forma «más perfecta» o de «menor tensión».
3. Además, como se proponía en páginas anteriores, la hipótesis de que los materiales «mal organizados» se olvidan con rapidez porque forman unas «trazas caóticas» que sufren un rápido «deterioro espontáneo» elude, en realidad, el problema.

Por lo tanto, la teoría de la asimilación difiere de la teoría de la Gestalt en los dos siguientes aspectos principales:

1. Atribuye *todo* el olvido a la interacción entre el material de aprendizaje y la estructura cognitiva pertinente ya existente y niega que «la desintegración autónoma de las trazas» se produzca como resultado de la resolución de tensiones intratraza derivadas de la percepción. Por ejemplo, a veces las figuras asimétricas se recuerdan como si fueran más simétricas de como se percibieron originalmente («nivelación») pero no a causa de algún cambio autónomo dentro de las mismas trazas, sino porque se subsumen y se reducen a un recuerdo residual de conceptos geométricos familiares, más estables y simétricos, de la estructura cognitiva.
2. Concibe la asimilación (la pérdida de la identificabilidad original o la menor disociabilidad de los materiales acabados de aprender) como un fenómeno que *se produce de una manera progresiva* en lugar de ser una sustitución del tipo «todo o nada», donde la disponibilidad se pierde de una manera total e instantánea. También se considera que el aspecto obliterador o reduccionista de la asimilación sólo es el *mecanismo* principal que explica el olvido; el efecto global del propio proceso de anclaje *facilita* la retención.

La teoría de la memoria de Bartlett

La teoría de la asimilación también tiene elementos en común con las ideas de Bartlett (1932) sobre el funcionamiento cognitivo en general y sobre el recuerdo en particular. Bartlett (1932) concibe un *esquema* como una actitud o un afecto organizador y orientador generado por la abstracción y la articulación de experiencias pasadas. Aunque Bartlett es bastante vago en relación con su naturaleza y su modo de operación, lo concibe como estructural y funcionalmente comparable a una idea de anclaje salvo por el hecho de tener una naturaleza más actitudinal que sustancial.

En general, sin embargo, la postura de Bartlett en cuanto a la retención difiere de la teoría de la asimilación en dos aspectos fundamentales. En primer lugar, la naturaleza del propio esquema es en gran medida actitudinal, connotativa y afectiva en lugar de ser básicamente cognitiva y denotativa; por supuesto, en este sentido es similar a los aspectos connotativos del significado. Es probable que esta diferencia refleje, en parte, el hecho de que las tareas de aprendizaje de Bartlett constan de historias, imágenes y figuras en lugar del material más impersonal que forma los contenidos de una materia. En segundo lugar, Bartlett está interesado en especial en las etapas interpretativas y reproductoras del aprendizaje y de la retención de carácter significativo y apenas se ocupa del propio intervalo de retención y de sus procesos subyacentes.

Por lo tanto, al explicar la diferencia entre el contenido presentado y el contenido recordado, Bartlett destaca: 1) la influencia de los esquemas de base idiosincrásica y cultural en la *percepción* original del material; y 2) un proceso de «reconstrucción imaginativa» en el momento del recuerdo como resultado del cual se selecciona, se inventa y se reorganiza un contenido particular de acuerdo con la naturaleza y los requisitos de la actual situación reproductora. Por otro lado, la teoría de la asimilación atribuye la mayoría del olvido a un proceso interactivo espontáneo (entre la presentación y la reproducción [el recuerdo] de la tarea de aprendizaje) en el que intervienen ideas de anclaje y contenidos asimilados. En consecuencia, aunque es indudable que el individuo, cuando recuerda, selecciona algo que está disponible en la memoria y también inventa algún material nuevo adecuado para la ocasión, en realidad está *reproduciendo* asimismo, en su mayor parte, materiales que han experimentado una reducción en la memoria además de *reconstruir* el residuo retenido de significados originales.

Según Bartlett, la primera oportunidad que tienen los esquemas para influir en la memoria se produce cuando interaccionan con los estímulos entrantes del contenido de la tarea de instrucción. La persona que aprende trata de hacer que el contenido de la tarea de aprendizaje sea significativo en función de un esquema pertinente en la estructura cognitiva y que además sea contextualmente consonante con él. En consecuencia, los esquemas determinan en gran medida la interpretación inicial del mensaje que, a su vez, influye de una forma persistente en la naturaleza de lo que se retiene.

Sin embargo, contrariamente a la opinión de Bartlett, este proceso interpretativo que da como resultado la aparición de significado tiene una naturaleza más *cognitiva* que *perceptiva*. Los significados acabados de adquirir no reflejan un proceso perceptivo que ofrezca un contenido inmediato de la conciencia; más bien son productos de un proceso cognitivo de asimilación más complejo. Por lo tanto, los significados son idiosincrásicos no tanto porque el esquema actitudinal de un individuo concreto influya de una manera selectiva en la *percepción* del material de aprendizaje, sino porque este material se relaciona de una forma no arbitraria y no literal con el contenido idiosincrásico pertinente de las ideas de anclaje de la estructura cognitiva (un proceso cognitivo) de una manera selectiva.

Bartlett pasa por alto en gran medida la etapa de la retención de la secuencia aprendizaje-retención durante la cual se retienen los significados adquiridos. En cambio, afirma que el principal impacto del esquema en el recuerdo se produce durante la etapa *reproductora*. En ese momento, el sujeto selecciona de una forma diferencial los elementos que son más coherentes con sus propias actitudes e intereses y con su entorno cultural y también los que son más adecuados en función de los requisitos de la situación actual. A esto le añade algunos detalles inventados (para rellenar lagunas y reforzar la coherencia, el grado de significado y el «ajuste») y combina y reformula los dos tipos de elementos en una totalidad nueva e independiente. En consecuencia, cuando el producto reconstruido se compara con el material de aprendizaje original, manifiesta tendencias como la simplificación, la condensación, la racionalización, la convencionalización y la importación. Dawes (1966), McKillop (1952), Paul (1959) y Taft (1954) comunican unos resultados similares en el recuerdo de material narrativo cargado de valores.

Por lo tanto, la endeblez de la postura de Bartlett no reside tanto en postular la existencia de unos esquemas o una reconstrucción imaginativa de carácter idiosincrásico, sino más bien en el hecho de que: 1) muchos de los cambios del recuerdo que él atribuye a esta reconstrucción en realidad reflejan cambios en la disponibilidad debidos a la asimilación; y 2) el efecto de las actitudes previas idiosincrásicas tiene una naturaleza más cognitiva que perceptiva.

Variedades de la teoría de los esquemas posteriores a Bartlett

Relacionada con la noción de los esquemas de Bartlett se encuentra una forma ligeramente modificada de su concepto original de esquema que pretende ser teóricamente más explícita y concisa, experimentalmente más rigurosa y también más vinculable con los tipos de aprendizaje que se dan en el aula (por ejemplo, R. C. Anderson, 1977). Sin embargo, los experimentos reales generados a partir de este nuevo enfoque basado en los «esquemas» (Pichert y Anderson, 1977) tienen muy poca relación con la adquisición y la retención de nuevos contenidos o, en realidad, con la adquisición y la retención de nuevos significados. En efecto, sólo demuestran el saber común cotidiano y relativamente trivial de que cuando se incluyen los mismos ítem en un contexto familiar (o en el contexto de un pasaje narrativo en prosa) se recuerdan mejor que cuando se incluyen en un contexto menos familiar. Por ejemplo, reconocemos mejor a nuestro carnicero como tal en el contexto familiar del mercado que en el contexto extraño de un palco del teatro de ópera. Es evidente que esto ocurre porque en el primer caso es operativo el esquema «mercado», que es más congruente, y en el segundo caso opera el esquema menos congruente del «teatro de ópera», aunque el mismo carnicero aparezca en los dos contextos.

Tanto en este último ejemplo sencillo como en los experimentos sobre «esquemas» donde se presentan los mismos objetos y en el mismo orden en contextos familiares o no familiares (es decir, embebidos en pasajes de narración en prosa probables o improbables), el hecho de que de forma espontánea recordemos más objetos en el contexto probable que en el improbable es una trivialidad que apenas requiere una comprobación experimental. En *ninguno* de los dos casos se aprenden *nuevos* significados (es decir, conceptos, palabras conceptuales, proposiciones), como ocurre en la adquisición de *nuevos* contenidos, sino que simplemente se recuerdan mejor nombres de objetos (conceptos) *ya* significativos que se presentan en un contexto más congruente.

Naturalmente, los efectos facilitadores y orientadores de la congruencia del contexto en el aprendizaje y la retención de carácter *memorista* se deben diferenciar de los efectos facilitadores sustanciales (andamiaje ideacional) del contexto pertinente en el aprendizaje (comprensión) y la retención (por ejemplo, Bransford y Johnson, 1972; Sherman, 1976) de carácter significativo, así como de los efectos facilitadores sustanciales (andamiaje ideacional) de los organizadores previos que aumentan la conciencia que tiene el estudiante de los subsumidores pertinentes ya existentes en su estructura cognitiva.

Teoría psicoanalítica del olvido

La teoría psicoanalítica mantiene que *todo* olvido está motivado; en otras palabras, que es invariablemente un producto de la represión. Se dice que las ideas o impulsos que generarían ansiedad si se les dejara entrar en la conciencia están reprimidos en el inconsciente y que, en consecuencia, se olvidan conscientemente.

Naturalmente, la principal dificultad que plantea esta teoría es que, en el mejor de los casos, explica un tipo de olvido relativamente raro. Sólo un porcentaje muy pequeño de las ideas que se olvidan son en algún sentido potencialmente productoras de ansiedad; y en estos casos es más conciso plantear la hipótesis de que su umbral de disponibilidad se eleva temporalmente que suponer que son desterradas a un área topográfica cosificada de la mente. Además, muchas ideas productoras de ansiedad permanecen de una manera dolorosa y obsesiva en el primer plano de la conciencia en lugar de sufrir una represión.

Modelos cibernéticos e informáticos del funcionamiento cognitivo

Una de las posturas teóricas de carácter más ecléctico y que más se ha extendido durante los últimos años ha sido una variante del enfoque cibernético o de la teoría de la información basado en un modelo informático de la organización y el funcionamiento cognitivos. El sabor general de este enfoque es conductista en el sentido de que se ocupa de una manera un tanto mecanicista de las relaciones entrada-salida; pero sustituye los modelos asociativos o basados en el condicionamiento de los procesos cognitivos por una noción más sustancial de la naturaleza de la información y por el principio cibernético de un sistema de control que: 1) es sensible a la retroalimentación indicativa de un error o una discrepancia conductual entre estados de cosas existentes y deseadas; y 2) responde de una forma diferencial a esta retroalimentación de maneras que corrigen este error o discrepancia.

Por ejemplo, el modelo informático del pensamiento humano propuesto por Newell, Shaw y Simon (1958) supone un mecanismo receptor capaz de interpretar la información codificada más un sistema de control que consta de un gran almacén de recuerdos, una variedad de procesos para operar sobre la información de estos recuerdos y reglas para combinar estos procesos en estrategias o programas complejos que, a su vez, pueden ser activados selectivamente por la información de entrada. Es verdad que, últimamente, este tipo de modelo cognitivo ha suscitado un considerable interés en ciertos teóricos del aprendizaje (por ejemplo, Berlyne, 1962; Gagné, 1977; Miller, Galanter y Pribram, 1960) que anteriormente se identificaban con la escuela de pensamiento neoconductista. En realidad, Miller, Galanter y Pribram incluso han propuesto una nueva unidad de análisis cibernética o comprobadora de discrepancias (TOTE) para sustituir el paradigma E-R. Sin embargo, la dificultad de situar el enfoque basado en el modelo informático en el continuo neoconductista-cognitivo es que sus partidarios no explicitan su postura en relación con el estatus consciente o puramente automático de la información y el almacenamiento y procesamiento de la misma. Cualquiera de estas dos posturas es teóricamente compatible con el punto de vista cibernético.

Naturalmente, el valor teórico y heurístico de la noción basada en el modelo informático depende de la sostenibilidad de las teorías *particulares* sobre el procesamiento de la información propuestas por teóricos de esta opinión para explicar el funcionamiento cognitivo del ser humano. Sin duda, los programas informáticos parecen ser capaces de generar muchos de los mismos tipos de operaciones cognitivas, como generalizar, abstraer, categorizar, tomar decisiones lógicas, que realiza el ser humano; sin embargo, la cuestión crucial es determinar si los programas que generan estas operaciones en los ordenadores son genuinamente comparables a los procesos que subyacen a las operaciones análogas de los seres humanos, es decir, si se ajustan al mismo modelo de procesamiento de la información.

Por ejemplo, sería de prever la existencia de unas diferencias básicas en los procesos subyacentes en función de si el modelo en cuestión supone una capacidad de almacenar e interrelacionar inmensas cantidades de unidades discretas de información que se presenten de una manera simultánea o consecutiva (como ocurre en la mayoría de los ordenadores) o si sólo supone una capacidad para recordar y manipular unas cuantas unidades discretas de una vez (7±2), de una manera simultánea o consecutiva (como ocurre en los seres humanos). En este último caso, cabría prever la actuación de mecanismos compensatorios como el *chunking*, el aprendizaje de códigos genéricos y la catalogación de hechos, conceptos y proposiciones bajo subsumidores más inclusivos.

También es de suponer que aparezcan diferencias en cuanto a proceso en función de si el modelo presupone la posesión de una memoria falible o infalible, de si los métodos y las capacidades para el procesamiento de la información se mantienen estables con el tiempo o reflejan los cambios evolutivos y de si se da una adhesión rígida a unas secuencias designadas (programadas) de resolución de problemas o una capacidad para la improvisación imaginativa, la inspiración creativa y el pensamiento independiente.

Sin embargo, como indica Hovland, el ordenador también se puede emplear de una manera teóricamente neutral como un simple *simulador* de cualquier proceso cognitivo humano hipotético en lugar de usarlo como un modelo cibernético que ejemplifique un tipo *particular* de teoría del procesamiento de la información. Es teóricamente posible programar un ordenador de acuerdo con los supuestos de *cualquier* teoría de la cognición o con las propiedades conocidas o supuestas del funcionamiento cognitivo humano, aunque la fidelidad de la simulación se podría poner en duda en ciertos casos. Así pues, podríamos emplear el ordenador o bien para comprobar las predicciones hechas por distintos modelos teóricos o para obtener mucha información adicional sobre el funcionamiento cognitivo en circunstancias concretas que son demasiado complejas para permitir la predicción o la investigación experimental.

Por otro lado, los teóricos cognitivos (por ejemplo, Ausubel, 1962, 1963) sostienen que es el aprendizaje verbal significativo y no el *chunking* el principal mecanismo humano para adquirir y almacenar la inmensa cantidad de ideas y de información que constituye cualquier corpus de conocimiento. Como ya se ha propuesto, el aprendizaje verbal significativo supone la adquisición de nuevos significados a partir de materiales potencialmente significativos auspiciada por una actitud de aprendizaje significativa. Naturalmente, esta capacidad distintiva del ser humano depende de capacidades cognitivas como la representación simbólica, la abstracción, la categorización y la generalización. La posesión de estas últimas capacidades es lo que hace posible en el ser humano la adquisición de conceptos y proposiciones de carácter genérico y, en consecuencia, la aparición y retención subsumidora en la estructura cognitiva de los significados subordinados, correlativos, de orden superior y combinatorios que constituyen la mayor parte del conocimiento.

Teorías asociativas y de redes semánticas del procesamiento de la información

Durante los últimos años se ha puesto de moda hacer referencia a ciertas teorías del aprendizaje y categorizarlas bajo la expresión aglutinadora de «procesamiento de la información». La evidente dificultad que plantea esta última expresión es que *todas* las concepciones del aprendizaje y de la retención y de sus procesos psicológicos subyacentes son formas de procesamiento de la información. En consecuencia, la expresión tiene un valor diferencial escaso o nulo para distinguir los distintos tipos y teorías del aprendizaje y la retención.

Se han presentado variantes más recientes de modelos basados en el procesamiento de la información por parte de J. R. Anderson (1976), R. C. Anderson (1977), Gagné (1977), Kintsch (1974), Lindsay y Norman (1977), Neisser (1970), Norman (1968) y Rummelhart y Tulving (1972). Estos teóricos dan mucha importancia al reconocimiento de pautas (que en realidad es un proceso más perceptivo que cognitivo) y a la distinción entre la memoria a largo y corto plazo. En nuestra opinión, esta última distinción *per se* tiene poco valor explicativo para el aprendizaje de contenidos porque, en términos procesales, no distingue intrínsecamente el aprendizaje y la retención de carácter significativo del aprendizaje y la retención de carácter memorista o el aprendizaje basado en la recepción del aprendizaje basado en el descubrimiento. Cada uno de estos últimos tipos de recuerdo también supone una etapa temporal o bien a largo o a corto plazo.

En realidad, la designación de la memoria como memoria a corto o largo plazo se refiere más al *marco temporal* en el que se producen tipos de recuerdo cualitativamente diferentes (por ejemplo, memorista o significativo), es decir, se refiere al intervalo relativo de tiempo en el que tiene lugar cada tipo de recuerdo en lugar de a unas diferencias críticas contrastantes en cuanto a proceso que caractericen las distintas categorías principales de la memoria. Aunque los psicólogos del aprendizaje, de la memoria y los cognitivos tienden a emplear las designaciones a corto y largo plazo como si tuvieran un valor teórico o explicativo trascendente en relación con las diferencias en cuanto a proceso y/o resultado de los distintos tipos de memoria, está bastante claro que este uso actual constituye una utilización engañosa de estos términos básicamente temporales.

Sin embargo, en un sentido correlativo, el aprendizaje y la retención de carácter significativo y de carácter memorista por un lado, y la memoria a corto y largo plazo por otro, se pueden relacionar entre sí de una manera significativa y verídica. Para que la memoria a largo plazo exista como tal, sin necesidad de práctica, normalmente debe ser significativa en lugar de memorista y debe reflejar un proceso subyacente de interacción más complejo y que requiera más tiempo entre una idea del material de aprendizaje y una idea de anclaje en la estructura cognitiva. Por otro lado, la memoria a corto plazo suele suponer un proceso de aprendizaje más simple y más rápido sin posibilidad de que aparezca un significado sustancial ni se dé un enlace con una idea de anclaje; por lo tanto, el proceso subyacente suele ser de carácter memorista.

Lindsay y Norman (1977) definen tres aspectos temporales distintivos y diferentes de la memoria:

> Hay un aspecto de importancia fundamental para el funcionamiento adecuado del procesamiento perceptivo, incluyendo los mecanismos para el reconocimiento de pautas: parecemos tener un sistema de memoria que mantiene una imagen detallada (durante unas décimas de segundo) de la información sensorial que ha llegado al órgano de un sentido concreto. Este sistema de información se llama *almacenamiento de información sensorial*. Otro aspecto de la memoria mantiene la información durante unos segundos y puede que hasta unos minutos. Se trata del *sistema de memoria a corto plazo*. Pero la memoria a corto plazo no es como el almacenamiento de la información sensorial porque ahora la información ya está codificada y categorizada por los mecanismos de reconocimiento de pautas. La memoria a corto plazo también es la etapa en la que mantenemos la información que necesitamos temporalmente durante unos minutos o que tratamos de organizar y almacenar de una manera permanente. El tercer aspecto de la memoria es el *sistema de memoria a largo plazo*. Aquí es donde se mantienen registros permanentes de nuestras experiencias. En esencia, esta memoria tiene una capacidad ilimitada (Lindsay y Norman, 1977).

En primer lugar, este último aspecto de la formulación del procesamiento de la información y de su representación en la memoria es, en esencia, una explicación secuencial de lo que ocurre en un nivel descriptivo o nominalista que dilucida los límites cronológicos y las secuencias temporales de la memoria pero que, en realidad, elude la cuestión del proceso subyacente o de las diferencias fenomenológicas implicadas en los distintos tipos de memoria. Como es natural, esta última explicación descriptiva necesariamente asocia los intervalos temporales a corto y a largo plazo con la complejidad correspondiente de los procesos de aprendizaje y de memoria implicados en cada categoría temporal. Es evidente que los procesos complejos y a largo plazo necesitan más tiempo para operar que sus equivalentes más simples. Sin embargo, en modo alguno distingue teóricamente entre el recuerdo memorista y el recuerdo significativo, entre el aprendizaje basado en la recepción y el basado en el descubrimiento o entre las diferencias de proceso subyacentes a estos tipos diferentes de aprendizaje y de memoria o a sus respectivas condiciones de aprendizaje. También es verdad que hace falta menos esfuerzo y menos repetición para retener a largo plazo unos significados *significativos* que unos significados *memoristas* y que hay más recuerdos a largo plazo que pertenecen a la primera categoría (a causa de su propia naturaleza y de sus procesos de adquisición y de retención) que a la segunda. Por lo tanto, parece que la distinción entre el recuerdo memorista y el recuerdo significativo también tiene mucho más valor explicativo para la distinción entre la memoria a corto plazo y la memoria a largo plazo que a la inversa. En consecuencia, los teóricos del procesamiento de la información están, en gran medida, confundiendo causa y efecto.

En segundo lugar, estos teóricos dan una importancia excesiva a fenómenos perceptivos esencialmente irrelevantes como el reconocimiento de pautas para explicar los fenómenos cognitivos y no distinguen de una manera discriminable entre la percepción y la cognición.

En tercer lugar, según este punto de vista (J. R. Anderson, 1976; Kintsch, 1974; Lindsay y Norman, 1977), los significados de los conceptos y las proposiciones se adquieren como resultado de su asociación con las proposiciones de las que forman parte. Las relaciones en forma de árbol así establecidas, entre las palabras componentes de una proposición y las proposiciones ya existentes en la estructura cognitiva, constituyen supuestamente la matriz asociativa o semántica de la que un concepto deriva su significado en el aprendizaje y lo mantiene en la memoria.

Sin embargo, el examen de estos «árboles» indica que las relaciones que ejemplifican son de una naturaleza mucho más sintáctica y asociativa que semántica y que la misma palabra se puede enlazar con una proposición dada de muchas maneras semánticamente diferentes. Como decíamos al examinar la teoría de la asimilación sobre el aprendizaje o la adquisición de conocimientos, los conceptos y las proposiciones adquieren sus significados y se almacenan de una forma jerárquica (no lineal) en la memoria relacionándose de unas maneras semánticas *particulares* (no asociativas o sintácticas) con unas ideas *particulares* de una estructura cognitiva organizada de una manera jerárquica con unos significados estables y explícitos; y el proceso de retenerlos no consiste en que mantengan una relación esencialmente *sintáctica* o asociativa con una red proposicional, sino más bien que mantengan su disociabilidad de los significados más generales e inclusivos de las ideas ya establecidas en la estructura cognitiva que los asimilan *de una manera semántica*. Esta última noción tiene la ventaja adicional de considerar la adquisición y la retención de significados como dos etapas progresivas del mismo proceso asimilativo.

En cuarto lugar, quien esto escribe percibe poco valor explicativo en diferenciar: 1) entre «nodos» que representan ideas en la memoria y «vínculos» que representan la relación entre ellos; o 2) entre el conocimiento «proposicional» (representado por nodos y vínculos) y las «producciones» que representan el conocimiento «procedimental» (J. R. Anderson, 1976). *Tanto* las ideas genéricas unitarias (conceptos) *como* las ideas proposicionales (compuestas de relaciones entre conceptos reforzadas mediante significados generados sintácticamente) se ajustan a los mismos conjuntos de procesos y condiciones que gobiernan la adquisición y la retención de significados; y puesto que *tanto* los conceptos *como* las proposiciones muestran unas propiedades relacionales, la distinción entre nodos y vínculos parece superflua y engañosa por estas dos razones. Además, el conocimiento «procedimental» no es cualitativamente diferente, desde el punto de vista de las condiciones y los procesos de adquisición y de retención, del conocimiento sustancial salvo por sus diferentes funciones epistemológicas. Por lo tanto, el empleo de esta jerga metafórica neoconductista no sólo no explica la organización jerárquica de la estructura cognitiva sino que, en nuestra opinión, tampoco agrega nada a la explicación de los procesos que intervienen en el aprendizaje, la retención, el olvido, la transferencia y la resolución de problemas. En esencia es una doctrina neoconductista disfrazada con una terminología mecanicista y centrada en los fenómenos cognitivos.

Por último, postular que todos los nodos, vínculos y producciones, una vez establecidos en la memoria, dejan unas «trazas imborrables» que por lo menos son potencialmente significativas (J. R. Anderson, 1976) es un supuesto carente de base y de concisión que discrepa tanto del sentido común como de la experiencia cotidiana. El olvido no se puede atribuir simplemente a unas interferencias transitorias que inhiben la recuperación (como, por ejemplo, la competencia entre enlaces) o a una cantidad excesivamente pequeña de unos enlaces demasiado débiles entre unos nodos y los datos acabados de presentar. Más bien se debe atribuir a un aprendizaje inicial inadecuado o ambiguo (a su vez atribuible, por lo menos en parte, a unas propiedades perjudiciales de la estructura cognitiva), a la falta de revisión y, sobre todo, a la disminución progresiva de la fuerza de disociabilidad en ausencia de revisión y a la actuación continua de la asimilación obliteradora.

Como base para la codificación en el aprendizaje significativo, la particularidad y la falta de generalidad e inclusividad asociadas a unas imágenes concretas evitan necesariamente su uso como ideas subsumidoras o de anclaje en la mayoría de los casos. Una excepción evolutiva a este juicio evaluador se da en los primeros aprendizajes representacionales de los niños pequeños, cuando las imágenes de objetos y eventos suelen actuar como referentes ya existentes en la estructura cognitiva con los que se relacionan palabras (nombres) como equivalentes representacionales. Algo después, en el aprendizaje significativo basado en textos, las imágenes y los diagramas gráficos, y las ilustraciones evocadoras también facilitan el aprendizaje y la retención ofreciendo pistas sustanciales y contextuales que refuerzan la comprensión y la retención de conceptos y proposiciones.

Naturalmente, las ideas verbales de anclaje no tienen por qué expresarse en forma proposicional (frases). Los modelos esquemáticos y los diagramas, los gráficos de flujo, etc., suelen indicar la relación existente entre las ideas de una manera más eficaz y sucinta que las frases y los párrafos. En consecuencia, en muchos casos pueden actuar como organizadores previos, sobre todo para quienes encuentran más fácil «captar» de un vistazo un modelo explicativo que leer frases y párrafos sucesivos. Sin embargo, es engañoso hacer referencia a los modelos que indican las relaciones mutuas que se dan dentro de un sistema de ideas como si produjeran sus efectos por medio de «imágenes», porque estos modelos suelen consistir en *abstracciones de orden superior* con flechas que indican relaciones causa-efecto, secuencia y dirección de influencia. Con todo, Arnold y Brooks (1976) encontraron que, en los niños de primaria, que normalmente necesitan unos apoyos concretos para aprender relaciones entre abstracciones, en el nivel de quinto curso eran más eficaces unos organizadores pictóricos que describían las relaciones mutuas entre los elementos de un pasaje en prosa que unos organizadores verbales.

Bibliografía

Anderson, J. R., *Language, Memory and Thought*, Hillsdale, N. J., Lawrence Erlbaum, 1976.

Anderson, R. C., «The notion of schemata and the educational enterprise», en R. C. Anderson, L. J. Spiro y W. E. Montague (comps.), *Schooling and the Acquisition of Knowledge*, Hillsdale, N. J., Lawrence Erlbaum Associates,

Anderson, R. C. y D. C. Myrow, «Retroactive inhibition of connected discourses», *Journal of Educational Psychology Monograph*, nº 62, 1971, págs. 81-94.

Arnold, D. J. y P. H. Brooks, «Influence of contextual organizing material on children's listening comprehension», *Journal of Educational Psychology*, nº 68, 1976, págs. 711–716.

Ashcraft, M. H., *Human Memory and Cognition*, 2ª ed., Nueva York, Harper Collins College Publishers, 1994.

Aulls, M. W., «Expository paragraph properties that influence literal recall», *Journal of Reading Behavior*, nº 7, 1975, págs. 391-400.

Ausubel, D. P., *The Psychology of Meaningful Verbal Learning*, Nueva York, Grune and Stratton, 1963.

—, «The use of advance organizers in the learning and retention of meaningful verbal material», *Journal of Educational Psychology*, nº 51, 1960, págs. 267-272.

Ausubel, D. P., L. C. Robbins y E. Blake, «Retroactive inhibition and facilitation in the learning of school materials», *Journal of Educational Psychology*, nº 48, 1957, págs. 334-343.

Ausubel, D. P., M. Stager y A. J. H. Gaite, «Retroactive facilitation in meaningful verbal learning», *Journal of Educational Psychology*, nº 59, 1968, págs. 250-255.

Berlyne, D. E., *Structure and Direction in Thinking*, Nueva York, Wiley, 1962.

Bransford, J. D. y M. K. Johnson, «Contextual prerequisites for understanding: Some investigations of comprehension and recall», *Journal of Verbal Learning and Verbal Behavior*, nº 11, 1972, págs. 717-726.

Briggs, L. J. y H. B. Reed, «The curve of retention for substance material», *Journal of Experimental Psychology*, nº 32, 1943, págs. 513-517.

Brown, J. A., «Some tests of the decay theory of immediate memory», *Quarterly Journal of Experimental Psychology*, nº 10, 1958, págs. 12-21.

Brownell, W. A. y H. E. Moser, «Meaningful versus mechanical learning: A study of grade III subtraction», *Duke University Research Studies in Education*, nº 8, 1949.

Carmichael, L. H., H. P. Hogan y A. A. Walter, «An experimental study of the effect of language on visually perceived form», *Journal of Experimental Psychology*, nº 5, 1932, págs. 73-86.

Cofer, C. N., «A comparison of logical and verbatim learning of prose passages of different length», *American Journal of Psychology*, nº 54, 1941, págs. 1-20.

Dawes, R. M., «Memory and distortion of meaningful written material», *British Journal of Educational Psychology*, nº 57, 1966, págs. 77-86.

Deese, J., *The Structure of Associations in Language and Thought*, Baltimore, Johns Hopkins University Press, 1965.

Edwards, A. L. y H. B. English, «Reminiscence in relation differential difficulty», *Journal of Experimental Psychology*, nº 25, 1939, págs. 100-108.

Eikenberry, D. H., «Permanence of high school learning», *Journal of Educational Psychology*, nº 14, 1923, págs. 463-482.

English, H. B., E. L. Welborn y C. D. Kilian, «Studies in substance memorization», *Journal of General Psychology*, nº 11, 1934, págs. 233-260.

Frutchey, F. P., «Retention in high school chemistry», *Journal of Higher Education*, nº 8, 1937, págs. 217-218.

Granit, A. R., «A study on the perception of form», *Journal of Experimental Psychology*, nº 12, 1921, págs. 223-247.

Greeno, R. K., *Human Memory*, Hillsdale, N. J., Lawrence Erlbaum Associates, 1992.

Hart, J. T., «Memory and the feeling-of-knowing experience», *Journal of Educational Psychology*, nº 56, 1965, págs. 208-216.

Hildreth, G. E., «The difficulty reduction tendency in perception and problem solving», *Journal of Educational Psychology*, nº 32, 1941, págs. 305-313.

Hildreth, G. E., «The simplification tendency in reproducing designs», *Journal of Genetic Psychology*, nº 64, 1944, págs. 327-333.

Hilgard, E. R., R. P. Irvine y J. E. Whipple, «Rote memorization, understanding, and transfer: An extension of Katona's card trick experiments», *Journal of Experimental Psychology*, nº 31, 1995, págs. 379-409.

Hirt, E. R., McDonald, H. E. y Erikson, G. A., «How do I remember thee? The role of encoding set and delay in reconstructive memory processes», *Journal of Experimental Social Psychology*, nº 31, 1995, págs. 379-409.

Johnson, R. E., «Meaningfulness and the recall of textual prose», *American Educational Research Journal*, nº 10, 1973, págs. 49-58.

Jones, E. E. y R. De Charms, «The organizing function of interactional roles in person perception», *Journal of Abnormal and Social Psychology*, nº 57, 1958, págs. 155-164.

Kastrinos, W., «A study of the retention of biological facts by high-school biology students», *Science Education*, nº 49, 1965, págs. 487-491.

Keppel, G. y B. J. Underwood, «Proactive inhibition in short-term retention of single items», *Journal of Verbal Learning and Verbal Behavior*, nº 1, 1962, págs. 153-161.

Kintsch, W., *Memory and Cognition*, Nueva York, Wiley, 1977.

—, «Text comprehension, memory, and learning», *American Psychologist*, nº 49, 1994, págs. 294-303.

—, *The Representation of Meaning in Memory*, Nueva York, Lawrence Erlbaum Associates, 1974.

Kintsch, W. y otros, «Comprehension and recall of text as a function of content variables», *Journal of Verbal Learning and Verbal Behavior*, nº 14, 1975, págs. 196-214.

Koffka, K., *Principles of Gestalt psychology*, Nueva York, Harcourt, Brace, Jovanovich, 1935.

Lindsay, P. H. y D. A. Norman, *Human Information Processing*, Nueva York, Academic Press, 1972 (trad. cast.: *Procesamiento de información humana*, 3 vols., Madrid, Tecnos, 1975-1977).

Mayer, B. J. F. y G. W. McConkie, «What is recalled after hearing a passage?», *Journal of Educational Psychology*, nº 65, 1973, págs. 109-117.

Miller, G. A., E. Galanter y K. Pribram, *Plans and the Structure of Behavior*, Nueva York, Holt, Rinehart and Winston, 1960 (trad. cast.: *Planes y estructura de la conducta*, Madrid, Debate, 1983).

Myrow, D. C. y R. C. Anderson, «Retroactive inhibition of prose as a function of type of test», *Journal of Educational Psychology*, nº 63, 1972, págs. 323-328.

McKillop, A. S., *The Relationship Between the Reader's Attitude and Certain Types of Reading Response*, Nueva York, Columbia University, Teachers College, 1952.

Neisser, U., *Psychology of Cognition*, Nueva York, Appleton-Century-Crofts, 1970.

Newell, A., J. C. Shaw y H. A. Simon, «Elements of a theory of human problem solving», *Psychological Review*, nº 65, 1958, págs. 151-166.

Newman, E. B., «Forgetting of meaningful material during sleep and walking», *American Journal of Psychology*, nº 52, 1939, págs. 65-71.

Newson, R. S. y A. J. H. Gaite, «Prose learning: Effects of pretesting and reduction of passage length», *Psychological Reports*, nº 28, 1971, págs. 123-129.

Norman, D. A., *Memory and Attention*, Nueva York, Wiley, 1968 (trad. cast.: *El procesamiento de la información en el hombre: memoria y atención*, Barcelona, Paidós, 1984).

Paivio, A., *Imagery and Verbal Processes*, Nueva York, Holt, Rinehart and Winston, 1971.

Paul, I. H., «Studies in remembering: The reproduction of connected and extended verbal material», *Psychological Issues*, vol. 1, nº 2, 1959.

Pichert, J. W. y R. C. Anderson, «Taking different perspectives on a story», *Journal of Educational Psychology*, nº 69, 1977, págs. 309-315.

Postman, L. y L. Rau, «Retention as a function of the method of measurement», *University of California Publications in Psychology*, nº 8, 1957, págs. 219-270.

Reed, H. B., «Meaning as a factor in learning», *Journal of Educational Psychology*, nº 29, 1938, págs. 419-430.

Rosenthal, B. G., «Hypnotic recall of material learned under anxiety and non-anxiety producing conditions», *Journal of Experimental Psychology*, nº 34, 1944, págs. 368-389.

Royer, J. M., S. R. Sefkow y R. B. Knopf, «Contributions of existing knowledge structure to retroactive inhibition in prose learning», *Contemporary Educational Psychology*, nº 2, 1977, págs. 31-36.

Rummelhart, D. E., P. H. Lindsay y D. P. Norman, «A process model for long-term memory», en E. Tulving y W. Donaldson (comps.), *Organization of Memory*, Nueva York, Academic Press, 1972.

Sherman, J. L., «Contextual information and prose comprehension», *Journal of Reading Behavior*, nº 8, 1976, págs. 369-379.

Sternberg, S., «Memory scanning: New findings and current controversies», *Quarterly Journal of Experimental Psychology*, nº 27, 1975, págs. 1-32.

Taft, R., «Selective recall and memory distortion of favorable and unfavorable material», *Journal of Abnormal and Social Psychology*, nº 49, 1954, págs. 23-28.

Thiele, C. L., «The contribution of generalization to the learning of addition facts», *Contributions to Education*, nº 763, Nueva York, Columbia University, Teachers College, 1938.

Underwood, B. J. y J. Richardson, «The influence of meaningfulness, intralist similarity and serial position in retention», *Journal of Experimental Psychology*, nº 52, 1956, págs. 118-126.

Vygotsky, L. S., *Thought and Language*, Nueva York, Wiley, 1962 (trad. cast.: *Pensamiento y lenguaje*, Barcelona, Paidós, 2000).

Wickens, D. D., «Characteristics of word encoding», en A. W. Melton y E. Martin (comps.), *Coding processes in human memory*, Nueva York, Winston, 1972.

Wickens, D. D., D. G. Born y C. K. Allen, «Proactive inhibition and item similarity in short-term memory», *Journal of Verbal Learning and Verbal Behavior*, nº 2, págs. 440-445.

6 Los efectos de las variables de la estructura cognitiva en la adquisición, la retención y la transferencia de conocimientos

En capítulos anteriores hemos considerado la naturaleza, las condiciones y las propiedades subyacentes del aprendizaje y la retención de carácter significativo basados en la recepción verbal. También hemos llegado a la conclusión de que varias propiedades especificables de la estructura cognitiva ya existente son la clase particular más importante de factores que influyen en la adquisición, la retención y la capacidad de transferencia de conocimientos. Ahora ya estamos preparados para operacionalizar estas variables de la estructura cognitiva, citar y examinar pruebas disponibles procedentes de la investigación en relación con sus efectos en el aprendizaje y la retención de materias y proponer cómo se pueden manipular y aplicar a las prácticas de instrucción de la manera más óptima para aumentar al máximo la adquisición y la retención de conocimientos por parte de los estudiantes.

En este capítulo también será conveniente examinar, entre otras cuestiones, los efectos del lenguaje en la capacidad de transferencia del conocimiento. Para el fin teórico de descubrir cómo adquieren y retienen los seres humanos grandes corpus de conocimiento y para el fin práctico de mejorar las prácticas de instrucción, no basta simplemente con destacar la importancia que tiene para el aprendizaje y la retención de carácter significativo el conocimiento antecedente pertinente que está representado y almacenado en la estructura cognitiva ya existente. Antes de poder realizar una experimentación y una comprobación fructíferas, es necesario especificar, conceptuar y operacionalizar de una manera explícita las variables (atributos) más importantes y manipulables del corpus de conocimientos que ya posee el estudiante y que influyen en el nuevo aprendizaje y la nueva retención. Contrariamente a la afirmación de E. Gagné (1978), todas estas variables ya se han operacionalizado desde el punto de vista conceptual y procedimental mediante unos instrumentos de comprobación (pasajes de enseñanza en prosa) y unos procedimientos experimentales que, en la mayoría de los casos, se basan principalmente en una validez evidente del contenido (además de manifestarla).

Puesto que, por definición, la estructura cognitiva ya existente muestra el impacto residual de todo aprendizaje y toda retención anteriores, supone invariablemente el problema de la transferencia cuando se produce un nuevo aprendizaje.[1] Sin embargo, para que se pueda demostrar de una manera objetiva, se debe designar y medir una variable específica de la estructura cognitiva, así como su efecto en nuevas tareas de aprendizaje y de retención, en comparación con un grupo de control. A este respecto, R. M. Gagné (1977) hace una distinción entre la transferencia *lateral* y la transferencia *vertical* que, en parte, es análoga a la distinción entre la transferencia general y a largo plazo y la transferencia específica y a corto plazo presentada en el capítulo 2. En el primer caso (transferencia lateral), las capacidades para el aprendizaje ya existentes se aplican de una manera un tanto indirecta y en un sentido general a la comprensión de contenidos y a la resolución de problemas afines y pertenecientes al mismo campo de conocimiento, o a la comprensión de contenidos y la resolución de problemas de otras disciplinas. Esto (la transferencia lateral) supone la capacidad de generalizar el residuo de un conjunto de aprendizajes ya existentes a la comprensión y la resolución de problemas relacionados de una manera tangencial o metafórica con un área de conocimiento o con una experiencia de resolución de problemas relacionadas pero algo distintas.

Por otro lado, la transferencia vertical se aplica a la situación donde el dominio de un conjunto bastante específico de «capacidades subordinadas» es un requisito para la adquisición de capacidades de orden superior dentro de una subárea de conocimiento bastante limitada (Gagné, 1977). Desde nuestro punto de vista, la transferencia vertical estará presente siempre que la disponibilidad de ideas pertinentes de orden superior en la estructura cognitiva refuerce el aprendizaje de ideas subordinadas en

1. Este enfoque no descarta en modo alguno la disponibilidad espontánea de ideas pertinentes ya existentes en la estructura cognitiva (derivadas de un aprendizaje previo) para el aprendizaje de material secuencialmente dependiente. En realidad, los organizadores previos sólo se introducen cuando estas ideas *adecuadamente* pertinentes *no* están presentes en la estructura cognitiva. Incluso en este último caso, el organizador hace referencia explícita a cualquier material pertinente que ya exista.

el material de instrucción (subsunción) y, sobre todo, más en el aprendizaje basado en la recepción que en el aprendizaje basado en el descubrimiento y más en el conocimiento sustancial que en las capacidades para la resolución de problemas.

En contraste con la preparación *evolutiva*, que depende de aumentos discontinuos del nivel evolutivo del funcionamiento cognitivo relacionados con la edad, el tipo de preparación que examinaremos aquí se puede denominar preparación «para la materia». Se puede definir como las propiedades en cuanto a contenido y organización del conocimiento ya existente en la estructura cognitiva del estudiante en relación con un aspecto dado de una disciplina o con una disciplina en su conjunto, que influyen en su capacidad para aprender y retener nuevos componentes del conocimiento de ese campo con un ahorro razonable de tiempo y de esfuerzo. En los dos casos estamos tratando con un tipo de preparación para nuevos aprendizajes. Sin embargo, en el último caso, la preparación es una función de los conocimientos particulares de una materia adquiridos previamente, es decir, de sus propiedades sustanciales y organizativas. En el primer caso, refleja la *madurez* del funcionamiento intelectual del estudiante tanto desde un punto de vista global como desde el punto de vista de la disciplina particular en cuestión. Estos dos conjuntos de factores o tipos de preparación están relacionados entre sí. Cada factor influye independientemente en la adquisición y la retención de conocimientos y, al mismo tiempo, influye en el otro factor.

El aprendizaje significativo y la disponibilidad de ideas de anclaje pertinentes

Evidentemente, el hecho de que existan o no ideas de anclaje pertinentes disponibles en un nivel adecuado de abstracción, generalización e inclusividad en la estructura cognitiva, es una variable antecedente importante en el aprendizaje y la retención de carácter significativo. En esta sección revisaremos varios estudios a corto plazo sobre el aprendizaje, la retención y la resolución de problemas de carácter significativo en los que interviene esta variable. Estudios como éstos ejemplifican el paradigma de la transferencia siempre que la variable de la estructura cognitiva se manipule durante un período preliminar o de entrenamiento para que su efecto en una *nueva* tarea de aprendizaje se pueda determinar. Por ejemplo, un estudio que indicara que el sobreaprendizaje de un pasaje dado produce un aumento en su retención *no* constituiría una prueba pertinente, desde el punto de vista de la transferencia, de la influencia de la estructura cognitiva en la retención; simplemente reflejaría la influencia del grado de práctica en la retención ya que la práctica, en lugar de la estructura cognitiva alterada, es la única variable independiente *mensurable* pertinente en estas circunstancias. Por otro lado, las pruebas de que el sobreaprendizaje de un pasaje *A* por parte de un grupo experimental (en comparación con un grupo de control que no lo ha sobreaprendido) conduce a una retención superior de un pasaje relacionado *B*, sería una prueba importante de la influencia de las ideas pertinentes y consolidadas ya existentes en la estructura cognitiva, es decir, indicaría una transferencia positiva.

La disponibilidad de ideas pertinentes en la estructura cognitiva se puede determinar mediante pretest de opciones múltiples o basados en ensayos, mediante entrevistas clínicas de tipo piagetiano, mediante el método socrático y mediante la «correspondencia cognitiva». También se pueden emplear evaluaciones consensuadas por expertos y enseñantes de una materia para juzgar el grado y la proximidad de la pertinencia cognitiva ya existente para una tarea de aprendizaje dada.

Además de su utilidad práctica como recurso pedagógico, los organizadores previos también se pueden emplear para estudiar de una manera programática los efectos de las variables de la estructura cognitiva. Manipulando sistemáticamente las propiedades de los organizadores, es posible influir en varios atributos de la estructura cognitiva (por ejemplo, la disponibilidad para el estudiante de subsumidores pertinentes y próximamente inclusivos; la claridad, la estabilidad, la discriminabilidad, la coherencia y la capacidad de integración de estos subsumidores) y luego determinar la influencia de esta manipulación en nuevos aprendizajes, retenciones y resoluciones de problemas. De esta manera, la incidencia de la transferencia positiva se puede inferir con seguridad si los sujetos del grupo de control a los que se les presenta un material introductorio manifiestamente similar pero que no destaca una variable de la estructura cognitiva no obtienen unos resultados comparables.

La naturaleza, el proceso subyacente y los efectos de los organizadores previos

Los organizadores previos son recursos pedagógicos que ayudan a implementar los principios de diferenciación progresiva y de conciliación integradora rellenando el hueco existente entre lo que *ya sabe el estudiante* y lo que *necesita* saber para poder aprender y retener nuevo material de instrucción de una manera eficaz.

Desde un punto de vista operacional, los organizadores se definen como introducciones relativamente breves que difieren de los resúmenes y las sinopsis porque las ideas que contienen: 1) son más abstractas, inclusivas y generales que el material de aprendizaje más detallado al que preceden; y 2) pueden enlazarse y tener en cuenta las ideas pertinentes ya existentes que están presentes en la estructura cognitiva. Naturalmente, este último criterio es necesario para que se pueda aprender el propio organizador.

Los organizadores previos actúan siguiendo el mismo principio general que el material ideacional pertinente, antecedente y ya existente en la estructura cognitiva, en el sentido de que el nuevo material de instrucción que se va a presentar más adelante depende secuencialmente de él (salvo por el hecho de que su pertinencia para el nuevo material de aprendizaje y para las ideas de anclaje pertinentes de la estructura cognitiva es un objetivo más específico y explícito). Por otro lado, los resúmenes y las sinopsis se suelen presentar con el mismo nivel de abstracción, generalización e inclusividad que el propio material de aprendizaje. Simplemente recalcan el aspecto más destacado del material omitiendo información menos importante y logrando su efecto, en gran medida, por medio de la repetición y la simplificación.

La función del organizador, tras su interacción con los subsumidores pertinentes de la estructura de la cognición, es ofrecer un andamiaje ideacional para la incorporación y la retención estable del material más detallado y diferenciado que sigue en el pasaje de aprendizaje, además de aumentar la discriminabilidad entre este último material e ideas similares u ostensiblemente contradictorias de la estructura cognitiva.[2] Para un ma-

2. En la educación preescolar, donde los procesos lógicos o de clasificación implicados en la organización del aprendizaje significativo basado en la recepción no son implícitamente conocidos por los alumnos como ocurre con los estudiantes de más edad, se han empleado con éxito organizadores de «proceso» y de contenido para mejorar el aprendizaje (Lawton, 1977; Lawton y Wanska, 1977). Sin embargo, en los estudiantes de todas las edades debería ser útil una conciencia explícita de la secuencia de las cuestiones epistemológicas del método científico que se deben responder, bien en el aprendizaje basado en el descubrimiento, bien en la presentación expositiva de principios del método científico. La «Uve» de Gowin (1977) es un recurso heurístico diseñado para ayudar a los estudiantes a ser explícitamente conscientes de los problemas metodológicos y de procedimiento que intervienen en el descubrimiento de nuevos conocimientos.

terial relativamente poco familiar, sólo hace falta emplear un organizador «expositivo» que proporcione unos subsumidores próximos pertinentes. Estos subsumidores, que mantienen una relación de orden superior con el nuevo material de aprendizaje, proporcionan principalmente un anclaje ideacional en unos términos que ya son familiares para el estudiante. Por otro lado, para el material de aprendizaje relativamente familiar se emplea un organizador «comparativo» que integre las nuevas ideas con ideas básicamente similares de la estructura cognitiva y que aumente la discriminabilidad entre las ideas nuevas y aquellas ideas ya existentes que sean diferentes en esencia pero presenten una similitud que provoque confusión.

La ventaja de construir deliberadamente un organizador especial para cada nueva unidad de material es que el estudiante sólo puede disfrutar de esta manera de las ventajas de los subsumidores, que le ofrecen una sinopsis general del material de instrucción más detallado *antes* de enfrentarse realmente a él y que le proporcionan elementos organizadores que incluyen y tienen en cuenta de una manera más eficaz las ideas pertinentes de su estructura cognitiva. Cualquier subsumidor ya existente en la estructura cognitiva del estudiante que éste pueda emplear independientemente para este fin sin necesidad de un organizador, suele carecer de una pertinencia y una inclusividad *particularizadas* para el nuevo material y difícilmente estará disponible antes de su contacto inicial con él. Además, aunque es probable que los estudiantes puedan improvisar un subsumidor adecuado para futuros intentos de aprendizaje *después* de haberse familiarizado con el material, es poco probable que lo puedan hacer con la misma eficacia que una persona entendida en relación con el contenido de la materia o con su enseñanza, es decir, con la misma eficacia que el enseñante experimentado o el experto en metodología que, conociendo bien la materia, prepara el organizador. Como cabría esperar dentro de lo razonable, los organizadores previos (organizadores que preceden al material de aprendizaje) son uniformemente más eficaces que los organizadores posteriores (Mayer, 1977b; Mayer y Brombage, 1978).

Es evidente que el valor pedagógico de los organizadores previos depende, en parte, de lo bien organizado que esté el propio material de aprendizaje. Si ya contiene organizadores incorporados y avanza desde regiones de menor diferenciación a regiones de mayor diferenciación (de más a menos inclusividad), en lugar de ir en la dirección opuesta que normalmente suelen seguir los libros de texto o las lecciones de presentación, gran parte del beneficio potencial derivable de los organizadores previos no se podrá obtener. Sin embargo, al margen de lo bien organizado que esté el material de aprendizaje, parece plausible esperar que el aprendizaje y la retención todavía se puedan facilitar para la mayoría de los estudiantes mediante el empleo de organizadores previos con un nivel adecuado de inclusividad. Estos organizadores están disponibles desde el mismo principio de la tarea de aprendizaje y sus propiedades integradoras también son mucho más destacadas que cuando se presentan al mismo tiempo que el material de aprendizaje. Sin embargo, *es evidente que los mismos organizadores se deben poder aprender y expresar mediante términos familiares* para que sean útiles. Por lo tanto, se debe demostrar empíricamente que se pueden aprender en lugar de dar sólo por descontada esta posibilidad.

Los organizadores se construyen para ofrecer conceptos, proposiciones y principios generales de orden superior para la subsunción de las ideas de la tarea de aprendizaje que estén subordinadas a estas últimas ideas más generales. En consecuencia, de ello se sigue que los organizadores deben tener sus efectos positivos más fuertes en unidades ideacionales conceptuales y proposicionales y en problemas de transferencia que requieran conceptos generales para su solución (Mayer, 1979), como demuestran los estudios de Mayer y Brombage (1978). Al mismo tiempo, se debe tener presente que para que los organizadores sean más eficaces se deben formular en un nivel de conceptuación más elevado en lugar de más bajo (Mayer, Stiehl y Greeno, 1975) y que los materiales de instrucción deben estar mucho más diferenciados que los propios organizadores (Ausubel, 1963). Además, si los materiales de instrucción son muy abstractos, ya tienen incorporados sus propios organizadores y los organizadores previos no tienden a facilitar su aprendizaje.

Por razones similares, los materiales de instrucción deberían ser poco familiares, difíciles, técnicos y poco relacionados con áreas de conocimiento donde los estudiantes ya tengan, o es probable que empleen, unos subsumidores de pertinencia próxima (Ausubel, 1960, 1963, 1968; Mayer, 1979). El descubrimiento hecho por Mayer (1978) de que los organizadores previos son más eficaces cuando las ideas del material textual se colocan al azar en lugar de siguiendo un orden lógico, además de su descubrimiento de que los estudiantes con poca aptitud académica tienen menos probabilidades de poseer o de poder construir sus propios organizadores o de percibir la pertinencia de los subsumidores ya existentes (Ausubel y Fitzgerald, 1962; Mayer, 1975b; Schulz, 1966) son coherentes con el principio anterior.

Para ajustarse a las consideraciones operacionales consideradas anteriormente, se deberían realizar estudios piloto de los organizadores previos para establecer que en general el material de aprendizaje sea poco familiar, que el propio organizador se pueda aprender y que no proporcione directamente ningún material que ayude al estudiante a responder pospreguntas (Ausubel, 1960, 1961, 1963, 1968). No hace falta decir que en el diseño de experimentos sobre organizadores es esencial un grupo de control expuesto a un tipo de introducción no organizadora de la misma longitud (y que se asemeje superficialmente al organizador).

Para cumplir el criterio de la capacidad de relación del organizador con la estructura cognitiva, se deberían emplear uno o más de los procedimientos mencionados anteriormente para determinar la disponibilidad de ideas pertinentes en la estructura cognitiva del estudiante. El grado y la proximidad de la pertinencia de las ideas del organizador se pueden establecer empleando criterios como el acuerdo entre los enseñantes y los especialistas en la materia.

Una de las premisas básicas del empleo de los organizadores previos es que se deben ajustar al nivel de funcionamiento intelectual de la persona concreta que aprende. En consecuencia, en el nivel de la primera enseñanza se recomienda la inclusión de apoyos concretos y empíricos en el contenido del organizador con objeto de que las generalizaciones en cuestión sean comprensibles con objeto de los niños (Ausubel, 1963).

Lawton y sus colaboradores de la Universidad de Wisconsin han llevado este principio un paso más allá al emplear un enfoque basado en los organizadores para la enseñanza de preescolar. Creen que los niños de preescolar podrían aprender los contenidos de una materia mediante una enseñanza expositiva si los organizadores del contenido estuvieran complementados por unos organizadores del «proceso», es decir, unos organizadores que expliquen a estos alumnos, en términos generales, la naturaleza de procesos cognitivos como la clasificación, cuyo conocimiento implícito se da por descontado en las capacidades de procesamiento de información de los niños de primaria y de más edad. Hasta hoy han demostrado que una combinación de organizadores de proceso y de contenidos es significativamente superior a los organizadores de contenidos por sí solos o a un enfoque a la enseñanza de preescolar basada en supuestos piagetianos.

El empleo de organizadores expositivos para facilitar el aprendizaje y la retención del aprendizaje verbal significativo se basa en la premisa de que el material de instrucción potencialmente significativo se incorpora con más facilidad y de una manera más estable en la estructura cognitiva siempre y cuando sea subsumible bajo unas ideas de anclaje específicamente pertinentes. En consecuencia, de ello se sigue que aumentar la disponibilidad en la estructura cognitiva de subsumidores específicamente pertinentes, introduciendo organizadores adecuadamente dirigidos, debería reforzar el aprendizaje significativo del material en cuestión. En realidad, esta suposición está confirmada por muchas pruebas procedentes de la investigación (por ejemplo, Ausubel, 1960; Ausubel y Fitzgerald, 1961, 1962; Ausubel y Youssef, 1963; Kuhn y Novak, 1971). Sin embargo, el efecto facilitador de los organizadores puramente expositivos parece limitarse en gran medida a estudiantes con pocas aptitudes verbales (Ausubel y Fitzgerald, 1962; Mayer, 1975b) y pocas aptitudes analíticas (Schulz, 1966) y, es de suponer, con menos capacidad para desarrollar por su cuenta un esquema adecuado para organizar nuevos materiales en relación con la estructura cognitiva ya existente.[3] La misma disponibilidad de una proposición pertinente de orden superior en la estructura cognitiva también refuerza la retención significativa, disminuyendo el ritmo de deterioro de la fuerza de disociabilidad original del material (el ritmo de la asimilación obliteradora) (Ausubel y Fitzgerald, 1961b).

Así pues, es probable que los organizadores previos faciliten de tres maneras diferentes la capacidad de incorporación y la longevidad del material aprendido de una manera significativa. En primer lugar, utilizan y movilizan de una manera explícita cualquier concepto de anclaje pertinente que ya esté establecido en la estructura cognitiva del estudiante y hacen que forme parte de la entidad subsumidora. En consecuencia, el nuevo material potencialmente significativo no sólo se hace más familiar y realmente significativo, sino que también se seleccionan y se utilizan de una manera integrada los antecedentes ideacionales más pertinentes de la estructura cognitiva. En segundo lugar, al hacer posible la subsunción bajo unas ideas específicamente pertinentes (y recurriendo a otras ventajas del aprendizaje subsumidor), los organizadores previos situados en un nivel adecuado de inclusividad proporcionan un anclaje óptimo para el

---

3. Sin embargo, cuando la tarea de aprendizaje es especialmente difícil, los organizadores pueden beneficiar de una manera diferencial a los estudiantes más aptos (Grotelueschen, 1967) y a los que tienen más conocimientos de fondo (Ausubel y Fitzgerald, 1962) haciendo que les sea posible aprender material que en todo caso estaría más allá de la capacidad de estudiantes menos aptos o menos entendidos (Barnes y Clawson, 1975; Grotelueschen y Sjogren, 1968).

material de instrucción. Esto estimula tanto el aprendizaje inicial como la posterior resistencia a la subsunción obliteradora. En tercer lugar, el empleo de organizadores previos hace innecesaria gran parte de la adquisición memorista a la que suelen recurrir los estudiantes porque se les exige que aprendan los detalles de una disciplina poco familiar antes de poder disponer de un número suficiente de ideas de anclaje clave para hacer que estos detalles sean significativos. A causa de la frecuente ausencia de ideas en la estructura cognitiva con las que se puedan relacionar estos detalles de una manera no arbitraria y sustancial, el material, aunque sea lógicamente significativo, con frecuencia carece de un significado potencial.

Desde el punto de vista de la investigación, la opinión general en relación con la validez empírica de los resultados de los organizadores previos ha sido expuesta por Mayer (1979). Tras analizar la revisión hecha por Barnes y Clawson en 1975 y al resumir sus propios estudios sobre los organizadores previos en función de las predicciones de la teoría de la asimilación, Mayer llegó a la conclusión de que «cuando los organizadores previos se emplean en situaciones apropiadas y se evalúan de una manera adecuada, realmente parecen influir en el resultado posterior del aprendizaje».

Ideas preconcebidas e ideas falsas

El estudio de Postman (1954) sobre el efecto en el aprendizaje y la retención de carácter memorista de reglas aprendidas sobre la organización, es un precursor interesante del empleo de organizadores previos en el aprendizaje significativo de discurso verbal conexo potencialmente significativo. Este investigador encontró que una formación explícita en la derivación de pautas figurales de modelos codificados facilita la retención del material figural, que la relativa «efectividad de esta formación preliminar aumenta con el intervalo de retención», y que esta formación reduce la susceptibilidad del material de la memoria a la interferencia retroactiva. Así pues, en esencia, este experimento suponía la facilitación de la retención memorista (literal) mediante reglas de organización significativas: la tarea de aprendizaje era relativamente arbitraria, literal y no enlazable con la estructura cognitiva, pero cada componente era enlazable con un código aprendido de una manera explícita que, en este caso, era análogo a un principio subsumidor. De manera similar, Reynolds (1966) también demostró que una estructura perceptiva organizada puede facilitar el aprendizaje verbal memorista.

La pertinencia de los elementos antecedentes precursores de las ideas de anclaje en la estructura cognitiva para el nuevo material de aprendizaje también es un factor importante en el funcionamiento cognitivo. Los conceptos y las reglas se adquieren con más facilidad si los casos específicos de los que se abstraen se asocian de una manera frecuente en lugar de pocas veces, con sus atributos definidores (característicos) o con ejemplos, y si los sujetos tienen más información pertinente en lugar de menos, acerca de la naturaleza de estos atributos (Nagata, 1976; Underwood y Richardson, 1956).

De una manera similar, un contexto antecedente pertinente y significativo (Bransford y Johnson, 1972) y una exposición previa a «términos clave» (Jenkins y Bausell, 1976) facilitan la comprensión del discurso conexo, sobre todo cuando es vago o ambiguo. Aparece el mismo efecto en la percepción de este material cuando se mide por el tiempo de exposición taquistoscópica por debajo del umbral. Las ideas de orden superior no sólo se recuerdan durante mucho más tiempo y con más precisión que las ideas subordinadas (Kintsch y otros, 1974; Meyer y McConkie, 1973), sino que también son más eficaces como subsumidoras (es decir, cuando se usan como organizadores previos) que las ideas coordinadas (Rickards, 1975; Rickards y McCormick, 1976). Naturalmente, estos resultados son congruentes con el hecho de que la duración de la retención a largo plazo de diversas formas de contenidos varía directamente en función de su nivel de abstracción, generalidad e inclusividad. Meyer (1975a, 1975b, 1975c, 1976b) y Saugstad (1955) han demostrado que gran parte de la variación en la resolución de problemas se explica por la disponibilidad de conocimientos pertinentes en la estructura cognitiva del estudiante.

En la sección anterior dedicada a las «causas del olvido», examinamos varios estudios que muestran cómo influyen de distintas maneras diferentes conjuntos previos, actitudes y orientaciones en el contenido de los significados adquiridos. Aunque la disponibilidad de ideas de anclaje pertinentes en la estructura cognitiva en general facilita el aprendizaje y la retención de carácter significativo, hemos considerado la posibilidad, y algunas pruebas al respecto, de que la experiencia previa reciente puede producir una interferencia proactiva y (con menos frecuencia) también una interferencia retroactiva, generando una confusión cognitiva (por ejemplo, Suppes y Ginsberg, 1963) y una «fijación funcional» y una «rigidez» en la estrategia de resolución de problemas (por ejemplo, Luchins, 1946).

Por lo tanto, no sólo está claro que la presencia en la estructura cognitiva de unas ideas de anclaje pertinentes, claras, estables y discriminables es el principal factor facilitador del aprendizaje significativo, sino también que la *ausencia* de estas ideas constituye la principal influencia limitadora o negativa en los nuevos aprendizajes significativos. Uno de estos factores limitadores es la existencia de ideas preconcebidas erróneas pero tenaces. Por desgracia, sin embargo, se han realizado muy pocas investigaciones sobre este problema crucial, a pesar del hecho de que el desaprendizaje de ideas preconcebidas en ciertos casos de aprendizaje y retención de carácter significativo podría muy bien ser el factor único más determinativo y manipulable en la adquisición y la retención de conocimientos de una materia.

En todo caso, quienquiera que haya intentado enseñar ciencias a niños, o incluso a adultos, será plenamente consciente del potente papel de las ideas preconcebidas en la inhibición del aprendizaje y la retención de hechos, conceptos y principios científicos. Estas ideas preconcebidas son increíblemente tenaces y resistentes a la extinción a causa de la influencia de factores como la primacía y la frecuencia y porque suelen estar ancladas a ideas preconcebidas antecedentes muy relacionadas, estables y de naturaleza inclusiva (por ejemplo, proposiciones generales y sin ninguna autoridad que expresan una relación positiva en lugar de inversa basadas en una causalidad múltiple en vez de única o en una variabilidad dicotómica en lugar de continua).

Además, la resistencia a la aceptación de nuevas ideas contrarias a las creencias dominantes parece ser característica del aprendizaje humano. Algunas de las razones de las diferencias individuales en cuanto a la tenacidad de las ideas preconcebidas incluyen probablemente las que están relacionadas con el estilo cognitivo, con rasgos de la personalidad tan generales como la estrechez de miras y con diferencias individuales autoconsistentes en aspectos generalizados del reduccionismo del funcionamiento cognitivo. Pines (1977) ha demostrado que cuando las ideas falsas no se arrancan de raíz, pueden hacerse más elaboradas y estables como resultado de la instrucción.

Por ejemplo, una idea preconcebida muy común entre los niños de primera enseñanza es que el tegumento externo constituye una especie de saco lleno de sangre. Si lo pinchamos en cualquier punto, sangra. En realidad, ésa no es una hipótesis estrambóticamente implausible. Entonces, ¿es concebible que podamos instruir con eficacia a estos niños sobre el sistema circulatorio sin tener en cuenta y sin tratar de socavar la credibilidad relativa y el relativo poder explicativo de esta idea preconcebida en comparación con un sistema cerrado de vasos? Oakes (1945, 1947) ha demostrado que las ideas falsas existen en todas las edades y en todos los niveles educativos. Por lo tanto, una condición previa aparentemente importante para construir unos organizadores individualizados para unidades de enseñanza de ciencias es determinar cuáles son las ideas preconcebidas más comunes que poseen los estudiantes por medio de pretest, entrevistas clínicas o correspondencias cognitivas y luego emparejar unos organizadores adaptados adecuadamente con los alumnos que posean las ideas preconcebidas correspondientes.

Estudios a largo plazo de las variables de la estructura cognitiva

A pesar de su evidente importancia para el aprendizaje escolar, los estudios a largo plazo de los efectos de las variables de la estructura cognitiva en el éxito en una materia son muy escasos. Las pocas investigaciones realizadas en este campo se ajustan al diseño de investigación mínimamente necesario (el paradigma de la transferencia) que requiere que primero se manipule deliberadamente un solo atributo de la estructura cognitiva empleando procedimientos de control experimentales y/o estadísticos adecuados y que, luego, este atributo alterado de la estructura cognitiva se relacione con el rendimiento académico a largo plazo en un programa prolongado de *nuevos* estudios en el mismo campo.

La influencia del grado existente de conocimiento en el logro académico

Los estudios en los que el grado de conocimiento ya existente de una materia en un nivel de logro educativo se relaciona con el rendimiento académico en niveles educativos posteriores se ajustan al paradigma de la transferencia a largo plazo. Naturalmente, la constancia en el logro académico es atribuible, en parte, a la constancia de la aptitud académica y de la motivación, así como de las presiones externas. Pero sobre todo cuando se controlan estos últimos factores, es razonable atribuir parte de la relación de logro positivo obtenida entre los niveles educativos anteriores y posteriores a los efectos acumulativos de variables de la estructura cognitiva[4] en el aprendizaje y la retención posteriores (Ring y Novak, 1971; Swenson, 1957; West y Fensham, 1976).

Por ejemplo, Swenson comunicó que, si se mantenía constante la aptitud académica, los estudiantes de los dos quintos superiores de sus clases de secundaria obtenían unas puntuaciones medias en los cursos universitarios significativamente superiores a las de los estudiantes de los tres quintos inferiores. Por otro lado, Engle (1957) encontró que las notas de psicología obtenidas en la universidad por estudiantes que habían estudiado psicología en segunda enseñanza no eran más altas que las notas de estudiantes que no habían estudiado psicología durante la segunda enseñanza. Es probable que esta falta de relación reflejara, en parte, unas diferencias significativas en cuanto a contenido y énfasis entre los cursos de psicología de segunda enseñanza y los cursos de psicología de la universidad.

Sin embargo, desde el punto de vista de los principios racionales del desarrollo curricular, normalmente sería de esperar que los cursos introductorios en un campo dado de conocimiento establecieran el tipo de estructura cognitiva antecedente que pudiera facilitar la asimilación posterior de material más avanzado y mucho más diferenciado del mismo campo de conocimiento. Asimismo, se podría aducir que el dominio de la psicología de secundaria tiene unos objetivos independientes por derecho propio que carecen de relación con los de la psicología universitaria y que su objetivo no es preparar, ni es un medio para reforzar, el dominio de esta última. Naegele (1974) encontró que el tiempo de aprendizaje para unas unidades secuenciales en un curso de física es más dependiente de la pertinencia del aprendizaje de las unidades anteriores del curso que de las puntuaciones en pretest para el propio curso de física, ilustrando así la importancia de la diferenciación de la estructura cognitiva *específicamente* pertinente para la facilitación del aprendizaje posterior.

Mejora de la instrucción

Muchos de los movimientos de reforma curricular han intentado reforzar el aprendizaje y la retención a largo plazo influyendo en variables

4. En una revisión de numerosos estudios, Novak, Ring y Tamir (1971) encontraron que, en general, el nivel actual de rendimiento se puede predecir mejor mediante el empleo de pretest o de otros indicadores del fondo estrechamente relacionados con las tareas de aprendizaje específicas que conforman el nivel actual de logro.

de la estructura cognitiva. Por ejemplo, el Committee on School Mathematics de la Universidad de Illinois (Beberman, 1958), recalcó el autodescubrimiento inicial de generalizaciones por parte de los estudiantes, seguido de una verbalización precisa, coherente e inequívoca de los conceptos matemáticos modernos. El Secondary School Physics Program del Physical Science Study Committee (Finlay, 1959) destacó la importancia de los conceptos más integradores y más generalizables de la física moderna, de indagar a fondo en lugar de abordar el campo de una manera amplia y superficial, de la cuidadosa programación secuencial de los principios y de transmitir al estudiante algo del espíritu y de los métodos de la física como ciencia experimental en continuo desarrollo. En mi opinión, no es irrazonable inferir que en cada programa estaba implícito el supuesto de que cualquiera que fuera la superioridad final en cuanto a logro académico que se alcanzara siguiendo estos principios pedagógicos, sería atribuible a cambios acumulativos en las propiedades organizativas y sustanciales de la estructura cognitiva.

Sin embargo, los datos de pruebas de rendimiento proporcionados por estudios evaluadores de estos programas sólo ofrecen pruebas basadas en presunciones de los efectos a largo plazo de las variables de la estructura cognitiva, ya que este tipo de investigación no se ajusta adecuadamente a nuestro paradigma de la transferencia; es decir, el aprendizaje de *nuevo* material o el posterior rendimiento académico en la misma materia no se estudia como una función de cambios anteriores sustanciales u organizativos en la estructura cognitiva que se puedan atribuir de una manera plausible a unas características *especificables* del currículo. Estos estudios sólo nos dicen que el logro *acumulativo* en algún punto designado del tiempo es presumiblemente superior a causa de los efectos *acumulativos* del programa en su conjunto. Además, en estos programas no sólo es imposible aislar los efectos de las variables independientes particulares implicadas, sino que también se hacen poquísimos intentos de obtener datos comparables sobre el logro de grupos de control o de controlar el «efecto Hawthorne».[5] La medición también es un problema difícil

5. El «efecto Hawthorne» se refiere a la mejora del rendimiento en tareas características inducida por algunos aspectos nuevos, pero superficiales, del tratamiento administrado al grupo experimental (o simplemente por el hecho de que este grupo sea elegido para un tratamiento especial), en lugar de por la variable experimental postulada. Se puede evitar empleando un grupo de control al que se administra un tratamiento experimental manifiestamente similar pero intrínsecamente diferente del que se administra al grupo experimental.

porque las pruebas normalizadas de rendimiento cubren varias unidades de materias tradicionales que son deliberadamente pasadas por alto por estos nuevos currículos, además de no medir el conocimiento de los contenidos más modernos que destacan estos últimos.

Todas estas dificultades indican la inviabilidad de emplear la investigación sobre el desarrollo curricular como fuente de pruebas experimentales rigurosas que se refieran a una *sola* variable de la estructura cognitiva.

Mejora del pensamiento crítico

Se han hecho intentos de potenciar la capacidad para el pensamiento crítico influyendo en la estructura cognitiva en unas materias concretas por parte de Novak (1958), Abercrombie (1960) y Smith (1960). Novak encontró que una experiencia de seis semanas en la resolución de problemas de botánica no aumentó la capacidad para la resolución de problemas tal como fue medida. Abercrombie intentó mejorar la capacidad de unos estudiantes de medicina para razonar de una manera más eficaz proporcionándoles oportunidades para realizar discusiones «terapéuticas» en grupo en una atmósfera no estructurada y no autoritaria. Se usaron análisis de radiografías como criterio de medición para evaluar los efectos de esta formación. Los resultados de Abercrombie iban en general en la dirección predicha, pero son vulnerables por no haberse controlado el llamado «Efecto Hawthorne».

La promesa de este enfoque es doble: en primer lugar, el intento de influir en el pensamiento crítico se basa en la enseñanza simultánea de la lógica de un campo de conocimiento *particular* junto con su contenido, en lugar de basarse en la enseñanza de principios *generales* de lógica aplicables a todas las disciplinas. En segundo lugar, al cuantificar variables de instrucción que tienen una importancia esencial pero son muy escurridizas, este sistema de categorías puede hacer mucho para otorgar una base experimental legítima a los estudios a largo plazo en el aula de las variables de la estructura cognitiva.

Transferencia de principios generales en la resolución de problemas

Gran parte de la transferencia positiva en la resolución de problemas y en otros tipos de aprendizaje es atribuible al traslado de elementos generales de estrategia, orientación y adaptación a casos particulares de resolución de problemas. Se ha demostrado que la instrucción sistemática en la manera de abordar una tarea dada facilita tanto el aprendizaje motor (Duncan, 1963) como la memorización.

El papel de la discriminabilidad en el aprendizaje y la retención de carácter significativo

La discriminabilidad del nuevo material de aprendizaje de conceptos de la estructura cognitiva aprendidos previamente es una de las principales variables de la estructura cognitiva en el aprendizaje y la retención de carácter significativo. En un intento de simplificar la tarea de percibir distintos aspectos del entorno y representarlos en la estructura cognitiva, las ideas de anclaje ya existentes en la estructura cognitiva que se parecen a ideas análogas del material de aprendizaje suelen tender a interpretarse como idénticas o equivalentes a estas últimas a pesar del hecho de que, en realidad, su identidad objetiva es prácticamente inexistente. En otras palabras, el conocimiento ya existente tiende a apropiarse del campo cognitivo y a superponerse de una manera un tanto vaga a los significados potenciales similares del material de instrucción.[6] En estas circunstancias, los significados resultantes que se aprenden no se pueden ajustar al contenido objetivo del material de aprendizaje. En otros casos, el estudiante puede ser consciente del hecho de que las nuevas proposiciones que se le presentan difieren de algún modo de las proposiciones establecidas en la estructura cognitiva, pero es incapaz de especificar dónde reside la diferencia. Cuando se plantea cualquiera de estas situaciones, tienden a surgir unos significados ambiguos e impregnados de duda y confusión y unos significados alternativos o contradictorios. Sin embargo, en cualquier caso los significados acabados de aprender muestran una fuerza de disociabilidad inicial relativamente pequeña. Además, si los nuevos significados no se pueden distinguir fácilmente de los significados establecidos, sin duda se pueden representar de una manera adecuada por estos últimos a efectos de recuerdo y, en consecuencia, tienden

6. Se ha demostrado experimentalmente que los estudiantes muestran una dificultad considerable para diferenciar cognitivamente los significados de ideas ya existentes en la estructura cognitiva de nuevas ideas análogas que se presentan en el material de instrucción (Johnson, Bransford y Solomon, 1973).

a perder rápidamente su fuerza de disociabilidad inicial o a desaparecer con más rápidez que los significados en principio discriminables. Esto se aplica especialmente a los períodos de retención más prolongados. Durante intervalos cortos de retención, con frecuencia el material no discriminable se puede retener de una manera puramente memorista.

La falta de discriminabilidad entre ideas nuevas y conceptos o proposiciones de la estructura cognitiva aprendidos previamente puede explicar *parte* de la transferencia negativa (interferencia proactiva) en el aprendizaje escolar. Esto ocurre sobre todo cuando los dos conjuntos de ideas son similares de una manera confusa y cuando las ideas previamente aprendidas no son claras ni están bien establecidas. En estas últimas condiciones es comprensible que el estudiante tenga más dificultades para aprender las nuevas ideas que si no se hubiera expuesto antes a un conjunto de proposiciones confusamente similares y no discriminables. Por ejemplo, Suppes y Ginsberg (1962) encontraron pruebas de la transferencia negativa cuando unos alumnos de primer curso aprendían el concepto de identidad entre conjuntos ordenados tras haber aprendido previamente el concepto de identidad entre conjuntos no ordenados.

La discriminabilidad de una nueva tarea de aprendizaje también es en gran medida una función de la claridad y la estabilidad de las ideas ya existentes en la estructura cognitiva con las que está relacionada. Por ejemplo, al aprender un pasaje poco familiar sobre el budismo, los sujetos con un mayor conocimiento del cristianismo (las ideas subsumidoras relacionadas y pertinentes en la estructura cognitiva) obtienen unas puntuaciones significativamente superiores en la prueba de budismo que los sujetos con menos conocimientos del cristianismo (Ausubel y Blake, 1958; Ausubel y Fitzgerald, 1961; Ausubel y Youssef, 1963). Esta relación significativamente positiva entre las puntuaciones obtenidas en el budismo y en el cristianismo se mantiene incluso cuando el efecto de la aptitud verbal se controla estadísticamente (Ausubel y Fitzgerald, 1961). Cuando se introduce un pasaje sobre budismo zen organizado de una manera paralela después del pasaje sobre budismo, el conocimiento superior del último pasaje facilita de manera similar el aprendizaje del material sobre budismo zen cuando la aptitud verbal se mantiene constante (Ausubel y Youssef, 1963). Así pues, gran parte del efecto del sobreaprendizaje, tanto en la retención de una unidad dada de material como en el aprendizaje de nuevo material relacionado, probablemente refleja la mayor discriminabilidad que induce este sobreaprendizaje. Este efecto se puede lograr sobreaprendiendo o bien el propio material de aprendizaje o bien sus ideas de anclaje en la estructura cognitiva.

Cuando la discriminabilidad entre el nuevo material de aprendizaje y las ideas establecidas en la estructura cognitiva es inadecuada a causa de la inestabilidad o la ambigüedad del conocimiento previo, los organizadores comparativos que definen explícitamente las similitudes y las diferencias entre los dos conjuntos de ideas pueden aumentar la discriminabilidad de una manera significativa y, en consecuencia, facilitar el aprendizaje y la retención (Ausubel y Fitzgerald, 1961). Este enfoque para facilitar el aprendizaje y la retención probablemente es más eficaz que el sobreaprendizaje del propio material de instrucción nuevo porque el sobreaprendizaje no fortalece ni clarifica conceptos establecidos en la estructura cognitiva que proporcionen anclaje para una retención a largo plazo. Sin embargo, cuando las ideas de anclaje en la estructura cognitiva *ya* son claras y estables, es comprensible que los organizadores no tengan un efecto facilitador significativo (Ausubel y Fitzgerald, 1961). En estas últimas circunstancias, el sobreaprendizaje del nuevo material es la única manera factible de reforzar aún más la discriminabilidad.

A veces, en el aprendizaje y la retención de carácter significativo el nuevo material de aprendizaje en realidad se puede discriminar de una manera adecuada de las ideas ya existentes en la estructura cognitiva, pero aún puede parecer que está en contradicción real o aparente con estas últimas. Cuando ocurre esto, el estudiante puede rechazar de plano las nuevas proposiciones por considerar que no tienen validez, puede intentar distinguirlas del conocimiento previamente aprendido (compartimentarlas o retenerlas de una manera memorista) o, es de esperar, puede intentar conciliar e integrar los dos conjuntos de ideas contradictorias en relación con un subsumidor más inclusivo. La función de un organizador previo en este tipo de situación de aprendizaje simplemente sería proporcionar este subsumidor.

Operacionalmente, la discriminabilidad se mide con más facilidad mediante pruebas de opción múltiple o un método socrático que exijan unas distinciones claras entre conceptos y proposiciones relacionados o similares. Se puede manipular: 1) mediante el sobreaprendizaje de ideas ya existentes en la estructura cognitiva o de materiales de aprendizaje relacionados; o bien 2) mediante organizadores comparativos que destaquen de una manera explícita, en un nivel elevado de abstracción, generalización e inclusividad, las similitudes y las diferencias entre las ideas ya establecidas y las ideas similares y confundibles del material de aprendizaje.

Estabilidad y claridad de las ideas de anclaje

La estabilidad de las ideas de anclaje se refiere al mantenimiento de su disponibilidad con el paso del tiempo (longevidad) y la claridad se refiere a su grado de explicitud, diafanidad y ausencia de vaguedad y ambigüedad. La estabilidad del conocimiento general de fondo o de unas ideas de anclaje más específicas se puede determinar administrando una serie de formas equivalentes de un pretest durante un intervalo especificado de tiempo; y se puede manipular variando el número de repeticiones de este conocimiento antecedente que se presentan a un grupo de estudiantes del mismo y mediante la confirmación o no confirmación de los efectos de la retroalimentación.

La claridad se puede determinar obteniendo evaluaciones fundadas por parte de individuos entendidos de las explicaciones verbales de los estudiantes de varios conceptos y proposiciones de anclaje. También se puede evaluar a partir de sus respuestas a preguntas críticas en la «entrevista clínica», en el pretest o en el curso de la «correspondencia cognitiva». La claridad se puede manipular de la misma manera que la estabilidad y también mediante los efectos correctores de la retroalimentación. Como se indicaba anteriormente, la estabilidad y la claridad son unos factores determinantes pero sólo parciales de la discriminabilidad. La variabilidad de la estabilidad o la claridad de las ideas de anclaje está acompañada invariablemente de una variabilidad correspondiente en su discriminabilidad.

Hay muy pocas pruebas fiables sobre el efecto del sobreaprendizaje en la estabilidad y la claridad relativas (e indirectamente en la discriminabilidad) de las ideas de anclaje de la estructura cognitiva y, en consecuencia, sobre su capacidad relativa para reforzar el aprendizaje y la retención de carácter verbal y significativo. Ausubel y Fitzgerald (1962) encontraron que el grado de conocimiento pertinente del material de aprendizaje precedente está relacionado de forma positiva con el aprendizaje de un pasaje secuencialmente *dependiente*; pero el número de veces que se lea el primer pasaje no tiene ninguna relación con el aprendizaje de *otro* pasaje secuencialmente *dependiente* si este último incluye todas las ideas esenciales del primer pasaje como material introductorio (Ausubel y Youssef, 1966).

En otras palabras, el efecto de transferencia positiva que el aumento de la estabilidad del material previamente aprendido tiene en el *aprendizaje* posterior de material secuencialmente dependiente deja de ser demostrable si los elementos esenciales del material antecedente (los elementos que contribuyen a la dependencia secuencial) se incorporan como aspectos introductorios de la segunda tarea de aprendizaje. Naturalmente, esto no implica que la estabilidad del material antecedente en la estructura cognitiva no tenga un efecto de transferencia positiva en *la retención a largo plazo* de otro material secuencialmente dependiente cuando se incluye un resumen del material antecedente en la segunda tarea. Así pues, los dos procedimientos, el sobreaprendizaje del material antecedente y la incorporación de un resumen del mismo en la segunda tarea, en modo alguno se excluyen mutuamente y se pueden emplear para que se complementen en el aprendizaje de material organizado de una manera secuencial. El trabajo antes citado de Gagné y Paradise (1961) y de Gagné, Mayer, Garstens y Paradise (1962) también es pertinente a este respecto.

La presentación de material de estímulo de carácter heterogéneo que no proporcione una repetición suficiente para permitir el dominio, no sólo es menos eficaz que la presentación homogénea para aprender un principio, sino que tampoco facilita el aprendizaje de un principio de inversión durante el período de transferencia (Sassenrath, 1959). Según Bruner: «Con frecuencia el aprendizaje no se puede traducir a una forma genérica hasta que no se ha alcanzado un dominio suficiente de los detalles de la situación para permitir el descubrimiento de regularidades de orden inferior que entonces se pueden recombinar en sistemas de codificación más genéricos y de orden superior» (Bruner, 1957).

Ya se ha hecho referencia a pruebas procedentes de investigaciones a corto plazo sobre la relación entre el grado de conocimiento ya existente y el aprendizaje de material poco familiar en el mismo campo o disciplina. Los estudiantes con un conocimiento más amplio del cristianismo son más capaces de aprender los principios del budismo que los estudiantes de igual aptitud académica que tienen menos conocimiento del cristianismo (Ausubel y Fitzgerald, 1961). De manera similar, los sujetos que tienen un conocimiento de fondo más *general* de la endocrinología aprenden y retienen material menos familiar sobre la endocrinología de la pubescencia que un grupo de control que posea un conocimiento de fondo de la endocrinología menos general (Ausubel y Fitzgerald, 1962).

En el primer caso, cuando el nuevo material de aprendizaje (el budismo) es específicamente enlazable con un conocimiento ya existente (el cristianismo), el efecto facilitador del mayor conocimiento del cristianismo se puede atribuir tanto a la disponibilidad de unas ideas de anclaje más específicamente pertinentes como a una mayor discriminabilidad entre los dos conjuntos de ideas análogas. En el segundo caso, donde el nuevo material de aprendizaje (endocrinología de la pubescencia) no es *específicamente* enlazable con unos principios endocrinológicos aprendidos previamente, es probable que este conocimiento de fondo general de la endocrinología facilite el aprendizaje y la retención ofreciendo por lo menos una base de fondo no específica para relacionar el nuevo material con la estructura cognitiva (aprendizaje combinatorio) y aumentando la familiaridad del material sobre la pubescencia (y, en consecuencia, la confianza del estudiante para abordarlo). Aquí, el conocimiento de fondo también parece reforzar el efecto de un organizador. Kuhn y Novak (1971) obtuvieron unos resultados similares en un estudio centrado en la enseñanza de la «homeostasis» en un curso de biología elemental.

Quizá la característica más importante de los recursos de enseñanza automatizados, antes muy utilizados, en lo que se refiere a la facilitación del aprendizaje y la retención de carácter significativo no era el incentivo y los efectos supuestamente reductores del impulso (reforzadores) de la retroalimentación inmediata,[7] sino más bien la medida en que estos recursos influían en el aprendiz reforzando la estabilidad y la claridad de la estructura cognitiva. Al diferir la introducción de nuevo material de aprendizaje hasta que se hubiera consolidado el material anterior en la secuencia de aprendizaje, maximizaban el efecto de estabilidad de la estructura cognitiva en el nuevo aprendizaje; y al proporcionar una retroalimentación inmediata, estos recursos descartaban y corregían significados erróneos alternativos, malas interpretaciones, ambigüedades e ideas falsas antes de que tuvieran la oportunidad de menoscabar la claridad de la estructura cognitiva e inhibir de esta forma el aprendizaje de nuevo material.

A causa de la rigurosidad con que se pueden controlar variables como el grado de consolidación y la inmediatez de la retroalimentación, la variedad de enseñanza programada que prescinde de las máquinas puede ser muy útil para estudiar los efectos en el aprendizaje secuencial

---

7. El valor reforzador de la retroalimentación, tal como lo concebía Skinner, se descarta por el hecho de que los sujetos que no dan ninguna respuesta manifiesta espontánea que se pueda reforzar (que responden de una manera encubierta o se limitan a leer la respuesta correcta), en general aprenden y retienen el material verbal programado tan bien como los sujetos que construyen sus propias respuestas de una manera independiente y manifiesta (Krumboltz, 1961).

de la estabilidad y la claridad de la estructura cognitiva. Sin embargo, puede que con una instrucción cuidadosamente programada no se manifieste el efecto facilitador de los organizadores previos porque la secuencia de instrucción entera, en contraposición a un solo organizador introductorio, puede servir para aumentar el aprendizaje (Gubrud y Novak, 1973; Kahle y Nordland, 1975).

Facilitación pedagógica de la transferencia

¿Cuáles son algunas de las implicaciones pedagógicas del anterior modelo de la estructura psicológica del conocimiento y de los factores que influyen en su acrecimiento y su organización? Quizá la principal implicación para la enseñanza sea que, puesto que la estructura cognitiva ya existente refleja el resultado de *todo* el aprendizaje significativo anterior, el control de la veracidad, la claridad, la longevidad en la memoria y la capacidad de transferencia de un corpus dado de conocimiento se puede ejercer de una manera más eficaz intentando influir en las variables de la estructura cognitiva cruciales y previamente designadas. Esto es especialmente importante en vista del actual aumento de los nuevos conocimientos, que sigue una progresión geométrica.

En principio, la manipulación deliberada con fines pedagógicos de los atributos pertinentes de la estructura cognitiva no debería encontrarse con excesivas dificultades. Como se indicaba anteriormente, se puede lograr:

1. *De una manera sustancial*, empleando para fines de organización e integración aquellos conceptos y proposiciones de carácter unificador de una disciplina dada que tengan más poder explicativo, más inclusividad, más generalidad y más capacidad de relación con el contenido detallado de la materia de esa disciplina.

2. *De una manera programática*, empleando principios programáticos adecuados para ordenar la secuencia de la materia, construir su lógica y su organización internas, maximizar adecuadamente los efectos positivos de las variables de la estructura cognitiva y distribuyendo los ensayos de práctica de una manera eficaz.

Por lo tanto, en el aprendizaje escolar, la transferencia consiste principalmente en conformar la estructura cognitiva del estudiante manipulando el contenido y la disposición de su experiencia de aprendizaje antecedente en una materia particular, de tal manera que se facilite al máximo el aprendizaje y la retención posteriores.

Factores sustanciales que influyen en la estructura cognitiva

Es evidente que la tarea de identificar los principios organizadores y explicativos particulares de las diversas disciplinas que manifiesten las propiedades integradoras y generalizadoras más amplias constituye un proyecto educativo monumental y de muy gran alcance. Sin embargo, la experiencia con varios movimientos de reforma curricular indica que se puede abordar mediante una indagación ingeniosa y sostenida, sobre todo cuando es posible contar con la cooperación de especialistas destacados en la materia, de enseñantes con talento y de psicólogos de la educación con imaginación. «Las explicaciones correctas y esclarecedoras no son más difíciles —y con frecuencia son más fáciles— de captar que las que son parcialmente correctas y, por lo tanto, demasiado complicadas y demasiado limitadas. [...] Hacer que el material sea interesante no es de ningún modo incompatible con presentarlo de una manera adecuada; en realidad, una explicación general correcta suele ser la más interesante de todas» (Bruner, 1960).

Los objetivos sustanciales que subyacen a la elección de contenidos por parte del Physical Science Study Committee Secondary School Physics Program son pertinentes para la mayoría de las disciplinas: «1) planificar un curso de estudio en el que se presenten en un todo lógico e integrado los principales avances realizados por la física hasta hoy; 2) presentar la física como una empresa intelectual que forma parte de la actividad y el logro actuales del ser humano» (Finlay, 1959). El principal problema para la implementación de estos objetivos es:

> [...] cómo construir currículos que puedan ser impartidos por enseñantes normales a estudiantes normales y que al mismo tiempo reflejen claramente los principios básicos o subyacentes de varios campos de indagación. El problema es doble: en primer lugar, cómo volver a redactar las materias básicas y renovar sus materiales de instrucción de manera que las ideas y las actitudes más dominantes y poderosas relacionadas con ellas desempeñen un papel fundamental; en segundo lugar, cómo casar los niveles de estos materiales con las aptitudes de los estudiantes de distintas capacidades en los diversos cursos escolares (Bruner, 1960, pág. 18).

Las razones del Physical Science Study Committee para su elección particular de contenidos es claramente justificable desde el punto de vista de ofrecer una base estable y muy transferible para la asimilación y la integración de conocimientos:

> El PSSC ha elegido seleccionar y organizar unos contenidos con la intención de proporcionar una base lo más amplia y sólida posible para el aprendizaje posterior tanto dentro del aula como fuera de ella. Mediante sus materiales, el PSSC intenta transmitir aquellos aspectos de la ciencia que tengan un significado más profundo, una mayor aplicabilidad. [...]
> Los sistemas explicativos de la física y cómo se llega a ellos tienen mucha más fuerza como instrumentos educativos que la aplicación individual y la explicación aislada e inconexa. Por lo tanto, el PSSC ha elegido para los contenidos de su materia las grandes ideas generales de la física, las que más contribuyen a la visión de la naturaleza del mundo físico que tienen los físicos contemporáneos. [...] El poder de las grandes ideas reside en su gran aplicabilidad y en la unidad que aportan a una comprensión de lo que superficialmente pueden parecer fenómenos que no mantienen ninguna relación entre sí. [...] Desde el punto de vista pedagógico, esta opción presenta ventajas. [...] La principal de ellas es la adquisición de criterios que permiten seleccionar y organizar los contenidos con miras a alcanzar la coherencia que la propia materia se esfuerza en obtener (Finlay, 1960).

Según Bruner,

> [...] la estructura óptima se refiere al conjunto de proposiciones a partir de las cuales se pueda generar un corpus más grande de conocimiento y es característico que la formulación de esta estructura dependa del nivel de adelanto de un campo particular de conocimiento. [...] Puesto que la bondad de una estructura depende de su poder para simplificar la información, para generar nuevas proposiciones y para aumentar la capacidad de manipulación de un corpus de conocimiento, la estructura siempre se debe relacionar con la condición y las dotes del estudiante. Vista así, la estructura óptima de un corpus de conocimiento no es absoluta sino relativa. El principal requisito es que nunca haya dos conjuntos de estructuras generadoras para el mismo campo de conocimiento que estén en contradicción (Bruner, 1964b).

Naturalmente, una estructura adecuada tiene en cuenta el nivel evolutivo del funcionamiento cognitivo del alumno y su grado de dominio de la materia. La estructura que está demasiado elaborada desde esta perspectiva constituye más un impedimento que un recurso facilitador (Binter, 1963; Munro, 1969; Newman, 1957). De manera similar, una estructura que sea adecuada para el enseñante no siempre lo será para el alumno. La adquisición prematura de estructuras inadecuadas puede producir una «cerrazón» que inhiba la adquisición de estructuras más adecuadas (Smedslund, 1961).

La gran expansión del conocimiento que se está produciendo actualmente exige un cuidado especial en la selección de estas «grandes ideas». Como señala Ericksen (1967):

> [...] los enseñantes de todos los niveles deben empezar a tomar unas medidas más activas para reducir la distancia curricular entre lo que es «agradable saber» y lo que la generación actual de estudiantes «necesita saber». El enseñante que cambia con lentitud puede llegar a obstaculizar involuntariamente los esfuerzos educativos de sus estudiantes para protegerse él mismo de la obsolescencia de su información. Por ejemplo, en la facultad de medicina he oído expresiones como: «La mitad de lo que enseñamos estará anticuado dentro de diez años[8] y la mitad de lo que un médico necesitará saber dentro de diez años aún no se ha descubierto» (págs. 145-146).

La coordinación y la integración de una materia con los distintos niveles educativos también se harán más importantes:

> A medida que la enseñanza secundaria se vaya acercando al objetivo que los enseñantes imaginan para ella, los enseñantes se verán obligados a imaginar una nueva tarea adecuada para la universidad. En ese caso, primero debemos saber que el sistema educativo estadounidense es secuencial, que los cambios en un nivel eductivo exigen cambios en otros niveles, que la tarea es compartida por todos los enseñantes de todos los centros. Nos encontraremos realizando reexaminaciones y revisiones de nuestros propios programas, universitarios y de posgrado. Empezando tarde como siempre, la universidad deberá correr para ponerse al día, mantenerse al corriente y, por último, adelantarse lo suficiente para ejercer su función de liderazgo por medio del ejemplo y del precepto (Diekhoff, 1964, pág. 188).

Una vez resuelto el problema de la organización sustancial (identificar el contenido y los conceptos organizadores básicos de una disciplina

---

8. Naturalmente, esta afirmación de Ericksen es muy exagerada. En general, los principios *básicos* de la medicina, como ocurre en todas las ciencias, tienden a manifestar una longevidad impresionante.

dada), la atención se puede dirigir a los problemas de la organización programática relacionados con la presentación y la disposición secuencial de las unidades componentes. Aquí se plantea la hipótesis de que se pueden aplicar varios principios relacionados con la programación eficaz de los contenidos al margen de la materia de que se trate. Naturalmente, estos principios incluyen y reflejan la influencia de las variables de la estructura cognitiva previamente mencionadas, es decir, la disponibilidad de ideas de anclaje pertinentes, su estabilidad y claridad, y su discriminabilidad de las ideas del material de aprendizaje.

Otros modos organizativos de facilitar la transferencia

Diferenciación progresiva

Cuando la materia se programa de acuerdo con el principio de la diferenciación progresiva, primero se presentan las ideas más generales e inclusivas de la disciplina y luego se diferencian progresivamente en cuanto a detalle y especificidad. Es de suponer que este orden de presentación se corresponde con la secuencia natural de adquirir experiencia y conciencia de carácter cognitivo que siguen los seres humanos cuando se encuentran espontáneamente con un campo de conocimiento que desconocen por completo o con una rama poco familiar de un corpus de conocimientos que les es familiar. También se corresponde con la manera postulada en que este conocimiento se representa, se organiza y se almacena en las estructuras cognitivas humanas.[9]

En otras palabras, aquí estamos haciendo dos suposiciones: 1) para los seres humanos es menos difícil captar los aspectos diferenciados de un todo previamente aprendido y más inclusivo que formular el todo inclusivo a partir de sus partes diferenciadas previamente aprendidas; y 2)

9. En realidad, esta proposición reformula el principio de que el aprendizaje subsumidor es menos difícil que el aprendizaje de orden superior. El argumento para emplear organizadores se basa en el mismo principio. Sin embargo, se aprecia que el aprendizaje de ciertas proposiciones muy generales e inclusivas requiere la síntesis de conceptos o proposiciones subordinados previamente adquiridos (aprendizaje de orden superior) (Gagné, 1962). Con todo, la necesidad de aprendizajes periódicos de orden superior no niega la proposición de que tanto la organización psicológica del conocimiento como la organización óptima de la materia *en general* ejemplifican el principio de la diferenciación progresiva.

la organización por parte de un individuo del contenido de una disciplina dada en su propia mente consiste en una estructura jerárquica donde las ideas más inclusivas se encuentran en la cúspide de la estructura y subsumen progresivamente proposiciones, conceptos y datos factuales menos inclusivos y más diferenciados.

Si el sistema nervioso humano como sistema de procesamiento y de almacenamiento de datos está construido de tal manera que tanto la adquisición de nuevos conocimientos como su organización en la estructura cognitiva se ajustan *de una manera natural* al principio de la diferenciación progresiva, parece razonable suponer que se producen un aprendizaje y una retención óptimos cuando los enseñantes ordenan *deliberadamente* la organización y la disposición secuencial de la materia a lo largo de unas líneas similares. Una manera más explícita de expresar la misma proposición es decir que las nuevas ideas e informaciones se aprenden y se retienen de la manera más eficaz cuando en la estructura cognitiva ya están disponibles unas ideas más inclusivas y específicamente pertinentes que desempeñan un papel subsumidor o proporcionan un anclaje ideacional para estas nuevas ideas. Naturalmente, los organizadores ejemplifican el principio de la diferenciación progresiva y desempeñan esta función en relación con cualquier tema o subtema dado al que se apliquen. Además, es conveniente que tanto la disposición del propio material de aprendizaje dentro de cada tema o subtema como la secuenciación de los diversos subtemas y temas de un curso dado de estudio también sigan de una manera general el mismo principio.

Aunque este último principio parece bastante evidente, en realidad se sigue muy pocas veces en los procedimientos reales de enseñanza o en la organización de la mayoría de los libros de texto. La práctica más típica en esos libros es segregar los materiales temáticamente homogéneos en capítulos y subcapítulos separados y ordenar la disposición de los temas y subtemas (y el material de cada uno) basándose únicamente en la relación temática, sin tener en cuenta su grado relativo de abstracción, generalización o inclusividad. Esta práctica es incompatible con la estructura real de la mayoría de las disciplinas e incongruente con el proceso postulado por el que se produce el aprendizaje significativo, con una organización jerárquica de la estructura cognitiva en función de gradaciones progresivas de inclusividad desde arriba hacia abajo y con un mecanismo de acrecimiento basado en un proceso de diferenciación progresiva de un campo indiferenciado. Por lo tanto, en la mayoría de los casos se exige a los estudiantes que aprendan los detalles de disciplinas nuevas y poco familiares antes de que hayan adquirido un corpus adecuado de subsumidores explicativos pertinentes con un nivel idóneo de inclusividad (Ausubel, 1960).

Como resultado de esta práctica inadecuada, los estudiantes y los enseñantes se sienten obligados a tratar materiales potencialmente significativos como si tuvieran un carácter memorista y, en consecuencia, los estudiantes experimentan unas dificultades innecesarias y un éxito menor tanto en el aprendizaje como en la retención. Por ejemplo, la enseñanza de las matemáticas y las ciencias se sigue basando en gran medida en el aprendizaje memorista de fórmulas y pasos procedimentales, en el reconocimiento memorista de «problemas tipo» estereotipados y en la manipulación mecánica de símbolos. En ausencia de unas ideas claras y estables que puedan actuar como puntos de anclaje y focos de organización para la incorporación de material nuevo y lógicamente significativo, los estudiantes se encuentran atrapados en un laberinto de incomprensión y tienen pocas opciones salvo abordar las tareas de aprendizaje de una manera memorista con el fin de superar los exámenes.

Un ejemplo excelente de un libro de texto que está organizado de acuerdo con el principio de la diferenciación progresiva es el famoso *Textbook of Pathology* de Boyd (1961). En este libro, Boyd se aparta de la mayoría de los tratados tradicionales de patología, que suelen consistir en unos veinte capítulos dedicados cada uno a describir sucesivamente los principales tipos de procesos patológicos que se producen en un órgano o en un sistema orgánico particular. En cambio, Boyd deja para la segunda mitad del texto la consideración sucesiva de la patología de los sistemas orgánicos y dedica toda la primera mitad a temas generales organizadores e integradores como las distintas categorías de procesos patológicos (por ejemplo, la inflamación, la alergia, la degeneración, la neoplasia) y sus principales causas y características, los diversos tipos de agentes etiológicos de la enfermedad, los tipos de resistencia de los humores y los tejidos a la enfermedad, la interacción entre los factores genéticos y ambientales en el desarrollo de los procesos patológicos y las relaciones generales entre las lesiones patológicas y los síntomas clínicos.

La diferenciación progresiva de la estructura cognitiva mediante la programación de la materia se puede lograr empleando una serie jerárquica de organizadores (en orden descendente de inclusividad), precediendo cada organizador a su unidad correspondiente de material detallado y diferenciado y secuenciando el material dentro de cada unidad en orden *descendente* de inclusividad. De esta manera, no sólo se puede disponer de un subsumidor adecuadamente pertinente e inclusivo para ofrecer un andamiaje ideacional a cada unidad componente de materia diferenciada, sino que las ideas de cada unidad, así como las diversas unidades en relación mutua, también se diferencian progresivamente, organizándose en orden descendente de inclusividad. En consecuencia, los organizadores iniciales proporcionan un anclaje en un nivel general antes de que el estudiante se enfrente a *cualquier* material nuevo. Así, por ejemplo, primero se ofrece un modelo generalizado de las relaciones de clase como subsumidor general para *todas* las nuevas clases, subclases y especies, antes de que se proporcionen unos subsumidores más limitados para las subclases o especies particulares que éstas comprenden.

En consecuencia, cuando los estudiantes universitarios reciben en primer lugar unos organizadores que presentan unos principios subsumidores pertinentes y adecuadamente inclusivos, son más capaces de aprender y retener un material ideacional totalmente desconocido para ellos (Ausubel, 1960). El análisis diferencial de otro estudio similar demuestra que el efecto facilitador de los organizadores es mayor para los individuos que tienen una aptitud verbal relativamente baja y que, en consecuencia, tienden a estructurar espontáneamente este material de una manera menos eficaz (Ausubel y Fitzgerald, 1961). La mayor retención por parte de unos estudiantes partidarios del Sur en comparación con otros estudiantes partidarios del Norte de un polémico pasaje que presenta el punto de vista del Sur sobre la guerra de Secesión estadounidense, también se puede explicar en función de la disponibilidad relativa de ideas subsumidoras adecuadas (Fitzgerald y Ausubel, 1963). Evidentemente, los estudiantes partidarios del Norte carecían en su estructura cognitiva de subsumidores pertinentes con los que relacionar funcionalmente el pasaje pro Sur. Por lo tanto, el material no se podía anclar de una manera clara y firme a su estructura cognitiva, competía con otros significados ya existentes y, en consecuencia, podía ser ambiguo y olvidarse con rapidez. Por otro lado, los estudiantes pro Sur poseían conceptos subsumidores pertinentes; en consecuencia, el material se podía anclar con facilidad a su estructura cognitiva y también era menos ambiguo y menos fácil de olvidar.

Conciliación integradora

Cuando el principio de la conciliación integradora de la estructura cognitiva se implementa mediante una programación adecuada del material de instrucción, se puede describir mejor como la antítesis en cuanto a espíritu y enfoque de la práctica usual entre los autores de libros de texto consistente en compartimentar y segregar ideas o temas particulares únicamente dentro de sus respectivos capítulos o subcapítulos. En esta última práctica se encuentran implícitos los supuestos (que quizá sean lógicamente válidos, aunque sin duda son psicológicamente insostenibles) de que las consideraciones pedagógicas se satisfacen de una manera adecuada si los temas que se solapan se tratan de una manera independiente, de modo que cada tema se presenta sólo en *uno* de los diversos contextos posibles donde su consideración es pertinente y justificada. Además, la mayoría de los libros de texto presuponen que todas las referencias cruzadas necesarias entre ideas relacionadas las pueden realizar de forma satisfactoria los mismos estudiantes (y normalmente así es como se hace). En consecuencia, se hacen muy pocos intentos serios de explorar *explícitamente* las relaciones existentes entre ideas relacionadas, de indicar las similitudes y las diferencias importantes, de conciliar contradicciones reales o aparentes y de combinar o integrar ideas similares que se puedan enlazar entre sí de una manera lógica.

Algunas de las consecuencias negativas de este enfoque basado en la compartimentación son: 1) que se emplean múltiples términos para representar conceptos que son intrínsecamente equivalentes salvo por la referencia contextual, generando así una tensión y una confusión cognitivas incalculables además de fomentar el aprendizaje memorista; 2) que se erigen barreras artificiales entre temas intrínsecamente relacionados, ocultando importantes características comunes y haciendo así imposible la adquisición de nociones dependientes del reconocimiento de estas características comunes; 3) que no se hace un empleo adecuado de las ideas pertinentes aprendidas previamente como base para subsumir y asimilar nueva información relacionada; y 4) que puesto que las diferencias significativas entre conceptos aparentemente similares no se presentan de una manera clara y explícita, estos conceptos se suelen percibir y retener como si fueran idénticos.

El principio de la conciliación integradora también se aplica cuando la materia se organiza a lo largo de unas líneas paralelas, es decir, cuando se presentan materiales relacionados en forma consecutiva pero sin que haya una dependencia secuencial *intrínseca* entre un tema y el siguiente. A diferencia del caso de la materia secuencialmente dependiente, las tareas de aprendizaje sucesivas son intrínsecamente independientes entre sí en el sentido de que la comprensión del material de la parte II no presupone la comprensión del material de la parte I. Cada conjunto de materiales es lógicamente independiente y se puede aprender adecuadamente por sí solo, sin necesidad de hacer referencia al otro; por lo tanto, el orden de presentación es irrelevante. Por ejemplo, esta situación es la que predomina en la presentación de posturas teóricas alternativas en los campos de la ética, la religión y la epistemología, en la presentación de teorías contrarias a la evolución biológica y en la presentación de enfoques diferentes a la teoría del aprendizaje y de la personalidad en los diversos libros de texto donde estos temas son respectivamente pertinentes.

No obstante, aunque las tareas de aprendizaje sucesivas de materiales organizados de una manera paralela no son intrínsecamente dependientes entre sí, es evidente que se da una considerable interacción cognitiva entre ellas. Los elementos ya aprendidos de una secuencia paralela desempeñan un papel orientador y subsumidor en relación con los elementos presentados más adelante. Estos últimos se comprenden y se interpretan en función de comprensiones y paradigmas ya existentes proporcionados por ideas análogas, familiares, previamente aprendidas y ya establecidas en la estructura cognitiva. En consecuencia, para que se produzca el aprendizaje de nuevas ideas poco familiares, éstas se deben poder discriminar adecuadamente de las ideas familiares ya establecidas; en caso contrario, los nuevos significados estarían tan impregnados de ambigüedades, ideas falsas y confusiones que serían parcial o totalmente inexistentes por derecho propio.

Por ejemplo, si un estudiante no puede diferenciar una nueva idea A' de una idea anterior A, A' no existe *realmente* para él; es fenomenológicamente (psicológicamente) igual que A. Además, aunque el estudiante pueda diferenciar A de A' en el momento del aprendizaje, si la discriminación no es clara y no está libre de ambigüedades y de confusión, con el tiempo habrá una tendencia a reducir A' a A (por la interacción de las dos ideas durante el intervalo de retención) con mucha más rapidez de la normal.

En algunos casos de aprendizaje y retención de carácter significativo, la dificultad principal no es la discriminabilidad sino la aparente *contradicción* entre las ideas establecidas en la estructura cognitiva y las nuevas proposiciones del material de aprendizaje. En estas condiciones, el estudiante puede descartar totalmente las nuevas proposiciones por no considerarlas válidas, puede intentar compartimentarlas como entidades aisladas y separadas de los conocimientos previamente aprendidos o, es de esperar, puede intentar realizar una conciliación integradora bajo un subsumidor más inclusivo. La compartimentación se puede considerar una defensa común contra el olvido previsible en muchas situaciones de aprendizaje escolar. Aislando conceptos e informaciones de una manera arbitraria se impide la confusión, la interacción y una asimilación obliteradora rápida por parte de ideas contradictorias más establecidas en la estructura cognitiva. Naturalmente, esto no es más que un simple caso especial de aprendizaje *memorista*. Mediante un intenso sobreaprendizaje se puede lograr una incorporación relativamente estable, por lo menos de cara a pasar los exámenes; pero la estructura del conocimiento aprendida de esta manera sigue estando sin integrar y llena de contradicciones y, por lo tanto, no es muy viable a largo plazo.

Ward y Davis (1939) comunican un estudio de la retención significativa en el que se enseñaba ciencia general a unos alumnos de secundaria mediante un libro de texto que destacaba en especial la conciliación y la integración de las ideas nuevas con contenidos aprendidos previamente. También se les pasaban exámenes periódicos para comprobar los conocimientos sobre los materiales acabados de presentar y los presentados antes. En estas condiciones, los estudiantes retuvieron sorprendentemente el material de instrucción con la misma intensidad tanto después de dieciséis semanas como en las pruebas de retención inmediata. Kastrinos (1965) encontró una gran retención de material de biología durante más de un año en unas condiciones de enseñanza similares.

También se pueden diseñar ex profeso organizadores que estimulen a los estudiantes a aplicar el principio de conciliación integradora a sus tareas de aprendizaje. Lo hacen indicando de un modo explícito las maneras en que las ideas relacionadas y previamente aprendidas de la estructura cognitiva son básicamente similares o esencialmente diferentes de las nuevas ideas y la nueva información de la tarea de aprendizaje. En consecuencia, y para empezar, los organizadores emplean y movilizan explícitamente todas las ideas disponibles en la estructura cognitiva que sean pertinentes y puedan desempeñar un papel subsumidor para el nuevo material de aprendizaje. Esta maniobra supone un gran ahorro de esfuerzo en el aprendizaje, evita el aislamiento de ideas esencialmente similares en compartimentos separados e incomunicados y también la confusa proliferación de múltiples términos para representar ideas ostensiblemente distintas pero esencialmente equivalentes. Además, los organizadores aumentan la discriminabilidad de las diferencias genuinas entre los nuevos materiales de aprendizaje y otras ideas aparentemente análogas, pero con frecuencia contradictorias, de la estructura cognitiva del estudiante. Esta otra manera en que los organizadores se supone que fomentan la conciliación integradora se basa en la hipótesis de que si las características ideacionales que distinguen la nueva tarea de aprendizaje no son originalmente destacadas o fácilmente discriminables de las ideas de anclaje de la estructura cognitiva, no sólo manifestarán una fuerza de disociabilidad inicialmente baja, sino que también la perderán con gran rapidez porque, a efectos de recuerdo, estas nuevas ideas pueden ser representadas de una manera adecuada por las ideas más establecidas. En otras palabras, se presupone que sólo las variantes categorizadoras discriminables de ideas previamente aprendidas tienen potencialidades de retención a largo plazo.

Por lo tanto, si un organizador puede definir primero de una manera clara, precisa y explícita las principales similitudes y diferencias entre los nuevos conceptos y principios subordinados o correlativos que hay que aprender por un lado, y las ideas similares ya establecidas en la estructura cognitiva por otro, parece razonable plantear dos postulados: 1) la mayor discriminabilidad de las nuevas ideas de anclaje permitirá que el estudiante capte más adelante las ideas y las informaciones más detalladas del propio pasaje de aprendizaje con menos ambigüedades, menos significados contradictorios y menos ideas falsas sugeridas por las ideas similares ya establecidas en la estructura cognitiva de lo que sería posible en caso contrario; 2) a medida que estos significados nuevos más claros, más discernibles, menos confusos y más diferenciados interaccionen con sus subsumidores (es decir, con significados análogos, establecidos y de orden superior o combinatorios durante el intervalo de retención), también retendrán durante mucho más tiempo su propia identidad. Las razones de ello son, en primer lugar, que el nuevo material se aprende de una manera más clara, más estable y más discriminable en virtud de la mayor discriminabilidad de las nuevas ideas de anclaje bajo las cuales se subsume y, en segundo lugar, porque los subsumidores diferenciados de una manera más justificada son más estables y, en consecuencia, más capaces de proporcionar un anclaje sólido continuo. Por ejemplo, se han empleado con éxito organizadores comparativos para facilitar el aprendizaje y la retención de carácter significativo de un pasaje poco familiar que trata del budismo (Ausubel y Fitzgerald, 1961; Ausubel y Youssef, 1963).

Los organizadores también se han utilizado para facilitar el aprendizaje de material controvertible opuesto a las creencias establecidas del estudiante. La hipótesis subyacente a este enfoque es que, en estas condiciones, el olvido selectivo no es tanto la manifestación de una percepción y una represión de carácter selectivo como una indicación de la ausencia en la estructura cognitiva de unos subsumidores adecuados para incorporar de una manera estable este material contradictorio. En apoyo de esta hipótesis, un grupo experimental de estudiantes de Illinois (en el norte de EE.UU.) que habían estudiado un organizador ideacional comparativo antes de aprender el punto de vista sureño sobre la guerra de Secesión estadounidense aprendió y recordó más este material que un grupo de control formado por estudiantes que habían estudiado un pasaje introductorio meramente descriptivo (Fitzgerald y Ausubel, 1963).

Organización secuencial

Es evidente que la disponibilidad de ideas de anclaje pertinentes en la estructura cognitiva del estudiante para su empleo en el aprendizaje y la retención de carácter verbal y significativo se puede maximizar aprovechando las dependencias secuenciales naturales que se dan entre las divisiones temáticas que componen una disciplina, es decir, aprovechando el hecho de que la comprensión de un tema dado, con frecuencia, presupone la comprensión previa de algún tema antecedente relacionado. Normalmente, el conocimiento antecedente necesario es más inclusivo y general que el material secuencialmente dependiente, pero no siempre es así (por ejemplo, en el aprendizaje de orden superior). En todo caso, al disponer en la medida de lo posible el orden de los temas de un campo de conocimiento dado de acuerdo con estas dependencias secuenciales, el aprendizaje de cada unidad, a su vez, no sólo se convierte en un logro por derecho propio, sino que también constituye un andamiaje ideacional específicamente pertinente para el próximo elemento de la secuencia.

En el aprendizaje escolar secuencial, el conocimiento del material aparecido anteriormente en una secuencia también desempeña una función organizadora en relación con el material que aparece después. Constituye una base ideacional pertinente y, en consecuencia, una condición limitadora crucial para aprender este último material cuando se mantiene constante la influencia de la aptitud verbal y del conocimiento general de fondo (Ausubel y Fitzgerald, 1962; Gubrud y Novak, 1973; Royer y Cable,

1975; West y Fensham, 1976). Sin embargo, para que el aprendizaje sea lo más eficaz posible, se debería ofrecer un organizador separado para cada unidad de material. De esta manera, la organización secuencial de la materia puede scr muy eficaz porque cada nuevo incremento de conocimiento actúa como punto de anclaje para el aprendizaje posterior. Naturalmente, esto presupone que el paso antecedente siempre esté plenamente consolidado. Quizá la principal ventaja pedagógica de la máquina de enseñanza, que en tiempos fue popular pero que ahora está prácticamente olvidada, era su capacidad para controlar esta variable esencial del aprendizaje secuencial.

Otra ventaja de la instrucción programada es su cuidadosa disposición y gradación secuencial de la dificultad, lo que garantiza que cada incremento logrado en el aprendizaje actúe como una base o punto de anclaje adecuado para el aprendizaje y la retención de elementos posteriores de la secuencia ordenada. La programación adecuada de los materiales también presupone prestar la máxima atención a aspectos como la claridad, la organización y el poder explicativo e integrador del contenido sustancial.

La disposición secuencial de las tareas de aprendizaje se basa, en parte, en el efecto facilitador general que tiene en el aprendizaje y la retención de carácter significativo la disponibilidad de ideas de anclaje pertinentes en la estructura cognitiva. Sin embargo, para cualquier tema dado existe el problema adicional de determinar cuál es la secuencia *particular* más eficaz. Esto supone tener en cuenta el análisis lógico de la tarea, la diferenciación progresiva, el nivel evolutivo del funcionamiento cognitivo, la conciliación integradora y las jerarquías de aprendizaje.

Además, en el aprendizaje de orden superior es esencial procurar que tanto los conceptos y proposiciones subordinados como los elementos conceptuales componentes de cada proposición se dominen previamente. Gagné (1977) expresa muy bien este problema en la siguiente afirmación:

> La planificación que precede al diseño efectivo para el aprendizaje consiste en especificar con cierto cuidado lo que se puede llamar la *estructura de aprendizaje* de cualquier materia que se vaya a adquirir. Para determinar qué viene antes de qué, la materia se debe analizar en función del aprendizaje que comporta. La adquisición de conocimientos es un proceso donde cada nueva capacidad se apoya en una base establecida por capacidades previamente aprendidas. [...] La importancia de determinar la secuencia de aprendizaje es básicamente, sólo ésta: que nos permite evitar

los errores que surgen de «saltarse» pasos esenciales en la adquisición de conocimientos sobre un campo [particular] (Gagné, 1977).

Naturalmente, esta última postura concuerda con la noción de Gagné de que, en general, el aprendizaje va desde abajo hacia arriba o desde lo específico a lo general, en contraste con nuestra propia noción de que el aprendizaje de una materia ejemplifica en especial los principios de subsunción y de diferenciación progresiva, es decir, que va desde arriba hacia abajo.

Consolidación

Al insistir en la consolidación o el dominio de las lecciones en curso antes de que se introduzcan nuevos materiales de aprendizaje, nos aseguramos la preparación y el éxito del aprendizaje organizado de una manera secuencial en una materia. Naturalmente, este tipo de aprendizaje presupone que los pasos precedentes siempre son claros y estables y están bien organizados. En caso contrario, el aprendizaje de todos los pasos posteriores corre peligro. Por lo tanto, nunca se debe introducir nuevo material en la secuencia mientras no se hayan dominado por completo todos los pasos anteriores. Este principio también se aplica a los tipos de aprendizaje intratarea donde cada tarea componente (además de corpus enteros de materia) tienden a tener unos contenidos compuestos y a manifestar una organización interna propia. Naturalmente, la consolidación se logra mediante la confirmación, la corrección y la clarificación en el curso de la retroalimentación y mediante la práctica y la revisión diferencial en el curso de una exposición repetida al material de aprendizaje con retroalimentación.

Abundantes investigaciones experimentales (Duncan, 1959; Morrisett y Hovland, 1959) han confirmado la proposición de que los aprendizajes anteriores no son transferibles a nuevas tareas de aprendizaje si primero no se han sobreaprendido. A su vez, el sobreaprendizaje requiere un número adecuado de repeticiones o revisiones espaciadas adecuadamente, una repetición intratarea suficiente antes de la diversificación intratarea e intertarea, y la oportunidad de una práctica diferencial de los componentes más difíciles de una tarea. Las pruebas frecuentes y la provisión de retroalimentación, sobre todo con ítem de prueba que exijan una sutil discriminación entre alternativas que varíen en cuanto a grado de corrección, también refuerzan la consolidación confirmando, clarificando y corrigiendo los aprendizajes anteriores.

En tareas directamente secuenciales, donde el aprendizaje de los materiales de la parte II presupone una comprensión plena de los materiales de la parte I (es decir, cuando la parte II es *secuencialmente dependiente* de la parte I), la estabilidad y la claridad del material antecedente influye de una manera fundamental en el aprendizaje y la retención del material que aparece después (Ausubel y Fitzgerald, 1962; Gubrud y Novak, 1973; Kahle y Nordland, 1975).[10]

La estabilidad y la claridad de la estructura cognitiva ya existente son importantes tanto por la profundidad del anclaje que proporcionan a nuevas tareas de aprendizaje relacionadas, como por sus efectos en la discriminabilidad de estas nuevas tareas. La discriminabilidad del nuevo material de aprendizaje, como demuestran varios de los experimentos mencionados anteriormente, también es en gran medida una función de la claridad y la estabilidad de los conceptos ya existentes en la estructura cognitiva del estudiante. Incluso en el aprendizaje de ideas contrarias a las creencias dominantes como, por ejemplo, en el caso del aprendizaje por parte de unos estudiantes de Illinois (en el norte de EE.UU.) del punto de vista sureño sobre la guerra de Secesión, los estudiantes del norte más entendidos, es decir, los que tenían unos conocimientos más generales del período de la guerra de Secesión, eran más capaces de aprender y recordar los argumentos «del otro bando» (Fitzgerald y Ausubel, 1963), probablemente porque los encontraban más discriminables de sus ideas establecidas que los sujetos menos entendidos. En consecuencia, gran parte del esfuerzo del sobreaprendizaje, tanto para retener una unidad dada de material como para aprender un nuevo material relacionado, probablemente refleja la mayor discriminabilidad que se puede inducir aumentando la claridad y la estabilidad del propio material de aprendizaje o de sus subsumidores.

El aprendizaje para el dominio que se ha desarrollado durante el último medio siglo quizá sea el mejor ejemplo del principio de consolidación

10. La consolidación (por medio de la corrección y la revisión) de cada parte sucesiva de una tarea organizada jerárquicamente *no* facilita el *aprendizaje* de segmentos posteriores de la tarea cuando se hace que un resumen y una revisión de corrección de la tarea *completa* formen parte de la prueba final sobre el material (Merrill, 1965). En consecuencia, los resultados de este experimento son congruentes con los del estudio de Ausubel y Youssef (1966), donde se presentaba un resumen de la parte I como introducción de la parte II, haciendo así que la parte II *ya no* dependiera secuencialmente de la parte I.

en el aprendizaje escolar, especialmente en contextos de aprendizaje individualizado. Bloom (1974) resumía las pruebas que indican que la variabilidad interestudiante en cuanto a la cantidad de tiempo necesaria para lograr el dominio es mayor cuando se mide en función del tiempo transcurrido en lugar del tiempo real. Cuando aumenta la experiencia en el aprendizaje para el dominio, los dos tipos de variabilidad tienden a disminuir.

Hacen falta muchas más investigaciones para establecer tanto el grado más económico de consolidación como las maneras más eficaces de llevarlo a efecto (por ejemplo, la repetición, la distribución de la práctica, la retroalimentación, el empleo de organizadores, la lógica interna del material) y que faciliten de una manera óptima el aprendizaje y la retención de materias organizadas de una manera secuencial y paralela. Es evidente que este conocimiento tendrá una mayor utilidad pedagógica si los efectos de estas últimas variables se comprueban junto con la consideración del nivel de madurez cognitiva, la aptitud académica y el grado de conocimiento pertinente a la materia de los estudiantes.

Otros métodos pedagógicos para reforzar la transferencia

Algunos de los principales medios pedagógicos para facilitar la transferencia mediante la manipulación de variables de la estructura cognitiva ya se han presentado en secciones anteriores. Desde esta perspectiva, la incorporación de subsumidores claros, estables e integradores a la estructura cognitiva es la manera más eficaz de fomentar la transferencia. Aunque nos hemos ocupado principalmente del aprendizaje significativo basado en la recepción, el mismo principio general también se aplica al aprendizaje significativo basado en el descubrimiento. En otras palabras, la capacidad de transferencia es en gran medida una función de la pertinencia, el grado de significado, la claridad, la estabilidad, la capacidad de integración y el poder explicativo de los subsumidores aprendidos originalmente y que más adelante realizan la transferencia. Los aprendizajes memoristas tienen poco valor de transferencia. Las generalizaciones sólo manifiestan capacidad de transferencia cuando se captan (se comprenden) por completo, se sobreaprenden (Mandler, 1954) y tienen en cuenta el nivel de funcionamiento cognitivo del alumno. Para los niños de primaria, esto suele requerir el empleo de apoyos concretos y empíricos.

Naturalmente, la transferencia no se produce de una manera automática, sin un esfuerzo deliberado para apreciar y aprovechar las oportunidades que se presenten para ella en una situación de aprendizaje dada. El estudiante también debe percibir la relación entre la formación y la tarea característica (Ervin, 1960). Por ejemplo, la geometría puede aumentar la capacidad para pensar de una manera lógica en otras materias sólo si se induce *de una manera deliberada* la conciencia de esta aplicabilidad (Fawcett, 1935; Hartung, 1942). Lo mismo cabe decir de la enseñanza de la genética para reducir el pensamiento supersticioso y los prejuicios raciales[11] y de la transferencia del latín al aprendizaje del inglés y de otras lenguas. Sin embargo, la misma inversión de tiempo en el estudio *directo* de la lengua deseada, en contraposición al estudio previo del latín, produciría con toda probabilidad unos resultados de aprendizaje más satisfactorios. El simple hecho de decir a los estudiantes que los aprendizajes anteriores podrían ser útiles en otras situaciones aumenta la transferencia (Dorsey y Hopkins, 1930).

La capacidad de transferencia también depende de la aplicación de un principio adquirido durante el aprendizaje original a tantos contextos específicos como sea posible (Hull, 1920). Hull demostró que la familiaridad con un concepto en una gran cantidad de contextos específicos y con distintas formas ilustrativas es más eficaz para la generalización que la experiencia intensiva con sólo unas cuantas ilustraciones aunque, naturalmente, esto se cumple siempre y cuando se logre el dominio dentro de cada contexto. Nagati (1976) obtuvo unos resultados comparables en el aprendizaje de reglas. Por lo tanto, la transferencia se puede facilitar proporcionando a los principios aprendidos la oportunidad de actuar en una variedad de situaciones lo más amplia posible, destacando explícitamente la similitud entre la formación y las tareas características y presentando estas últimas tareas de una manera continua o en estrecha sucesión. En el caso del aprendizaje profesional, los conocimientos y la habilidad se hacen más transferibles cuando se aprenden originalmente en situaciones

---

11. Esto no implica necesariamente que se pueda descubrir una estrategia heurística global que se aplique a todas las disciplinas o que la capacidad para el pensamiento crítico se pueda reforzar enseñando principios generales de lógica aparte del contenido específico de la materia. Simplemente significa que, en ciertos casos, unos modelos o unas analogías específicas pueden tener pertinencia y valor heurístico para una base interdisciplinaria metafórica y que algunos principios sustanciales o metodológicos se pueden aplicar a más de una disciplina siempre que su pertinencia y sus repercusiones interdisciplinarias se hagan explícitas.

«de la vida real» que sean similares a los contextos donde tendrá lugar la utilización final de lo que se aprende.

Sin embargo, algunas tareas son tan complejas que al principio no se pueden aprender de una manera directa tal como se encontrarán después en una situación «de la vida real». El estudiante se debe formar primero con una versión simplificada de la tarea y luego transferir esta formación a un intento de dominar la tarea misma (Baker y Osgood, 1954). Por ejemplo, al aprender una tarea compleja de seguimiento (Lawrence y Goodwin, 1954) o de comprensión oral de una lengua extranjera, es conveniente aminorar el ritmo del componente auditivo de la tarea de aprendizaje. En algunos casos, los componentes separados de una actuación muy compleja se deben dominar por separado antes de que la tarea en su conjunto se pueda intentar con alguna esperanza de éxito (Eckstrand y Wickens, 1954).

Los efectos de la verbalización en la transferencia

Ya hemos examinado el papel facilitador general del lenguaje en el funcionamiento cognitivo así como la función mediadora de las respuestas verbales implícitas en la formación de conceptos. Overing y Travers (1966) encontraron que la verbalización de principios generales previa a su aplicación facilita la resolución de problemas. Basándose en el trabajo anterior de Ewert y Lambert (1932), Gagné y Smith (1962) también demostraron el efecto positivo de la verbalización en el descubrimiento de principios generales y en su transferencia a la resolución de problemas, sobre todo en relación con los problemas más difíciles. Su estudio aborda la dimensión verbal-no verbal del aprendizaje en lugar de las dimensiones recepción-descubrimiento o memorista-significativo y tiene importantes repercusiones para la práctica pedagógica porque los resultados ponen en duda el principio ampliamente aceptado de la educación progresista o activa según el cual el aprendizaje verbal tiene un carácter necesariamente memorista y sólo la experiencia no representacional se puede transferir de una situación de resolución de problemas a otra. Aunque es verdad que la enseñanza expositiva y el aprendizaje basado en la recepción suelen ser verbales, el aprendizaje basado en el descubrimiento, como señalan Gagné y Smith (1962), puede ser verbal o no verbal. Su aislamiento de la variable verbal-no verbal de las variables recepción-descubrimiento y memorista-significativo constituye un importante avance metodológico en el estudio de la resolución de problemas. Thune y Ericksen (1960) comunican unos resultados básicamente similares. Cuando sus sujetos tenían una experiencia concreta general con la tarea de aprendizaje (manejar una calculadora) suficiente para comprenderla, la instrucción abstracta sobre el mecanismo de las calculadoras fue un factor de transferencia más eficaz que la experiencia específica de manejar una sola calculadora.

Ervin (1960c) también encontró que la enseñanza verbal de los principios físicos pertinentes que subyacen a una tarea motriz aumenta la transferencia a una actividad motriz análoga y más difícil. Sin embargo, este efecto no se produce hasta que los sujetos pueden percibir tanto la similitud entre las dos tareas motrices como la relación entre los principios verbales y la actuación. La generalización verbal es muy importante para el logro de conceptos en los estudiantes cognitivamente avanzados (Heidbreder y Zimmerman, 1955).

El papel de la transferencia en la educación

Es manifiestamente imposible que el aprendizaje en el aula prepare a los estudiantes para abordar cualquier situación que se encuentren en los contextos «de la vida real». Además, aunque ello fuera posible, el principal objetivo o función de la educación no sería proporcionar a los estudiantes sólo conocimientos necesariamente aplicables a los problemas de la vida cotidiana. Este objetivo de «utilidad social» de la educación ya hace mucho tiempo que se ha desestimado por considerarse insuficiente e impracticable. En la mayoría de los casos de aprendizaje no profesional en el aula, el objetivo de la transferencia se considera alcanzado si la experiencia de aprendizaje previa facilita el aprendizaje de posteriores tareas de aprendizaje *en el aula* aunque el conocimiento así adquirido no sea aplicable, o ni siquiera se llegue a aplicar, a problemas ajenos al aula. Naturalmente, si este conocimiento *es* aplicable a los problemas de la vida, pues tanto mejor; pero éste no es el principal objetivo de la transferencia en la educación general.

Otro problema pertinente aquí, como ya indicamos antes, es que la incapacidad para aplicar conocimientos en situaciones de resolución de problemas no constituye necesariamente una prueba de la falta de comprensión del material en cuestión. La razón de ello es que la capacidad para aplicar conocimientos con éxito a situaciones de resolución de problemas también depende de muchas otras variables que carecen por completo de relación con la comprensión de los principios subyacentes. Al formar a los estudiantes para unas profesiones concretas se enseñan unos principios teóricos generales en la creencia de que tienen un valor considerable de transferencia para la resolución de problemas profesionales prácticos.[12] Además, los estudiantes reciben una formación especializada en aptitudes para la resolución de problemas y en métodos de indagación relacionados con sus profesiones concretas. Sin embargo, lo bien que un estudiante determinado pueda aplicar sus conocimientos teóricos en la práctica estará muy relacionado con su capacidad para aplicar estos conocimientos a situaciones de resolución de problemas. Las observaciones prolongadas y de carácter informal de personas que resuelven problemas bien o mal de una manera consistente indican que el componente de «aplicación» de la capacidad para resolver problemas es menos enseñable que el componente de «conocimiento». Por lo tanto, puede que sea más factible reforzar la capacidad para resolver problemas mejorando la comprensión y la retención funcional de conocimientos teóricos por parte del estudiante que enseñándole directamente aptitudes para la resolución de problemas.

Bibliografía

Anderson, R. E., R. J. Spiro y M. C. Anderson, «Schemata as scaffolding for the representation of information in connected discourse», *American Educational Research Journal*, n° 15, 1978, págs. 433-440.

Ausubel, D. P., *Educational Psychology: A Cognitive View*, Nueva York, Holt, Rinehart and Winston, 1968.

Ausubel, D. P. y E. Blake, «Proactive inhibition in the forgetting of verbal school material», *Journal of Educational Research*, n° 52, 1958, págs. 145-149.

Ausubel, D. P. y D. Fitzgerald, «Organizer, general background, and antecedent learning variables in sequential verbal learning», *Journal of Educational Psychology*, n° 53, 1962, págs. 243-249.

—, «The role of discriminability in meaningful verbal learning and retention», *Journal of Educational Psychology*, n° 52, 1961, págs. 266-274.

---

12. La elección por parte del autor de la enseñanza de la medicina para ilustrar los principios pedagógicos de la transferencia en la formación profesional está determinada, en parte, por su propia experiencia de primera mano como estudiante, interno, residente y practicante de la medicina.

Ausubel, D. P. y G. Schwartz, «The effect of a generalizing-particularizing dimension of cognitive style on the retention of prose material», *Journal of General Psychology*, n° 87, 1977, págs. 55-58.

Ausubel, D. P. y M. Youssef, «The role of discriminability in meaningful parallel learning», *Journal of Educational Psychology*, n° 54, 1963, págs. 331-386.

Baker, R. A. y S. W. Osgood, «Discrimination transfer along a pitch continuum», *Journal of Experimental Psychology*, n° 48, 1954, págs. 241-246.

Barnes, B. y E. V. Clauson, «Do advance organizers facilitate learning?», *Review of Educational Research*, n° 45, 1975, págs. 637-659.

Beberman, M., *An emerging program of secondary school mathematics*, Cambridge, Mass., Harvard University Press, 1958.

Berkowitz, L., «Leveling tendencies on the complexity-simplicity dimension», *Journal of Personality*, n° 25, 1957, 743-751.

Binter, A. R., «Two ways of teaching percent», *Elementary School Journal*, n° 63, 1963, págs. 261-265.

Birch, H. G. y H. S. Rabinowitz, «The negative effect of previous experience on productive thinking», *Journal of Experimental Psychology*, n° 41, 1951, págs. 121-125.

Bloom, B. S., «Time and learning», *American Psychologist*, n° 29, 1974, págs. 682-688.

Boyd, W., *A Textbook of Pathology*, 7ª ed., Filadelfia, Lea and Febiger, 1961.

Bransford, J. D. y M. K. Johnson, «Contextual prerequisites for understanding: Some investigations of comprehension and recall», *Journal of Verbal Learning and Verbal Behavior*, n° 11, 1972, págs. 717-826.

Bruner, J. S., «Going beyond the information given», en *Contemporary Approaches to Cognition*, Cambridge, Mass., Harvard University Press, 1957.

—, «Some theorems on instruction illustrated with reference to mathematics», en *Theories of Learning and Instruction, 63rd Yearbook, Nat'l Soc. Stud. Educ.*, Chicago, University of Chicago Press, 1964, 1ª parte, págs. 306-335.

—, *The Process of Education*, Cambridge, Mass., Harvard University Press, 1960 (trad. cast.: *El proceso mental en el aprendizaje*, Madrid, Narcea, 2001).

Cox, J. W., «Some experiments on formal training in the acquisition of skill», *Journal of Psychology*, n° 24, 1933, págs. 67-87.

Cronbach, L. J., «Issues current in educational psychology», *Monographs of the Society for Research in Child Development*, vol. 30, n° 99, 1965, págs. 109-125.

Detambel, M. H. y L. M. Stolurow, «Stimulus sequence and concept learning», *Journal of Experimental Psychology*, n° 51, 1956, págs. 34-40.

Dorsey, M. N. y L. T. Hopkins, «The influence of attitude upon transfer», *Journal of Educational Psychology*, n° 21, 1930, págs. 410-417.

Duncan, C. P., «Transfer in motor learning as a function of first-talk learning and intra-task similarity», *Journal of Experimental Psychology*, n° 45, 1953, págs. 1-11.

Eckstrand, G. W. y D. P. Wickens, «Transfer of perceptual set», *Journal of Experimental Psychology*, n° 47, 1954, págs. 274-278.

Ericksen, S. C., «The zigzag curve of learning», en L. Siegel (comp.), *Instruction: Some Contemporary Viewpoints*, San Francisco, Chandler, 1967, págs. 141-180.

Ervin, S. M., «Transfer effects of learning a verbal generalization», *Child Development*, n° 31, 1960, págs. 537-554.

Fawcett, H. P., «Teaching for transfer», *Mathematics Teacher*, n° 28, 1935, págs. 465-472.

Finlay, G. C., «Secondary school physics: The Physical Science Study Committee», *American Journal of Physics*, n° 28, 1960, págs. 574-581.

Fitzgerald, D. y D. P. Ausubel, «Cognitive versus affective factors in the learning and retention of controversial material», *Journal of Educational Psychology*, n° 54, 1963, págs. 73-84.

Gagné, E., «Long-term retention of information following learning from prose», *Review of Educational Research*, n° 48, 1978, págs. 629-665.

Gagné, R. M., «The acquisition of knowledge», *Psychological Review*, n° 69, 1962, págs. 355-365.

Gagné, R. M. y N. E. Paradise, «Abilities and learning sets in knowledge acquisition», *Psychological Monographs*, vol. 75, n° 14 (518), 1961.

Gagné, R. M. y E. C. Smith, «A study of the effects of verbalization on problem solving», *Journal of Experimental Psychology*, n° 63, 1962, págs. 12-16.

Groteleneschen, A. D. y D. D. Sjogren, «Effects of differentially structured learning materials and learning tasks on learning and transfer», *American Educational Research Journal*, n° 5, 1968, págs. 191-202.

Gubrud, A. R. y J. D. Novak, «Learning achievement and the efficiency of learning the concept of vector addition at three different grade levels», *Science Education*, n° 57, 1973, págs. 179-191.

Harlow, H. F., «The formation of learning sets», *Psychological Review*, n° 56, 1949, págs. 51-65.

Hartley, J. e I. K. Davies, «Preinstructional strategies: The role of pretests, behavioral objectives, overviews and advance organizers», *Review of Educational Research*, n° 46, 1976, págs. 239-265.

Hartung, M. L., «Teaching of mathematics in senior high school and junior college», *Review of Educational Research*, n° 12, 1942, págs. 425-434.

Heidbreder, E. F. y E. Zimmerman, «Problem solving in children and adults. IX: Semantic efficiency and concept attainment», *Journal of Psychology*, n° 40, 1950, pág. 320.

Holzman, P. S. y R. W. Gardner, «Leveling, sharpening, and memory reorganization», *Journal of Abnormal and Social Psychology*, n° 61, 1960, págs. 175-180.

Hull, C. L., «Quantitative aspects of the evolution of concepts», *Psychological Monographs*, n° 28 (123), 1920.

Hyram, G. H., «An experiment in developing critical thinking in children», *Journal of Experimental Education*, n° 26, 1957, págs. 125-132.

Jenkins, J. R. y R. B., «Cognitive structure variables in prose learning», *Journal of Reading Behavior*, n° 8, 1976, págs. 47-66.

Johnson, M. K., J. D. Bransford y S. K. Solomon, «Memory for test implications of sentences», *Journal of Experimental Psychological*, n° 98, 1973, págs. 203-205.

Joyce, B. y M. Weil, *Models of Teaching*, Englewood Cliffs, N. J., Prentice-Hall, 1972 (trad. cast.: *Modelos de enseñanza*, Madrid, Grupo Anaya, 1985).

Kagan, J., H. Moss e I. E. Sigel, «Psychological significance of styles of perception», en J. C. Wright y J. Kagan (comps.), *Basic cognitive processes in children. Monographs of the Society for Research in Child Development*, n° 28, 1963, págs. 73-112.

Kahle, J. B. y F. H. Nordland, «The effect of an absence organizer when utilized with carefully sequenced audio-tutorial units», *Journal of Research in Science Teaching*, n° 12, 1975, págs. 63-67.

Krumboltz, J. D., «Meaningful learning and retention: Practice and reinforcement variables», *Review of Educational Research*, n° 31, 1961, págs. 535-546.

Kuhn, D. J. y J. D. Novak, «A study of cognitive simptron in the life sciences», *Science Education*, n° 53, 1971, págs. 309-320.

Lawrence, D. H. y W. R. Goodwin, «Transfer of training behavior in two levels of speed», *USAF Personnel Center Research Bulletin*, n° AFPTRC TR, 1954, págs. 54-70.

Lawton, J. T., «The development of casual and logical connectives», *British Journal of Educational Psychology*, n° 47, 1977, págs. 81–84.

Lawton, J. T. y S. K. Wanska, *An Analytical Study of the Use of Advance Organizers in Facilitating Children's Learning*, manuscrito no publicado, University of Wisconsin, 1976.

Leggitt, D., «Measuring progress in working in ninth-grade civics», *School Review*, n° 42, 1934, págs. 676-687.

Leventhal, H. y D. L. Singer, «Cognitive complexity, impression formation, and impression change», *Journal of Personality*, n° 32, 1964, págs. 210-226.

Mayer, R. E., «Can advance organizers influence meaningful learning?», *Review of Educational Research*, n° 49, 1979, págs. 371-383.

Mayer, R. E. y Brobage, «Effects of advance organizers on the pattern of recall protocols», documento presentado en el encuentro de la Psychonomic Society, 1978.

Mayer, E. E., C. C. Streis y J. G. Greeno, «Acquisition of understanding and skill in relation to subjects' preparation and meaningfulness of instruction», *Journal of Educational Psychology*, n° 67, 1975, págs. 331-350.

Merrill, M. D., «Correction and review on successive parts in learning a hierarchical task», *Journal of Educational Psychology*, n° 56, 1965, págs. 225-234.

Morrisett, L. y C. L. Hovland, «A comparison of three kinds of training in human problem solving», *Journal of Experimental Psychology*, n° 58, 1959, págs. 52-55.

Munro, B. C., «Meaning and learning», *Alberta Journal of Educational Research*, n° 5, 1959, págs. 268-281.

Munsinger, H. y W. Kessen, «Uncertainty, structure, and preference», *Psychological Monographs*, vol. 78, n° 9 (586), 1964.

Nataga, H., «Effect of number and irregular forms of exemplars on rule acquisition», *Psychologia*, n° 19, 1976, págs. 94-101.

Newman, S. E., «Student vs. instructor design of an experimental method», *Journal of Educational Psychology*, n° 56, 1957, págs. 140-147.

Novak, J. D., D. G. Ring y P. Tamir, «Interpretation of research findings in terms of Ausubel's theory and implications for science education», *Science Education*, n° 55, 1971, págs. 483-526.

Overing, R. L. R y R. M. W. Travers, «Effect upon transfer of variations in training conditions», *Journal of Educational Psychology*, n° 57, 1966, págs. 179-188.

Paul, I. H., «Studies in remembering: The reproduction of connected and extended verbal material», *Psychological Issues*, vol. 1, n° 2 (2), 1959.

Peeck, J., «Effect of prequestions on delayed retention of prose material», *Journal of Educational Psychology*, n° 60, 1970, págs. 214-246.

Postman, L., «Learned principles of organization in memory», *Psychological Monographs*, n° 68 (314), 1954.

Rickards, J. A., «Processing effects of advance organizers interspersed in text», *Reading Research Quarterly*, n° 11, 1975, págs. 599-622.

Rickards, J. A. y C. B. McCormick, «Delayed retention of superordinate and coordinate stalemates inserted in text», *Psychological Reports*, n° 38, 1976, pág. 210.

Rickards, J. A. y F. J. Di Vesta, «Types and frequency of questions in processing textual material», *Journal of Educational Psychology*, n° 66, 1974, págs. 354-362.

Ring, D. G. y J. D. Novak, «The effects of cognitive structure variables on achievement in college chemistry», *Journal of Research in Science Teaching*, n° 8, 1971, págs. 325-333.

Rothkopf, E. Z. y E. Bibiscos, «Selective facilitative effects of interspersed questions on learning from written material», *Journal of Educational Psychology*, n° 58, 1967, págs. 56-61.

Royer, J. M. y G. W. Cable, «Facilitating learning in connected discourse», *Journal of Educational Psychology*, n° 12, 1975, págs. 393-397.

Sassenrath, J. M., «Learning without awareness and transfer of learning sets», *Journal of Educational Psychology*, n° 50, 1959, págs. 205-211.

Siegel, L. y L. C. Siegel, «Educational set: A determinant of acquisition», *Journal of Educational Psychology*, n° 56, 1965, págs. 1-12.

Skelton, R. B., «High-school foreign language study and freshman performance», *School and Society*, nº 85, 1957, págs. 203-205.

Smith, B. O., «Critical thinking», en *Recent Research Developments and their Implications for Teacher Education. 13th Yearbook of American Association of College Teachers of Education*, Washington, D. C., The Association, 1960, págs. 84-96.

Smock, C. D., «The relationship between "intolerance of ambiguity", generalization, and speed of perceptual closure», *Child Development*, nº 28, 1957, págs. 27–36.

Strom, I. M., «Research in grammar and usage and its implication for teaching and writing», *Bulletin, School of Education, Indiana University*, nº 36, 1960.

Suppes, P. y R. Ginsberg, «Experimental studies of mathematical concept formation in young children», *Science Education*, nº 46, 1963, págs. 230-240.

Swenson, C. H., «College performance of students with high and low school marks when academic aptitude is controlled», *Journal of Educational Research*, nº 50, 1957, págs. 597-603.

Uhlmann, F. W. y E. Saltz, «Retention of anxiety material as a function of cognitive differentiation», *Journal of Personality and Social Psychology*, nº 1, 1965, págs. 55-62.

Vannoy, J. S., «Generality of cognitive complexity-simplicity as a personality construct», *Journal of Personal and Social Psychology*, nº 2, 1965, págs. 385-396.

Ward, A. H. y R. A. Davis, «Acquisition and retention of factual information in seventh grade general science during a semester of eighteen weeks», *Journal of Educational Psychology*, nº 30, 1939, págs. 116-125.

West, L. H. T. y P. J. Fenshaw, «Prior knowledge or advance organizers as effective variables in chemical learning», *Journal of Research in Science Teaching*, nº 13, 1976, págs. 297-306.

Wittrock, M. C., «Effect of certain sets upon complex verbal learning», *Journal Educational Psychology*, nº 54, 1963, págs. 85-88.

Woodrow, H., «The effect of type of training on transference», *Journal of Educational Psychology*, nº 18, 1927, págs. 159-172.

7

La práctica y los factores motivacionales en el aprendizaje y la retención de carácter significativo

El papel, la mediación y los efectos de la práctica en el aprendizaje y la retención de carácter significativo[1]

En mi opinión, la importancia de la práctica y de la ejercitación en el aprendizaje y la retención de carácter significativo se ha pasado por alto o se ha minimizado de una manera injustificada (Gagné, 1962). En muchos círculos educativos se considera peyorativo que la ejercitación es el sello distintivo del aprendizaje memorista. Es evidente que la práctica es menos importante, relativamente hablando, en el aprendizaje significativo que en el aprendizaje memorista, porque en esta última variedad de aprendizaje lo que se aprende no se puede relacionar de una manera no arbitraria a ninguna idea de la estructura cognitiva del estudiante y, en consecuencia, sólo se puede retener más allá de breves períodos de tiempo a base de muchas repeticiones. No obstante, la repetición sigue siendo una variable muy importante con la que debemos contar si estamos interesados en el aprendizaje y la retención de carácter significativo a largo plazo y en la transferencia a aspectos de la materia relacionados y secuencialmente dependientes.

Aunque con frecuencia basta una sola presentación de ideas nuevas relativamente simples a un estudiante entendido para que se produzca una retención a largo plazo, en general las ideas más complejas requieren un nú-

---

1. La mayor parte del material de este capítulo sobre la práctica, su mediación, sus efectos y sus variedades se ha adaptado de D. P. Ausubel, *Educational psychology: A cognitive view* (Nueva York, Holt, Rinehart and Winston, 1968).

mero suficiente de revisiones adecuadamente espaciadas (sobre aprendizaje) para que se retengan durante períodos de tiempo más prolongados y tengan la claridad y la estabilidad suficientes para adquirir valor de transferencia para el aprendizaje de nuevas ideas relacionadas. Además, como los productos del aprendizaje significativo son intrínsecamente menos difíciles que los del aprendizaje memorista y, en consecuencia, menos vulnerables al olvido rápido, es posible que los intervalos entre sesiones de práctica (más de revisión que de práctica) sean más largos.

En esencia, la repetición refuerza el aprendizaje de dos maneras diferentes: 1) poco después del aprendizaje inicial, antes de que se produzca mucho olvido, puede *consolidar* el material aprendido con más eficacia y también facilitar el aprendizaje de matices e implicaciones más sutiles que se pudieran pasar por alto en la primera presentación; 2) más adelante, cuando ya se ha producido un olvido considerable, da al estudiante la oportunidad de aprovechar su conciencia de factores negativos como la ambigüedad o la confusión con ideas similares que son responsables de este olvido y, en consecuencia, de evitarlos en presentaciones posteriores. También le permite centrar su atención y su esfuerzo de una manera selectiva en los componentes de la tarea de aprendizaje que son intrínsecamente más difíciles de recordar.

En este libro, de acuerdo con la evidencia empírica disponible, se parte del supuesto de que el aprendizaje es un proceso acrecentador o gradual (es decir, en esencia, el aumento del aprendizaje y la retención que se produce tras una o más repeticiones de un ensayo de aprendizaje, la plausibilidad aparente, la necesidad de múltiples ensayos de práctica para realizar aprendizajes y retenciones más difíciles durante intervalos más largos, el sobreaprendizaje y la transferencia). Es probable que estos últimos resultados de los efectos de la repetición sean básicamente correctos a pesar del hecho de que, como señalan los teóricos del no acrecimiento, la sustancia de gran parte del material potencialmente significativo y relativamente fácil se puede captar después de una sola lectura. Sin embargo, la falacia de la postura del no acrecimiento reside en la generalización injustificada de este último resultado del aprendizaje atípico «monoensayo» a *todos* los niveles de dificultad del material de aprendizaje, a todas las longitudes del intervalo de retención y a todos los grados deseados de precisión de la retención y de la capacidad de transferencia del aprendizaje.

La práctica misma no es una variable de la estructura cognitiva sino uno de los principales factores (junto con las variables del material de instrucción) que influyen en la estructura cognitiva. El efecto más inmediato de la práctica es aumentar la estabilidad y la claridad y, en consecuencia, la fuerza de disociabilidad, de los nuevos significados emergentes en la estructura cognitiva que se están aprendiendo actualmente. A su vez, los incrementos y las disminuciones en la estabilidad y la claridad de los nuevos significados (y los cambios correspondientes en su fuerza de disociabilidad) que acompañan a su aprendizaje inicial, su olvido entre ensayos y el aprendizaje posterior, facilitan en el estudiante la asimilación del material de instrucción en ensayos posteriores por parte de ideas relacionadas de su estructura cognitiva. Los cambios provocados en la estructura cognitiva por la asimilación durante el primer ensayo (es decir, el establecimiento de los nuevos significados), también «sensibilizan» al estudiante ante los significados potenciales inherentes al material. Además, el olvido que se produce entre repeticiones o revisiones sucesivas más separadas tiende a «inmunizar» al estudiante (es decir, le permite tomar medidas preventivas) contra el olvido en ensayos posteriores. Por último, la consolidación de este nuevo material como resultado de la práctica hace que en la estructura cognitiva estén disponibles nuevas ideas estables de anclaje para otras tareas de aprendizaje relacionadas que se presenten más adelante.

Por lo tanto, la práctica modifica la estructura cognitiva por lo menos de cuatro maneras diferentes y de ese modo refuerza el aprendizaje y la retención de carácter significativo:

1. Aumenta la fuerza de disociabilidad de los significados que se acaban de aprender en un ensayo dado y de este modo facilita su retención.
2. Refuerza la responsividad significativa del estudiante a posteriores presentaciones del mismo material («efecto sensibilizador»).
3. Permite al estudiante aprovechar el olvido entre ensayos (efecto «inmunizador») tomando conciencia de los factores negativos que lo causan y evitándolos o neutralizándolos en consecuencia.
4. Facilita el aprendizaje y la retención de nuevas tareas de aprendizaje relacionadas.

En realidad, para que la práctica produzca un dominio significativo del material, las únicas condiciones realmente esenciales son: 1) que la tarea de aprendizaje sea lógicamente significativa; 2) que el estudiante muestre una actitud de aprendizaje significativa y posea las ideas de an-

claje necesarias; y 3) que el número, la distribución, la secuencia y la organización de los ensayos de práctica se ajusten a principios empíricamente
establecidos para la eficacia del aprendizaje y de la retención. La cualidad no planificada o no estructurada de la práctica no es una condición
esencial para la eficacia del aprendizaje significativo. Además, con frecuencia no conduce a ningún dominio significativo. La razón de ello es
que la práctica incidental suele ser irregular desde el punto de vista de la
frecuencia y la distribución de los ensayos. Por último, la organización
espontánea y no estructurada de las experiencias de aprendizaje suele ser
más incongruente con los criterios establecidos para una programación
eficaz en el aprendizaje y la retención de carácter significativo.

Las pruebas basadas en la investigación demuestran de una manera
invariable e inequívoca que la frecuencia (repetición, práctica) de la presentación del material de instrucción facilita el aprendizaje y la retención
de carácter significativo (Thorndike, 1931) por las razones antes especificadas. Esto no sólo ocurre cuando un material de instrucción idéntico se
repite de una manera directa y clara una o más veces; también ocurre de
una manera indirecta: 1) cuando, en lugar de una repetición directa, al estudiante sólo se le presenta un nuevo material contextual al mismo tiempo que la propia tarea de aprendizaje; y 2) cuando una parte coincidente
del contenido del pasaje de aprendizaje ya se ha dominado previamente
y, en consecuencia, se ha convertido por sí misma en un conocimiento
previo que, por lo tanto, puede reforzar el aprendizaje significativo del
material de instrucción de una manera muy parecida a como suele actuar
la frecuencia. Otra posibilidad es que la repetición facilite la disponibilidad, la estabilidad, la claridad y la discriminabilidad de los contenidos
coincidentes aprendidos previamente, que ahora actúan como ideas de
anclaje y como variables de la estructura cognitiva (estabilidad, etc.) para
el pasaje del aprendizaje entero.

El papel y los efectos de la frecuencia en el aprendizaje y la retención de carácter significativo en lugar de memorista

El papel y la importancia de la frecuencia son diferentes para el aprendizaje y la retención de carácter significativo que para el aprendizaje y
la retención de carácter memorista, precisamente porque los procesos
mismos del aprendizaje memorista y del aprendizaje significativo difieren
mucho entre sí. Es de suponer que los encuentros repetidos con la misma

serie de estímulos refuerzan el aprendizaje y la retención de carácter memorista aumentando la fuerza de los enlaces asociativos discretos, arbitrarios y literales y/o su resistencia a los efectos de interferencia a corto o largo plazo del material de aprendizaje anterior y posterior. Por otro lado, también cabe suponer que la misma repetición refuerza el aprendizaje y la retención de carácter significativo aumentando la fuerza de disociabilidad de los materiales de instrucción interiorizados que se han incorporado de una manera no arbitraria y no literal a un concepto o proposición ya existente (de anclaje) en la estructura cognitiva. En otras palabras, en el curso del aprendizaje y la retención de carácter significativo, la repetición refuerza la aparición de significados claros y estables y su resistencia al olvido.

Por lo tanto, es razonable suponer que la pura repetición podría desempeñar un papel aún más importante en el aprendizaje y la retención (a corto o largo plazo) de asociaciones discretas y arbitrarias, en gran medida aisladas de la estructura cognitiva o sólo relacionadas con ella de una manera arbitraria, que en el aprendizaje y la retención a más largo plazo de materiales sustanciales y lógicamente significativos que se puedan incorporar a esa estructura (Peterson y otros, 1955). En situaciones de aprendizaje significativo, es indudable que otros factores como la disponibilidad de ideas de anclaje claras y estables, la discriminabilidad entre estas ideas de anclaje y la tarea de aprendizaje, y la lógica y la claridad internas (el grado de significado lógico) de la tarea de aprendizaje, también rebajan algo el papel desempeñado por la repetición a causa de su importancia preferente como factores causales. No obstante, la influencia de la repetición sigue siendo considerable en el establecimiento y la consolidación de significados y en el refuerzo de su resistencia a procesos que producen decremento. En todo caso, no se puede rechazar como algo básicamente extrínseco al proceso por el que se logra un aumento de la disponibilidad.

Desde el punto de vista de la frecuencia, la principal consecuencia práctica de las diferencias entre el aprendizaje memorista y el aprendizaje significativo para la enseñanza en el aula es que la revisión puede —y en gran medida debería— ocupar el lugar de la práctica. Puesto que el aprendizaje significativo se produce con una relativa rápidez y que el olvido de materiales aprendidos de una manera significativa se produce con una relativa lentitud, gran parte de los efectos potencialmente facilitadores de la frecuencia se pueden emplear con más provecho para la revisión que para el aprendizaje original. Desde el punto de vista de lo que realmente se aprende y se retiene, el intervalo relativamente largo entre el aprendizaje inicial y las sesiones de revisión en el aprendizaje significativo es comparable al breve intervalo entre ensayos de práctica de las etapas avanzadas del aprendizaje memorista.

Por lo tanto, está claro que se deben considerar dos cuestiones principales al evaluar el papel de la frecuencia en el aprendizaje y la retención. En primer lugar, ¿es necesaria, de hecho, la repetición para el establecimiento gradual de la fuerza asociativa o de la fuerza de disociabilidad en el nivel del umbral o por encima de él en el aprendizaje y la repetición de carácter memorista y en el aprendizaje y la repetición de carácter significativo respectivamente, y para reforzar esta fuerza de una manera suficiente para que el intervalo de retención se amplíe, o en realidad todo aprendizaje y toda retención realmente eficaces se logran en un solo ensayo? En otras palabras, ¿está la frecuencia relacionada *intrínsecamente* con el proceso de aprendizaje-retención, o la mejora gradual con la repetición no es más que una consecuencia artifactual de varios factores implicados en la investigación, la medición y la representación de los resultados del aprendizaje-retención? En segundo lugar, ¿influye la frecuencia en el aprendizaje y la retención de alguna manera *distintiva* aparte de ofrecer oportunidades repetidas para que otras variables como la contigüidad, la reducción del impulso y la confirmación-clarificación actúen de una manera acumulativa?

Evidentemente, la frecuencia *per se* no es una condición necesaria ni suficiente para que se produzca el aprendizaje significativo (E. L. Thorndike, 1931, 1932). La sustancia de mucho material relativamente fácil y potencialmente significativo se puede captar después de una sola lectura. Sin embargo, suelen hacer falta varias lecturas para los aprendizajes más difíciles, para el sobreaprendizaje, para la retención diferida y para la transferencia.

Además de ser esencial para las situaciones típicas de aprendizaje significativo, la frecuencia tiene un efecto propio *distintivo* en el aprendizaje y la retención que opera en estas situaciones y simplemente no se puede reducir a la oportunidad que ofrecen los ensayos posteriores para que otras variables eficaces influyan, de una manera acumulativa, en el proceso y el resultado del aprendizaje y la retención. Es decir, en nuestra opinión la frecuencia hace algo más que posibilitar una suma de los efectos repetidos de otras variables como la contigüidad, el refuerzo mediante la reducción del impulso o la confirmación y la clarificación cognitivas. Se debe admitir que la frecuencia ofrece una oportunidad para la operación recurrente de estas otras variables, pero también es algo más que un simple vehículo para la acumulación de sus efectos repetidos. También se pueden encontrar más debates y explicaciones sobre la mediación de los efectos de la frecuencia en la siguiente sección dedicada al momento oportuno de la revisión.

Factores específicos de la práctica

El momento oportuno de las revisiones

De cara al aprendizaje y la retención de carácter significativo, ¿se debería introducir la revisión poco después del aprendizaje original, cuando el material todavía está fresco en la mente y se ha olvidado relativamente poco? ¿O sería más eficaz introducir la revisión después de que se haya olvidado una cantidad apreciable de material? En general, los resultados de la investigación indican que ninguno de estos dos enfoques es más eficaz que el otro para facilitar la retención significativa de material de aprendizaje potencialmente significativo, lo cual sugiere que las ventajas respectivas de la revisión adelantada y de la revisión diferida se compensan mutuamente (Sones y Stroud, 1940). Las ventajas teóricas de la revisión *diferida* quizá sean más manifiestas que las de la revisión adelantada. En primer lugar, tras un intervalo de retención más largo, cuando se olvida más material, el estudiante está más motivado para aprovechar la oportunidad de realizar una revisión. Es menos probable que considere esta oportunidad innecesaria y superflua y, en consecuencia, estará más dispuesto a aprovecharla dedicándole esfuerzo y atención.

En segundo lugar, y aún más importante, cabe la posibilidad de que el *olvido previo* tenga un efecto facilitador («inmunizador») en el aprendizaje y la retención de carácter significativo. Como resultado de intentar recordar material y no conseguirlo, el estudiante tiende a tomar conciencia de los factores negativos de la situación de aprendizaje y de retención que fomentan el olvido, es decir, de las áreas de inestabilidad, ambigüedad, confusión y falta de discriminabilidad. Así preparado, puede tomar las medidas necesarias durante la sesión de reaprendizaje para fortalecer los componentes especialmente débiles de la tarea de aprendizaje, resolver confusiones y ambigüedades ya existentes y aumentar la discriminabilidad entre las ideas previamente aprendidas y las nuevas proposiciones relacionadas. Además, parece que sería posible prever un mayor beneficio potencial de la repetición cuando se olvida una parte mayor de la tarea de aprendizaje, ya que en estas circunstancias queda más por reaprender.

¿De qué maneras podría contrapesar la revisión *adelantada* estas ventajas evidentes de la revisión diferida? Lo más probable es que la repetición (revisión) tenga un efecto consolidador especialmente potente sobre el material acabado de aprender mientras sigue estando apreciablemente por encima del umbral de disponibilidad. Es probable que este efecto consolidador disminuya a medida que el nuevo material se hace progresivamente menos disponible. Como es evidente, otro ensayo ofrece al estudiante otra oportunidad para interaccionar cognitivamente con el material de aprendizaje y para relacionar los significados potenciales que éste expresa con su estructura de conocimiento ya existente (Ausubel y Youssef, 1966). Se adquieren nuevos significados reales o experimentados y se consolidan los significados adquiridos previamente. El estudiante tiene otra oportunidad de adquirir significados potenciales más sutiles del material que hayan sido parcial o totalmente pasados por alto en el primer ensayo, así como de consolidar significados establecidos al principio en aquel momento. Sin embargo, para que tenga una eficacia óptima, puede que la oportunidad de esta consolidación presuponga cierto nivel mínimo de disponibilidad residual cuya presencia es más probable en la revisión adelantada que en la revisión diferida.

Otro ensayo de estudio también proporciona al estudiante una retroalimentación informativa en forma de referencia textual para comprobar la exactitud del conocimiento retenido en el primer ensayo. Esta comprobación confirma los significados correctos, clarifica ambigüedades, corrige ideas falsas e indica las áreas de debilidad que requieren un estudio concentrado diferencial. El efecto neto es la consolidación del aprendizaje. Sin embargo, cuando la tarea de aprendizaje se olvida en gran medida, como en la revisión diferida, la función de «retroalimentación» de la repetición es mínima.

¿De qué otras maneras puede ser más ventajosa la revisión adelantada que la revisión diferida? Se recordará que, además de reforzar el aprendizaje y la retención de carácter significativo de las dos maneras directas antes mencionadas, la repetición también influye en estos procesos de otra manera indirecta mediante la modificación de la estructura cognitiva forjada por los ensayos anteriores. Las presentaciones repetidas de la tarea de aprendizaje no sólo fortalecen el contenido cognitivo acabado de adquirir, sino que este último contenido cognitivo también induce cambios *recíprocos* en la tarea de aprendizaje *percibida* que la hace más aprendible. Es decir, la adquisición inicial de los significados potencialmente presentes en el material de aprendizaje y su presencia en la estructura cognitiva *sensibilizan* al estudiante ante los significados potenciales que contiene cuando los vuelve a encontrar. El estudiante ha obtenido previamente significados del material de aprendizaje en el primer ensayo incorporando significados potenciales a su estructura cognitiva. Ahora, en la segunda lectura, las nuevas ideas en su conjunto, y no sólo las palabras componentes, transmiten de inmediato (es decir, perceptivamente) el significado *real* en lugar del significado meramente *potencial*.

En consecuencia, en el segundo ensayo, son los significados reales en lugar de los potenciales los que interaccionan perceptivamente con el residuo de los significados recientemente adquiridos que se han establecido en la estructura cognitiva como consecuencia del primer encuentro del estudiante con el material. Este tipo de interacción refuerza de modo especial la consolidación de los significados previamente establecidos porque esta vez el estudiante no tiene que *adquirir* significados y se puede concentrar sólo en intentar *recordarlos*. Además, el establecimiento de significados imperfectos en el primer ensayo sensibiliza al estudiante a significados más refinados y a distinciones más sutiles durante el segundo ensayo. Por lo tanto, es lógico que la consolidación y el «efecto sensibilizador» de la repetición sean mayores antes que después, durante el intervalo de retención, cuando hay más significados aprendidos que siguen estando disponibles para consolidarse o ejercer efectos de sensibilización.

Así pues, y para resumir, parece que las ventajas principales de la revisión *adelantada* son sus efectos superiores de consolidación, de «retroalimentación» y de «sensibilización» en relación con el material más disponible. Por otro lado, la principal ventaja de la revisión *diferida* es probable que resida en el superior reaprendizaje de material parcialmente olvidado, tanto por causas motivacionales como cognitivas. Por lo tanto, puesto que cada tipo de revisión tiene sus propias funciones y ventajas distintivas, es de suponer que las dos variedades son más complementarias que redundantes o mutuamente excluyentes y que se pueden combinar provechosamente.

Distribución de la práctica

En términos generales, las pruebas obtenidas de la investigación apoyan la conclusión de que la práctica distribuida facilita más el aprendizaje y la retención que la práctica concentrada (Bumstead, 1943; Sones y

Stroud, 1940). La explicación más creíble desde el punto de vista de la coherencia interna y de las pruebas obtenidas de la investigación es la teoría del olvido que antes hemos examinado detalladamente para explicar cómo actúan los efectos de la frecuencia en el aprendizaje y la retención de carácter significativo y el efecto facilitador de la revisión diferida en la retención significativa. Además: 1) en la medida en que la repetición fortalezca principalmente los componentes de la tarea de aprendizaje que todavía no se hayan desaprendido, el olvido de componentes previamente aprendidos que se produce entre ensayos en un programa de prácticas distribuidas permitirá que los componentes olvidados (además de los que aún no se han desaprendido) se aprovechen de este efecto fortalecedor especial de los ensayos posteriores; y 2) el descanso proporciona una oportunidad para disipar la confusión y la resistencia al aprendizaje que caracterizan al «shock del aprendizaje inicial» y para olvidar las respuestas o significados que puedan interferir (por ser fuertes, contrarios o alternativos).

En conclusión, parece que para el aprendizaje y la retención de carácter significativo son mejores las sesiones de práctica o de revisión breves y muy espaciadas que se van presentando con un intervalo progresivamente mayor entre ellas.

Recitación frente a recapitulación

En el aprendizaje basado en la recepción, donde la tarea de aprendizaje consiste en interiorizar los materiales presentados (como, por ejemplo, hechos, principios, asociaciones arbitrarias) con objeto de que estén disponibles para su posterior reproducción, el estudiante se puede tener que enfrentar a numerosos ensayos de estudio o repeticiones de la tarea o bien puede elegir, o se le puede exigir, que dedique una proporción variable del tiempo total de práctica a intentar recordar (recitar) el material en ensayos de prueba. Los resultados pertinentes procedentes de la investigación apoyan la conclusión de que, si bien una proporción mayor de recitación tiende a facilitar el aprendizaje y la retención de carácter *memorista* (más la retención que el aprendizaje), el efecto facilitador de la recitación en el aprendizaje y la retención de carácter *significativo* es menos pronunciado y más equívoco (Ausubel, 1966; Bumstead, 1940; Peterson, 1944).

La efectividad de la recitación, sobre todo para el material memorista, se puede atribuir a varios factores. En primer lugar, puesto que el intento de recordar materiales presentados comprueba hasta qué punto se ha producido su interiorización (aprendizaje), la «retroalimentación» que se proporciona durante el próximo ensayo es, en consecuencia, un factor mucho más significativo después de la recitación que después de la recapitulación. Indica de una manera explícita y sistemática cuáles son las asociaciones o significados correctos en relación con el aprendizaje interiorizado que ya ha tenido lugar. En estas circunstancias, todos los efectos de la retroalimentación —como condición incentiva; como confirmación, corrección, clarificación y evaluación cognitiva de la idoneidad del aprendizaje; y como refuerzo que sigue a la reducción de los impulsos cognitivo y de refuerzo del ego— se intensifican de una manera considerable.

Una consecuencia inmediata de la retroalimentación en este contexto estrechamente relacionada con la anterior es que, como resultado del descubrimiento de las partes de la tarea de aprendizaje que no se han dominado todavía de una manera suficiente, podemos centrar mejor nuestra atención y nuestro esfuerzo de una forma selectiva en estos últimos aspectos.

En segundo lugar, el tipo de participación que supone la recitación, que es más activa que la relectura, comporta un mayor esfuerzo de aprendizaje. Además de ejercer una influencia facilitadora general en el aprendizaje, esta participación rescata de una manera diferencial elementos que se encuentran en el umbral o cerca de él y conduce a una organización más activa y significativa del material aprendido (empleo de recursos mnemónicos rítmicos y de organizadores conceptuales).

En tercer lugar, las condiciones de la recitación se parecen más a las condiciones en las que finalmente se ejercerá el aprendizaje que las condiciones de la recapitulación.

La efectividad marcadamente reducida de la recitación en relación con el aprendizaje y la retención de carácter *significativo* no es difícil de comprender. Para empezar, la estructura secuencial lógica del discurso significativo conexo hace posible una recitación *implícita* durante el mismo ensayo; es decir, en el curso de releer, los sujetos suelen tender a prever los hechos y las proposiciones recordados que se siguen de una manera lógica del material que están leyendo en ese momento. Además, en el caso de material potencialmente significativo, donde el logro de la comprensión es un premio y un incentivo por derecho propio, hace falta menos esfuerzo para aprender y los valores incentivos y de refuerzo del ego de la retroalimentación son menos importantes. De manera similar, la comprobación explícita es menos necesaria para los efectos de confirmación, corrección, clarificación y evaluación de la retroalimentación ya que la lógica interna del material proporciona en parte su propia retroalimentación. Permite a los sujetos apreciar si han captado correctamente los significados y, en cualquier caso, comprobar implícitamente sus comprensiones durante la próxima presentación del material. Por último, las tareas de aprendizaje significativo se benefician menos de los efectos organizadores de la recitación porque poseen una organización intrínseca propia. Con todo, la recitación puede facilitar el aprendizaje significativo aunque se realice pronto en el curso del aprendizaje.

Homogeneidad de la tarea

Los defensores de los programas de «actividad» han tendido a favorecer la heterogeneidad de las tareas en la práctica. Es decir, en parte han intentado desembarazarse del oprobio asociado a la repetición destacando la diversidad de los tipos de tareas de aprendizaje y de los ejemplos de cada tipo que se presentan al estudiante.

El grado relativo de homogeneidad de la tarea suele ser una consideración práctica importante en el aprendizaje de aptitudes, conceptos y principios adquiridos de una manera inductiva. La cuestión es si estos aprendizajes se pueden adquirir de una manera más eficaz como resultado de una práctica intensiva con sólo unos cuantos ejemplos o como resultado de una práctica menos intensiva pero con una gran variedad de ejemplos. En un capítulo anterior ya hemos llegado a la conclusión de que, permaneciendo constantes otros factores, los atributos que definen un concepto dado se aprenden con más rapidez cuando el concepto se encuentra en muchos contextos distintos. Es evidente que esta experiencia disminuye la particularidad y aumenta la generalidad del conocimiento abstracto y de las capacidades transferibles.

Sin embargo, es importante matizar esta conclusión señalando que si esta experiencia multicontextual se adquiere a expensas de no lograr un dominio adecuado de las tareas componentes particulares que la constituyen, su efecto global en el aprendizaje será perjudicial. Cuando se aprenden conceptos, principios y aptitudes generales de una manera inductiva, la experiencia con un ejemplo particular *sólo* tiene un efecto de transferencia positiva para otros ejemplos si se ha consolidado de una forma adecuada. De manera similar, la experiencia total sólo se puede utilizar con éxito para formular una generalización transferible si se dominan varios ejemplos de la misma manera. Por lo tanto, la transferencia en problemas de «actitud de aprendizaje» exige un dominio *dentro* de un tipo dado de problema además de exigir experiencia con muchas variantes de este tipo de problema. Asimismo, si los casos empíricos que apoyan un concepto o una proposición son demasiado heterogéneos en cuanto a contenido o secuencia de presentación, el aprendizaje se obstaculiza.

Por lo tanto, parece que el aprendizaje eficaz de aptitudes y conocimientos transferibles exige un equilibrio adecuado entre el sobreaprendizaje de casos particulares intratarea por un lado y una exposición adecuada a la diversidad intratarea e intertareas por otro (Ausubel, 1968; Kuntz y Hovland, 1956). Estas dos condiciones de la práctica son complementarias y se apoyan mutuamente en lugar de ser antitéticas o mutuamente excluyentes. Sin embargo, es bastante probable que sus proporciones óptimas varíen en distintas tareas de aprendizaje. Es indudable que en determinadas aptitudes académicas muchos casos de problemas se pueden atribuir a una insistencia excesiva en la importancia de la experiencia diversificada en situaciones de aprendizaje no estructuradas, con la consecuente insuficiencia en cuanto a práctica y la lógica incapacidad para lograr el dominio de los ejemplos componentes habituales de los que se deriva la aptitud en cuestión. En consecuencia, no debemos perder de vista el hecho de que la adquisición de aptitudes generales depende de la consolidación previa de ejemplos habituales más particulares y que, por lo tanto, estas aptitudes no se establecerán de una manera eficaz o satisfactoria a menos que el estudiante practique los ejemplos subyacentes lo suficiente para dominarlos por completo. Hablando en términos generales, los educadores han tendido a destacar más la importancia de la extensión para el aprendizaje que la importancia de la intensidad. En realidad, puestos a elegir es preferible saber bien unas cuantas cosas que tener una noción superficial de muchas. Una cantidad pequeña de conocimientos consolidados es útil y transferible; una cantidad grande de conocimientos difusos e inestables es totalmente inútil.

Otra ventaja evidente del aprendizaje multicontextual, siempre y cuando no interfiera con el dominio intratarea, es que evita el aburrimiento y refuerza el impulso exploratorio. Esto se aplica especialmente a los estudiantes más inteligentes; hace falta menos variabilidad intertareas para mantener el interés de los alumnos más obtusos.

Actitud de aprendizaje

La expresión «actitud de aprendizaje» se refiere a la predisposición actual a aprender o actuar de una manera particular (Harlow, 1940). En consecuencia, en su significado más amplio también incluye la disposición del estudiante a aprender de una manera memorista o de una manera significativa. Es evidente que la actitud de aprendizaje significativa, al ser uno de los principales requisitos del aprendizaje significativo, es una condición general importante de la práctica, aunque esto ya se ha examinado en otro contexto.

Por lo tanto, en el presente contexto sólo consideraremos la actitud de aprendizaje en la medida en que refleje la influencia de la experiencia o actividad de aprendizaje *reciente*. Este aspecto de la actitud de aprendizaje refleja tanto la complejidad metodológica general al abordar una tarea de aprendizaje dada o un tipo concreto de problema («aprender a aprender») como una actitud de actuación adecuada o un estado momentáneo de preparación para acometer un tipo determinado de actividad (el efecto de «calentamiento»). Es evidente que estos dos componentes de la actitud de aprendizaje contribuyen a una transferencia positiva.

Al margen del tipo de aprendizaje implicado, en una tarea, la práctica tiende a facilitar el aprendizaje de otra tarea similar siempre que entre ellas no se dé ninguna superposición conflictiva en cuanto a contenido. Por lo tanto, la actitud de aprendizaje es una importante condición general de la práctica que se debe tener presente al planificar la distribución y la secuenciación de la práctica, así como el grado óptimo de homogeneidad de la tarea entre ensayos.

Desde el punto de vista teórico es importante no confundir los aspectos de «aprender a aprender» y de «calentamiento» de la actitud de aprendizaje. El primero consta de adquisiciones *cognitivas* relativamente estables que se ocupan de la estrategia de aprendizaje y que se derivan de experiencias de aprendizaje pasadas. Estas adquisiciones influyen en el contenido y la dirección real de la actividad de aprendizaje en curso. El segundo consta de factores de preparación transitorios que intervienen en el enfoque momentáneo de la atención, la movilización del esfuerzo y la superación de la inercia inicial que están asociados con «tener la actitud adecuada» para realizar una tarea dada. Naturalmente, los efectos del calentamiento se disipan con bastante rapidez y como mucho sólo explican parte de la mejora del aprendizaje intertareas que se produce en el transcurso de un solo día de práctica. La mejora a más largo plazo (de un día a otro) sólo se debe explicar en función de los efectos de aprender a aprender. Es evidente que al programar un material potencialmente significativo es importante conservar una medida suficiente de comunidad entre las sucesivas tareas de aprendizaje para aprovechar tanto el componente de aprender a aprender como el componente de calentamiento de la actitud de aprendizaje. Sin embargo, al mismo tiempo se debería introducir en el contenido intertareas una heterogeneidad suficiente para impedir la perseverancia mecánica de una actitud de aprendizaje dada y no fomentar la rigidez de enfoque ni el desarrollo de una actitud de aprendizaje memorista. La necesidad de múltiples períodos de calentamiento es una de las principales desventajas de la práctica distribuida. Hace que esta distribución sea inviable en ciertas tareas que exigen un esfuerzo sostenido considerable.

La transferencia frente a la práctica directa en el aprendizaje secuencial

La repetición no sólo es importante para el dominio de la tarea de aprendizaje actual o en curso, sino también para el aprendizaje de tareas nuevas y secuencialmente dependientes que presuponen este dominio o consolidación de la tarea actual. Naturalmente, esto es un ejemplo de transferencia positiva. El valor relativo de la transferencia y de la práctica directa ya se ha considerado en otro contexto. Cabría prever que, en el caso de un material de aprendizaje secuencialmente dependiente, el aprendizaje de este material estaría influido de una manera significativa por la medida de la retención del material antecedente pertinente. La disponibilidad de este material pertinente, especialmente si fuera claro y estable, proporcionaría una base más segura para el nuevo aprendizaje que si el material no estuviera disponible en absoluto o no fuera claro y estable. Puesto que la repetición del anterior material de fondo tiende a aumentar su estabilidad y claridad, debería reforzar el aprendizaje y la retención de material secuencialmente dependiente.

El efecto facilitador de la repetición (consolidación) del material de fondo en el aprendizaje de material que ya hemos presentado, parece operar sólo cuando este último material es secuencialmente dependiente del material de fondo anterior. Por lo tanto, en las tareas de aprendizaje propias del aula es importante distinguir entre: 1) los materiales relacionados de una manera secuencial que *dependen* secuencialmente de aprendizajes anteriores; y 2) los materiales relacionados de una manera secuencial que son secuencialmente *independientes* de esos aprendizajes. Cuando decimos que unos materiales están relacionados secuencialmente, sólo queremos decir que, en función de la lógica de la organización de la materia, es más razonable que un conjunto de materiales preceda a otro que viceversa.

Sin embargo, la *dependencia* secuencial también implica que el aprendizaje del material posterior presupone el conocimiento del material anterior y es imposible sin él. Por otro lado, en situaciones de aprendizaje secuencialmente *independientes* no hace falta conocer el material anterior para aprender el material posterior. Este último conjunto de materiales es independiente y se puede aprender de una manera adecuada por sí mismo, sin ninguna referencia al conjunto anterior. Esta independencia secuencial se suele lograr en lecciones relacionadas secuencialmente, que incluyan en la segunda lección una sinopsis o revisión de todo el material de la primera lección que sea esencial para la comprensión de la segunda.

Suscitación y orientación

Las respuestas del estudiante durante el curso de la práctica se pueden dar sin ningún tipo de ayuda por un lado, o recibir la ventaja de distintos grados de ayuda externa por otro. Es evidente que la naturaleza y la importancia de esta ayuda difieren en gran medida en función de si el aprendizaje está basado en la recepción o en el descubrimiento. En una situación de aprendizaje basado en el descubrimiento, la ayuda adopta la forma de orientación, es decir, de ofrecer pistas que limiten las oportunidades del estudiante de hacer descubrimientos por su cuenta. En consecuencia, la orientación se refiere a la dimensión recepción-descubrimiento del aprendizaje e influye en ella. El hecho de ofrecer una orientación completa equivale a presentar al estudiante el contenido esencial de la tarea de aprendizaje (aprendizaje basado en la recepción), mientras que la ausencia total de cualquier tipo de orientación exige un descubrimiento totalmente autónomo. El grado de orientación proporcionado en la mayoría de los casos de aprendizaje basado en el descubrimiento suele caer entre estos dos extremos.

En una situación de aprendizaje basado en la recepción, la ayuda externa se da en forma de *suscitación* durante los ensayos de prueba. Esta ayuda no influye en la autonomía del descubrimiento porque el contenido de la tarea de aprendizaje se presenta por completo en cualquier caso.

Sin embargo, sí que influye en la autonomía de la reproducción. El estudiante recibe una ayuda total o parcial para reproducir material previamente presentado que aún no se ha interiorizado por encima del umbral de disponibilidad. Si se ofrece la sustancia completa y explícita de la información exigida por el ítem de prueba, el estímulo de apoyo se puede considerar una *suscitación*. Si el estímulo de apoyo es menos completo y explícito durante el ensayo de prueba, se puede considerar una *pista*.

La suscitación es más necesaria y eficaz en las primeras etapas del aprendizaje basado en la recepción porque, en ese momento, el estudiante aún no ha interiorizado material suficiente para aprovechar la práctica que supone una recitación sin ayuda (Briggs, 1961). Además, la provisión de suscitaciones en estas primeras etapas de la práctica puede impedir la aparición de conjeturas y el aprendizaje de errores (respuestas contradictorias incorrectas) y, en consecuencia, evitar la necesidad de un costoso desaprendizaje. Por estas razones, la suscitación es más eficaz que la confirmación (retroalimentación) durante períodos de práctica relativamente breves en el aprendizaje basado en la recepción.

Sin embargo, durante las etapas posteriores de la práctica es evidente que estas consideraciones son menos pertinentes. Además, es importante que las condiciones de práctica empiecen a aproximarse de una manera gradual al punto final (sin suscitación) deseado del producto del aprendizaje. En consecuencia, a medida que aumenta la cantidad de aprendizajes correctos, la reducción de la compleción y la explicitud de las suscitaciones y su sustitución por la confirmación es ventajosa para el posterior aprendizaje. Desde una perspectiva teórica, también parece plausible que se pueda prescindir antes —y provechosamente— de la suscitación en el caso del aprendizaje significativo que en el caso del aprendizaje memorista basado en la recepción a causa del ritmo más rápido de adquisición y del diferente papel que desempeñan las respuestas contradictorias.

Una revisión de los estudios a corto plazo del papel de la orientación en el aprendizaje significativo basado en el descubrimiento lleva a la conclusión de que el descubrimiento orientado o semiautónomo es más eficaz para el aprendizaje, la retención y la transferencia que el descubrimiento totalmente autónomo o la provisión de una orientación completa en tareas de laboratorio significativas pero planificadas y relativamente aisladas y nuevas. En estas circunstancias, al parecer la orientación sensibiliza al estudiante a los aspectos destacados del problema, le orienta hacia el objetivo y fomenta la economía del aprendizaje evitando un esfuerzo mal encauzado.

Es evidente que hace falta alguna oportunidad para el descubrimiento autónomo en los casos donde el objeto del aprendizaje no es la mera adquisición de conocimientos sino también el desarrollo de aptitudes para la formulación de principios generales y su aplicación a unas situaciones de problema particulares. Sin duda, los principios presentados verbalmente son transferibles a estas situaciones aunque no se hayan descubierto de una manera autónoma. Sin embargo, la capacidad para resolver de una manera eficaz una clase determinada de problemas también presupone una experiencia en abordar las características distintivas de esa clase de problemas en cuanto a la formulación y la comprobación de hipótesis, la estrategia de aplicación, la identificación de enfoques fructíferos que minimicen los riesgos costosos y la tensión cognitiva innecesaria, el empleo de métodos sistemáticos y económicos de indagación y el mantenimiento de una actitud de aprendizaje flexible y significativa.

En conclusión, en primer lugar se debe tener presente que la resolución de problemas y los ejercicios de laboratorio no son intrínseca ni necesariamente significativos y pueden conducir a poco o ningún aprendizaje y retención de carácter significativo si la actitud de aprendizaje de los estudiantes sólo es memorizar problemas o técnicas «tipo» para manipular símbolos. Esto ocurre, sobre todo, cuando el estudiante tiene unos conocimientos de fondo o una apreciación inadecuados en relación con los principios metodológicos ilustrados por los procedimientos específicos del laboratorio. También se debería tener presente que, de la misma manera que «hacer» no conduce necesariamente a comprender, la comprensión no implica necesariamente la capacidad de resolver con éxito problemas que supongan una apreciación significativa de los principios en cuestión. En el resultado de las actividades de resolución de problemas intervienen otros factores, además de la comprensión.

En segundo lugar, en realidad lo que normalmente se suele llamar «método del descubrimiento» es un tipo de descubrimiento planificado totalmente distinto de las actividades de descubrimiento verdaderamente autónomas realizadas por los investigadores o los científicos. El empleo de técnicas puras de descubrimiento sólo podría conducir a un caos total y a una pérdida de tiempo en el aula ya que, en general, los estudiantes inmaduros carecen de suficientes conocimientos sobre la materia para formular problemas solubles e idear métodos de investigación adecuados y pertinentes. Antes de que los estudiantes puedan «descubrir» generalizaciones con una eficacia razonable, los problemas se deben estructurar de tal manera que el descubrimiento final llegue a ser prácticamente inevitable.

En tercer lugar, numerosos estudios a corto plazo han demostrado que el descubrimiento orientado es más eficaz para el aprendizaje, la retención y la transferencia que el descubrimiento totalmente autónomo o la provisión de una orientación completa. Sin embargo, estos resultados no indican necesariamente que el descubrimiento orientado sea más eficaz para enseñar los *contenidos de una materia* que la simple exposición didáctica. En primer lugar, la resolución de problemas nuevos por parte de un sujeto inexperto en un contexto de laboratorio no se puede comparar con el aprendizaje de un gran corpus de material organizado secuencialmente.

Una gran parte también depende del tiempo/coste relativo de los dos enfoques, del grado de conocimiento de la materia y la madurez cognitiva del estudiante, de la naturaleza de la tarea de aprendizaje (información descriptiva, equivalentes representacionales o principios que se pueden descubrir formulando y comprobando hipótesis) y de si el objetivo de la experiencia de aprendizaje es adquirir conocimiento, mejorar la capacidad de resolución de problemas o bien obtener una noción del método científico.

Algunas condiciones generales de la práctica en el aprendizaje y la retención de carácter significativo

Conocimiento de los resultados (retroalimentación)

Desde un punto de vista teórico, el conocimiento de los resultados (o retroalimentación) parecería ser una variable de la práctica extremadamente importante. No obstante, a causa de las graves lagunas y deficiencias de las pruebas disponibles aportadas por la investigación, poseemos muy poca información inequívoca sobre sus efectos reales en el aprendizaje o sobre su mecanismo de acción.

Al parecer, es esencial tener algún conocimiento de los resultados para aprender en ciertos tipos de tareas perceptivo-motrices donde se debe dar una respuesta variable o indeterminada a un estímulo presentado de una manera constante (Hershberger, 1964; Thorndike, 1931, 1932). Cuando el estudiante simplemente debe comprender e interiorizar el material presentado, la retroalimentación facilita el aprendizaje y la retención pero no es indispensable para ninguno de ellos (Thorndike, 1931).

Un problema igualmente importante, suponiendo que la retroalimentación sea indispensable para algunos tipos de aprendizaje y tenga una influencia facilitadora en otros, se refiere al mecanismo por el que se realiza esta facilitación. Los teóricos de orientación neoconductista atribuyen los efectos de la retroalimentación a la gratificación de la reducción del impulso y al refuerzo de la respuesta correcta que sigue a la confirmación de la exactitud o éxito de esta última opción. Sin embargo, no hay duda de que es más conciso, es decir, comporta menos supuestos no demostrables, creer que el conocimiento de los resultados también tiene otros efectos principalmente cognitivos en el aprendizaje y la retención de carácter significativo. Los aspectos cognitivos de la retroalimentación confirman significados y asociaciones adecuados, corrigen errores, clarifican ideas falsas e indican la suficiencia relativa con que se han dominado distintas porciones de la tarea de aprendizaje. En consecuencia, como resultado de la retroalimentación recibida, aumenta la confianza del sujeto en la validez de los productos de su aprendizaje y sus aprendizajes se consolidan. El estudiante también es más capaz de concentrarse selectivamente en los aspectos de la tarea que requieren más refinación.

Desde el punto de vista motivacional y cognitivo, es probable que la retroalimentación también tenga un efecto menos facilitador en el aprendizaje significativo que en el aprendizaje memorista. Puesto que el logro de la comprensión es una recompensa por derecho propio y exige menos esfuerzo bruto que el aprendizaje memorista, en el aprendizaje significativo no es tan necesario invocar la ayuda energizadora de motivos e incentivos extrínsecos. De manera similar, el refuerzo selectivo de respuestas exitosas mediante la reducción del impulso (gratificación) es menos necesario para aprender, suponiendo que ello fuera posible, cuando se pueden aplicar consideraciones lógicas al contenido de la tarea de aprendizaje que cuando se debe establecer una conexión completamente arbitraria y literal. La lógica interna del material de aprendizaje también hace posible alguna medida implícita de confirmación, corrección, clarificación y evaluación del producto de aprendizaje, incluso en ausencia de cualquier provisión explícita de retroalimentación.

Los efectos de la intención en el aprendizaje y la retención de carácter significativo

Aunque los individuos pueden adquirir información muy variopinta de una manera casual, hace falta un esfuerzo deliberado para el aprendizaje eficaz de la mayoría de las materias académicas. Muchos experimentos también muestran que el aprendizaje deliberado en respuesta a unas instrucciones explícitas es más eficaz, preciso y específico que el aprendizaje involuntario o enseñado implícitamente. Para muchos teóricos ha sido tentador invocar los efectos energizadores y aceleradores ampliamente aceptados de la motivación para explicar estos resultados. Sin embargo, el análisis psicológico de la intención indica que, como proceso, se parece mucho más a una actitud mental que a la motivación. En un sentido muy real, las intenciones son precursoras motivacionales de actitudes mentales que, en realidad, logran sus efectos tanto en relación con las acciones deseadas como, en última instancia, en relación con la memoria misma, facilitando el aprendizaje significativo. La expectativa actúa de manera muy parecida a la intención facilitando la memoria significativa, pero sólo lo hace para los elementos congruentes con ella (Hirt y otros, 1995).

Puesto que la intención está mediada, por lo menos en parte, por la mayor movilización y concentración de la atención (además del funcionamiento de las actitudes mentales), hace falta un grado mínimo de atención para que se produzca un aprendizaje significativo después de la intención explícita de aprender y recordar de una manera significativa. Por lo tanto, en los casos de aprendizaje implícito e incidental donde apenas se alcanza este mínimo, el aprendizaje y la retención tienen lugar (aunque sólo mínimamente) porque en realidad la cantidad real de atención que es esencial para que se produzca el aprendizaje es minúscula. Los casos comunes de aprendizajes que al parecer se dan sin necesidad de atención, es más probable que sean casos de aprendizaje incidental «inconsciente» que se produce con la atención mínima necesaria pero sin tener conciencia de ello (Ashcraft, 1994).

Sin embargo, en contraste con la actitud de poner «los músculos» pertinentes en un estado de preparación y en un orden determinado (como en los efectos de «calentamiento») o de utilizar una estrategia de aprendizaje concreta (derivada de una secuencia de «aprender a aprender») para resolver una clase dada de problemas, la actitud que subyace a la mayoría de las intenciones de aprendizaje supone principalmente una concentración y una movilización deliberadas de la atención y del esfuerzo para realizar una actividad determinada (o para no dejar de realizarla). Por ejemplo, en el caso de los estudiantes, la actividad en cuestión, que con mucha frecuencia podría constituir el objeto de sus intenciones, es el aprendizaje y la retención de alguna porción de material académico que o bien les es presentada por el enseñante en el aula o bien estudian ellos mismos por su cuenta en casa o en la escuela. Sin ejecutar esta intención explícita u otra similar, es evidente que se aprendería muy poca cosa.

Por lo tanto, en el sentido descrito anteriormente, sería justificable considerar la intención como una condición cognitiva general de la práctica comparable a la retroalimentación o al grado de naturalidad o estructuración de las actividades de aprendizaje. Sin embargo, es necesario tener presente que, como otras variables no cognitivas (como, por ejemplo, las motivaciones y los impulsos), el hecho de concentrar y movilizar la atención y el esfuerzo sólo puede influir en el proceso de aprendizaje, no en la retención. En cuanto los nuevos significados surgen y enlazan con ideas de anclaje pertinentes en la estructura cognitiva, es totalmente imposible que estas últimas variables puedan entrar en contacto con el proceso de retención e influir en él.

Los contextos de práctica naturales frente a los estructurados

En el presente contexto, por condiciones «naturales» de aprendizaje entendemos cualquiera —o la totalidad— de los siguientes principios pedagógicos relativamente poco estructurados que, en general, han sido defendidos por los centros de «educación progresista» y los «educadores progresistas» de este país (EE.UU.) aunque más en el pasado que en la actualidad:

1. Unas situaciones de aprendizaje no estructuradas ni planificadas.
2. Unos tipos de experiencia de carácter directo, en un sentido concreto y manipulativo.
3. Una tarea de aprendizaje de carácter involuntario o no deliberado.
4. Un aprendizaje autónomo y no orientado basado en el descubrimiento.
5. Una exposición a experiencias diversificadas en lugar de repetitivas.

¿Hasta qué punto es conveniente que la práctica se desarrolle en contextos naturales (de la vida real, no planificados)? Naturalmente, es verdad (siempre que todos los factores pertinentes restantes sean iguales) que el aprendizaje se refuerza cuando las condiciones de práctica se parecen mucho a las condiciones en las que se acabará usando la aptitud o el conocimiento en cuestión. También es menos probable que este aprendizaje sea monótono y que disfrute de la ventaja de unos niveles más elevados de interés y de motivación. Sin embargo, los contextos totalmente naturales rara vez proporcionan las condiciones de práctica necesarias u óptimas para que el aprendizaje sea eficaz.

En general, los «ensayos generales» naturalistas sólo son factibles durante las últimas etapas del aprendizaje, *después* de que los aspectos componentes de la tarea de aprendizaje ya se hayan identificado y dominado en sesiones de práctica estructuradas. En primer lugar, las experiencias de aprendizaje no planificadas no suelen incluir una cantidad suficiente de ensayos de práctica adecuadamente espaciados ni ofrecen oportunidades adecuadas para la repetición diferencial de los componentes muy difíciles. En segundo lugar, la práctica no estructurada no se beneficia de una selección, una presentación y una organización del material pedagógicamente especializadas; de una secuenciación, un ritmo y una gradación de la dificultad cuidadosamente establecidos; ni de un equilibrio óptimo de la repetición intratarea, la variabilidad intratarea y la variabilidad intertareas. En tercer lugar, y como indican casi todas las investigaciones, la mayor parte del aprendizaje se refuerza mediante la intención deliberada de aprender.

El importante principio de enseñanza de la simplificación inicial de las tareas de aprendizaje que son difíciles para los alumnos inexpertos también es contrario a la doctrina del aprendizaje natural o no estructurado. Exponer a los estudiantes inexpertos a todas las complejidades de los datos naturales y «no ordenados» del laboratorio o a las distinciones y matizaciones sutiles de la enseñanza expositiva es la manera más segura de confundirlos y abrumarlos. El empleo de «muletas» artificiales, la gradación de la dificultad y la reducción del ritmo de presentación son formas comunes de simplificar el aprendizaje en el aula.

Muchas características de los programas de «actividad» se basaban en la evidente proposición de que los niños de primera enseñanza perciben el mundo de una manera relativamente concreta e intuitiva. Los niños necesitan una experiencia directa considerable con muchos casos concretos de un conjunto dado de relaciones antes de poder adquirir conceptos y generalizaciones genuinamente significativos. Por lo tanto, se hizo un intento de enseñar información factual y aptitudes intelectuales por medio de experiencias directas de carácter manipulativo en contextos naturales, en lugar de hacerlo mediante la exposición verbal y la repetición.

Sin embargo, y como reconocía el mismo John Dewey, cuando los alumnos de más edad han adquirido una cantidad suficiente de conceptos abstractos básicos, adquieren conceptos nuevos basándose principalmente en otras abstracciones verbales, sin necesidad de recurrir a la experiencia directa, y comprenden nuevas proposiciones sin necesidad de referencias directas ni de manipular unos apoyos concretos. Por lo tanto, en la enseñanza secundaria puede ser conveniente invertir la relación secuencial y la proporción relativa entre los conceptos abstractos y los datos concretos. En consecuencia, existen buenas razones para creer que la mayor parte del tiempo dedicado a realizar ejercicios de laboratorio en el ámbito de las ciencias se podría emplear con más provecho para formular definiciones más precisas, diferenciar de una manera explícita conceptos relacionados, hacer generalizaciones a partir de situaciones hipotéticas, etc.

Los factores motivacionales en el aprendizaje y la retención de carácter significativo[2]

¿Es necesaria la motivación para aprender?

El peso de las pruebas indica que si bien la motivación es un factor muy importante que facilita en gran medida el aprendizaje significativo, no es nunca una condición indispensable, sobre todo para el aprendizaje limitado y a corto plazo. Sin embargo, es totalmente esencial para el tipo de aprendizaje sostenido y a largo plazo que interviene en el dominio de una disciplina dada o de un currículo profesional. Sus efectos se logran en gran medida gracias a variables mediadoras como la intensificación, la concentración y la movilización de la atención y el esfuerzo; el aumento de la tolerancia a la frustración y la capacidad de posponer la necesidad de una gratificación inmediata de impulsos hedonistas; y una mayor persistencia y resolución.

Muchas investigaciones indican que, al parecer, gran parte del aprendizaje no se energiza mediante la motivación ni se refuerza mediante la gratificación (reducción) de los impulsos. Por ejemplo, el condiciona-

2. La mayor parte del material sobre la posible necesidad de la motivación para el aprendizaje y la retención de carácter significativo, sobre la mediación de los factores motivacionales, sobre los distintos tipos de motivación para el logro, sobre la recompensa y el castigo, etc., se ha adaptado de D. P. Ausubel, *Educational psychology: A cognitive view* (Nueva York, Holt, Rinehart and Wiston, 1968).

miento clásico o pavloviano simplemente depende de la contigüidad temporal de los estímulos condicionados e incondicionados. Como se indicaba anteriormente, también se produce un poco de aprendizaje incidental sin ninguna intención explícita de aprender. Sin embargo, aparte del condicionamiento clásico, es probable que la motivación sea más prescindible para el aprendizaje significativo basado en la recepción (sobre todo si no está organizado y es a corto plazo) que para cualquier otro tipo de aprendizaje. Como este aprendizaje requiere un esfuerzo relativamente pequeño, es menos necesario recurrir a impulsos y motivos ya existentes en el estudiante o a condiciones incentivas y recompensas extrínsecas como ocurre, por ejemplo, en el aprendizaje memorista o en la resolución de problemas. Pero, naturalmente, afirmar que el aprendizaje significativo (sobre todo si es de naturaleza fragmentaria y a corto plazo) se puede dar en ausencia de motivación no niega el hecho de que la motivación pueda facilitar el aprendizaje de una manera significativa siempre que esté presente y sea operativa.

La relación causal entre la motivación y el aprendizaje suele ser más recíproca que unidireccional. Tanto por esta razón como porque la motivación no es una condición indispensable del aprendizaje, es innecesario posponer actividades de aprendizaje hasta que se hayan desarrollado los intereses y las motivaciones adecuados. Con frecuencia, la mejor manera de enseñar a estudiantes desmotivados es no hacer caso momentáneamente de su falta de motivación y centrarse en enseñarles con la máxima eficacia cognitiva posible. En cualquier caso se producirá algún grado de aprendizaje a pesar de la falta de motivación; y a partir de la satisfacción inicial de este aprendizaje estos estudiantes desarrollarán retroactivamente la motivación para aprender más. Por lo tanto, en algunas circunstancias, la manera más adecuada de despertar la motivación para aprender es centrarse más en los aspectos cognitivos del aprendizaje que en sus aspectos motivacionales y contar con la motivación que desarrolle retroactivamente el logro educativo para energizar el posterior aprendizaje.

Sin embargo, aunque puede haber casos *particulares* de aprendizaje básicamente inmotivado, es indudable que la materia en su conjunto se debe relacionar con una comprensión de su necesidad para que se produzcan grados apreciables de aprendizaje significativo *a largo plazo*. La incapacidad de ver la necesidad de una materia es la razón que aducen con más frecuencia los estudiantes para perder el interés por los estudios y abandonarlos.

Cuando la motivación es claramente operativa en el aprendizaje humano, es engañoso extrapolar el paradigma familiar de la reducción homeostática del impulso que se suele emplear para explicar el aprendizaje animal. Estos impulsos se sacian con rapidez y, cuando están acompañados por algún afecto intenso, perturban el aprendizaje. En consecuencia, el hambre, la sed, el dolor, etc., rara vez motivan el aprendizaje humano. Y aunque las recompensas materiales suelen ser eficaces, los motivos intrínsecos (ligados a la tarea) y de refuerzo del ego tienden a dominar cada vez más el panorama motivacional a medida que aumenta la edad. Las recompensas materiales también tienden a verse menos como fines en sí mismas y se convierten en símbolos de un estatus alcanzado o atribuido, es decir, en fuentes de autoestima.

Al parecer existe un nivel óptimo de motivación o de compromiso del ego (ni demasiado alto, ni demasiado bajo) para ciertos tipos de aprendizaje complejo. Es concebible que unos estados de impulso impelentes puedan perturbar el aprendizaje significativo genérico, tanto por destacar en exceso la particularidad de los conceptos acabados de aprender como por limitar la capacidad del estudiante de aplicar principios previamente aprendidos a tareas acabadas de aprender. Expresándolo en función de una hipotética base fisiológica para la motivación, parece que una cantidad moderada de activación o excitación tiene un efecto óptimo en el aprendizaje.

Un prejuicio teórico que aquí se debería explicitar desde el principio es el supuesto de que el papel y la importancia relativa de distintos tipos de motivaciones (como, por ejemplo, la cognitiva, la homeostática, la material, la de refuerzo del ego, la aversiva y la afiliadora) varían en función del tipo de aprendizaje implicado, de la especie a la que pertenece el aprendiz y del estado evolutivo de éste. En consecuencia, cabe prever que el papel y la importancia relativa que tengan estos diversos tipos de motivaciones en el aprendizaje dentro del aula serán totalmente diferentes de los que tengan en las variedades a corto plazo y fragmentarias del aprendizaje memorista, instrumental, motor y basado en el descubrimiento.

El papel de los efectos motivacionales en el aprendizaje y la retención de carácter significativo

¿Cómo influyen realmente los factores motivacionales en el aprendizaje y la retención de carácter significativo y en qué difiere esta influencia de la de las variables cognitivas que hemos considerado anteriormente? En primer lugar, *las variables cognitivas influyen directamente en las propias condiciones que determinan la interacción entre el nuevo material de aprendizaje y las ideas pertinentes ya existentes en la estructura cognitiva.* En consecuencia, también influyen en la aparición de nuevos significados y en el mantenimiento de su identidad separada y de su disponibilidad durante el intervalo de retención (mediante el mantenimiento de la fuerza de disociabilidad de los nuevos significados).

En segundo lugar, *los efectos de las variables cognitivas también están mediados por los mismos mecanismos tanto en el aprendizaje como en la retención.* Es decir, estas variables determinan la precisión, la estabilidad, la claridad y la discriminabilidad de los nuevos significados que surgen durante el aprendizaje, influyendo en el proceso interactivo cognitivo de las maneras particulares mencionadas anteriormente. Esta misma influencia de las variables cognitivas en la fuerza de disociabilidad: 1) se puede ejercer durante el período de retención así como durante el aprendizaje; y 2) sigue operando de una manera acumulativa durante el intervalo de retención, determinando así el grado relativo de disponibilidad de los significados acabados de aprender (Ausubel, 1968).

Normalmente, sin embargo, *las variables motivacionales no intervienen directamente en el proceso interactivo cognitivo.* Energizan y aceleran este proceso durante el aprendizaje reforzando el esfuerzo, la atención y la preparación inmediata para el aprendizaje. Por lo tanto, elevan *catalíticamente* y de una manera no específica la fuerza de disociabilidad (en lugar de hacerlo mediante una intervención directa y diferencial en el proceso interactivo que determina la adquisición y la retención de nuevos significados).

Además, *los efectos de las variables motivacionales en el aprendizaje y la retención, respectivamente, y a diferencia de la mediación de sus equivalentes cognitivos en estos dos procesos, no se logran con los mismos mecanismos.* Una vez completado el aprendizaje, las variables motivacionales no pueden influir independientemente en la fuerza de disociabilidad (es decir, aparte de sus efectos en el aprendizaje). En consecuencia, sólo pueden influir en la retención, aparte del aprendizaje, durante la etapa reproductora del recuerdo, elevando los umbrales de disponibilidad y conformando los aspectos cualitativos de la reconstrucción imaginativa. En consecuencia, podemos concluir que los factores motivacionales influyen en el aprendizaje y la retención de carácter significativo de maneras que son *cualitativamente* diferentes de los efectos comparables de las variables cognitivas pertinentes.

En otras palabras, las variables motivacionales no intervienen de una manera directa ni intrínseca en el proceso interactivo cognitivo ni en la determinación de la fuerza de disociabilidad. En su mayor parte se limitan a incidir indirectamente en este proceso e influyen en la fuerza de disociabilidad de una manera facilitadora o energizadora (catalizadora) no específica. Por ejemplo, mediante efectos motivacionales como movilizar el esfuerzo y concentrar la atención, se pueden realizar más repeticiones del material dentro del tiempo de aprendizaje estipulado y cada repetición se realiza con más eficacia. El resultado neto es un aumento indirecto, no específico y global de la fuerza de disociabilidad para el proceso de aprendizaje así energizado (Ausubel, 1968).

También es razonable suponer que los efectos de las variables cognitivas en el aprendizaje significativo siguen actuando de una manera similar durante la retención y mediante los mismos mecanismos. Sean cuales sean estos efectos en el proceso interactivo, simplemente se extienden en el tiempo desde el aprendizaje hasta la retención. Por lo tanto, el ritmo de deterioro de la fuerza de disociabilidad durante la retención refleja la influencia continua de estas mismas variables *cognitivas* en el proceso interactivo durante el intervalo de retención. Sin embargo, una vez completadas las sesiones de aprendizaje y cuando los productos interactivos cognitivos ya se han formado, deja de haber un cauce de comunicación abierto para que los aspectos energizadores y aceleradores de la *motivación* influyan en la fuerza de disociabilidad, incluso en un sentido catalizador o no específico. En consecuencia, para que los factores motivacionales influyan en la retención al margen de sus efectos en el aprendizaje, hace falta un nuevo mecanismo para ejercer esta influencia, un mecanismo que no actúe durante el intervalo de retención sino sólo durante la etapa reproductora del recuerdo. A estas alturas, las variables motivacionales siguen influyendo en los resultados de la retención, es decir, al margen de sus efectos anteriores en el aprendizaje, pero sólo en la medida en que incidan en el umbral de disponibilidad y en los aspectos *reproductores* de la memoria.

Así, tanto las consideraciones teóricas como el peso de las pruebas disponibles indican que los factores motivacionales influyen selectivamente en la retención significativa inhibiendo (elevando), en lugar de facilitando (rebajando), unos umbrales particulares de reconocimiento y de recuerdo. En otras palabras, la participación positiva del ego y un sesgo actitudinal favorable no aumentan la retención rebajando los umbrales de suscitación del recuerdo. En cambio, una fuerte motivación para el olvido y ciertos tipos de sesgos actitudinales negativos (por ejemplo, en situaciones amenazadoras para el ego o que provocan ansiedad) pueden provocar el olvido selectivo elevando los umbrales de disponibilidad (represión).

Así pues, a diferencia de la situación en el aprendizaje, la influencia selectiva de las variables motivacionales en la *retención* significativa tiene un carácter más inhibidor que facilitador (catalizador). Además, la influencia de estas variables también se ejerce sólo mediante un cambio en los umbrales de suscitación del recuerdo, sin ningún tipo de cambio en la misma fuerza de disociabilidad. Sin embargo, aunque esta última permanece constante, el recuerdo o el reconocimiento son momentáneamente más difíciles a causa de la elevación selectiva de los umbrales particulares de disponibilidad.

En consecuencia, parece probable que los factores motivacionales sólo influyan en la retención —elevando los umbrales de disponibilidad— en aquellos casos relativamente raros donde la recuperación de una información particular sería amenazadora para el ego o provocaría ansiedad. Un ejemplo es la represión de recuerdos que, si se recordaran, darían lugar a sentimientos de ansiedad, culpa, hostilidad o autodesprecio. Sin embargo, estos tipos de olvido no serían muy frecuentes en las situaciones típicas de aprendizaje en el aula.

Por lo tanto, el principal efecto directo de las variables motivacionales en la retención significativa, cuando realmente actúan, es elevar los umbrales de disponibilidad (o hacer que los recuerdos en cuestión estén menos disponibles en relación con su fuerza de disociabilidad intrínseca). Sin embargo, es teóricamente concebible que la motivación (un fuerte incentivo para el recuerdo) también pudiera *rebajar* indirectamente los umbrales de disponibilidad contrarrestando o desinhibiendo ciertos factores inhibidores que elevan temporalmente estos umbrales (como la distracción, la falta de atención, la inercia o la poca inclinación al esfuerzo).

Ya hemos observado que varias condiciones inhibidoras como el «*shock* del aprendizaje inicial» y la competición entre recuerdos alternativos tienden a disiparse de una manera espontánea y que la hipnosis puede reducir los efectos inhibidores de los recuerdos competidores y de los motivos y las actitudes que fomentan la represión como ocurre, por ejemplo, en el caso de materiales que provocan ansiedad. Todavía está por determinar empíricamente si la motivación fuerte o la participación positiva del ego podrían facilitar la retención de una manera similar, desinhibiendo temporalmente los umbrales elevados de disponibilidad.

Por último, es probable que las variables motivacionales también intervengan en los aspectos de reconstrucción de la etapa reproductora del recuerdo haciendo una selección de los elementos recordados disponibles y organizándolos en una respuesta verbal coherente que satisfaga las exigencias de la situación actual. Sin embargo, estrictamente hablando, la formación de una respuesta en la que se comuniquen recuerdos no forma parte del proceso de retención *per se*.

Atención

Al parecer, gran parte del efecto facilitador de la motivación se plasma en un aumento de la atención. El simple hecho de dirigir la atención de los estudiantes hacia ciertos aspectos de la materia, al margen de cómo se haga, fomenta el aprendizaje. La variable mediadora de la atención *per se* es básicamente equivalente a la actitud mental de poner en estado de preparación un grupo dado de umbrales rebajados para el aprendizaje en el momento en que se presenta el material de instrucción.

Como variable mediadora en casos indudables de *motivación*, es de suponer que la atención es la principal variable general intermedia por la que los factores motivacionales influyen en el aprendizaje significativo. Una causa principal del olvido cotidiano, y quizá de la mayoría de los casos de pérdida excesiva de material ostensiblemente conocido (incluyendo materias), es la incapacidad de prestar una atención adecuada en el momento del aprendizaje. En general, aquello a lo que no se presta atención no se aprende ni se recuerda.

Las actitudes mentales y las intenciones diferenciadas son dos de las otras variables intermedias más importantes que influyen en los efectos de los factores motivacionales en el aprendizaje significativo. Lo hacen en gran medida mediante la distribución y la concentración de carácter selectivo que, en general, se considera que constituyen la atención desde un punto de vista fenomenológico.

Además de actuar como mecanismo mediador para los efectos de la motivación en el aprendizaje significativo (similares a los efectos mediadores de la intención descritos anteriormente), es probable que la atención sea una *condición cognitiva general* esencial para la mayoría de los casos de aprendizaje significativo. Aunque es de suponer que se pueden dar unos tipos muy simples de aprendizaje motor, incidental, condicionado, memorista e instrumental sin necesidad de atención, la mayor parte del aprendizaje, incluyendo el de tipo incidental, requiere un mínimo básico de atención coincidente. También es probable que la actitud mental y la intención estén mediadas, por lo menos en parte, por la atención selectiva; y esta relación también podría ser parcialmente recíproca, es decir, la atención selectiva, a su vez, podría estar parcialmente mediada por actitudes mentales diferenciales.

También cabe la posibilidad de que se produzcan procesos de aprendizaje simples en ausencia de conciencia de los mismos; pero esto no implica necesariamente que el aprendizaje se esté produciendo en ausencia total de la atención. La conciencia del ego y de las propias funciones mentales (en este caso de la atención) no es más que un aspecto en gran medida no esencial y con frecuencia ausente de un estado de atención (por ejemplo, en las acciones automáticas, habituales y periféricas), en lugar de ser, en cierto sentido, coexistensiva con ella (Ausubel, 1994).

Aunque durante los períodos de relajación la atención puede tender a concentrarse al azar o de una manera casi exclusiva en los estímulos más conspicuos del entorno de un individuo, es decir, concentrarse en unos tipos de actividad deliberada y organizada de carácter profesional, no profesional, académico o de otro tipo, en general predomina una pauta de expectativa que determina la selectividad temática particular de su atención mediada por actitudes mentales diferenciales. Otros factores importantes que determinan la selectividad de la atención son el grado relativo de interés o de compromiso personal y todos los tipos de actividades de exploración donde el objeto de toda la exploración es identificar y separar en dos o más agregados categorizados homogéneos los correspondientes miembros individuales de cada categoría.

En consecuencia, la atención selectiva en este último tipo de exploración actúa como un filtro diferencial multiplicador-sensitivo que sólo deja pasar ciertas clases de elementos con unas características predeterminadas para que se puedan procesar (Broadbent, 1958). De manera similar, sólo si las características de un elemento son congruentes con la expectativa del estudiante, se tiende a facilitar su recuerdo (Hirt y otros, 1995). En un caso equívoco dado, la atención selectiva también ayuda a determinar diferencialmente la elección del estudiante entre el procesamiento de la memoria a corto o largo plazo; entre una actitud de aprendizaje memorista o una actitud de aprendizaje significativa; y entre una información trivial o transitoria por un lado y una información o un conocimiento de carácter significativo por otro.

Además de su papel mediador en los efectos facilitadores de la intención en el aprendizaje significativo, la intención también desempeña un papel preliminar (introductorio), orientador e iniciador en este aprendizaje. Es plausible ver las intenciones como aspectos preliminares de actitudes mentales que primero orientan al estudiante hacia la naturaleza y los requisitos de la tarea de aprendizaje y que luego inician la operación de la actitud de aprendizaje adecuada. Sin una intención deliberada de aprender, pocos elementos significativos de conocimiento —o ninguno— se pueden aprender y retener a largo plazo; y, como se indicaba anteriormente, la intención también es con toda probabilidad una condición general cognitiva y obligatoria para el aprendizaje significativo porque orienta al estudiante hacia lo que tiene que hacer para dominar el material de instrucción.

Por lo tanto, y como ya indicamos, si bien en situaciones empíricas y en situaciones de aprendizaje y de retención de carácter significativo la atención suele ser «neutral» y objetiva en relación con lo que «permite» entrar en el campo de la conciencia para que luego sea procesado, este último proceso de «atención selectiva» es el sello distintivo de varias operaciones de la atención como la exploración (Broadbent, 1958), que hace posible ciertas formas necesarias de procesamiento preliminar diferencial.

Impulsos componentes de la motivación para el logro

Lo que en general se considera motivación para el logro en los contextos escolares no es de ningún modo el reflejo de un impulso unitario u homogéneo. Tiene por lo menos tres componentes distintos. Uno de ellos, al que pronto encontraremos, es el impulso cognitivo: la necesidad de adquirir conocimientos y de resolver problemas de tipo académico como fines en sí mismos. Sin duda este impulso subyace a la necesidad del logro académico en la medida en que este logro represente para el estudiante la consecución del conocimiento que desea adquirir. Está totalmente *ligado a la tarea* en el sentido de que el motivo para participar en la tarea en cuestión (es decir, adquirir un segmento particular de conocimiento) es intrínseco a la tarea misma; es, simplemente, la necesidad de saber. En consecuencia, la recompensa (la consecución propiamente dicha de este conocimiento) también reside por completo en la propia tarea porque es capaz de satisfacer totalmente el motivo subyacente.

La motivación para el logro, contrariamente a gran parte del pensamiento anterior y actual en este campo, consta (dependiendo de factores normativos de la personalidad; de las diferencias individuales en cuanto a desarrollo de la personalidad; de la interacción diferencial con padres, compañeros, enseñantes y la cultura en general; de características temperamentales determinadas genéticamente; y de la clase social, la raza, la etnia y el sexo) de proporciones variables de: 1) impulso cognitivo; 2) impulso afiliador; y 3) motivación para el refuerzo del ego.

Impulso cognitivo

En el nivel humano, el impulso cognitivo (el deseo de conocimiento como un fin en sí mismo) es más importante en el aprendizaje significativo que en el aprendizaje memorista o instrumental. Es, por lo menos en potencia, el tipo más importante de motivación para el aprendizaje en el aula. Las razones de ello son su potencia intrínseca y el hecho de que el aprendizaje significativo, a diferencia de estos otros tipos de aprendizaje humano, proporciona automáticamente su propia recompensa. Es decir, como en el caso de todos los motivos intrínsecos, la recompensa que satisface el impulso reside en la realización de la propia tarea. Además, la motivación puede facilitar el aprendizaje de otras maneras aparte de energizar la conducta y reforzar la variante exitosa mediante la reducción del impulso. También ejerce un efecto puramente cognitivo resaltando o destacando lo que se debe aprender y proporcionando una retroalimentación confirmadora y correctora. Esto es evidente tanto en el aprendizaje significativo basado en el descubrimiento como en el aprendizaje significativo basado en la recepción, donde la elección de alternativas correctas se premia y la elección de alternativas incorrectas no.

A pesar del carácter potencialmente central del impulso cognitivo para el aprendizaje en el aula, no deja de ser cierto que, en nuestra cultura utilitaria, competitiva y orientada al logro, ciertas consideraciones extrínsecas como el refuerzo del ego, la reducción de la ansiedad y el avance profesional se convierten, con la edad, en fuentes cada vez más importantes de motivación para el aprendizaje formal. Empezando por los primeros cuatro años de vida escolar, los niveles de logro y de conducta de búsqueda de reconocimiento tienden a permanecer bastante estables. Predicen de una manera razonable una conducta análoga durante la adolescencia y los inicios de la vida adulta. Incluso las recompensas materiales tienden a verse menos como fines en sí mismas que como símbolos de estatus académico, logro y ventaja competitiva. Sus efectos están mediados por las necesidades específicas del estudiante.

Naturalmente, en última instancia, la viabilidad del impulso cognitivo como tipo de motivación intrínseco y ligado a la tarea se acaba reduciendo como consecuencia de la asociación creciente y casi exclusiva de intereses intelectuales y actividades con motivos de refuerzo del ego y de reducción de la ansiedad. Si el deseo de aprender y de comprender se ejerce de una manera prácticamente invariable en el contexto de competir por calificaciones, obtener títulos, prepararse para una profesión, esforzarse para avanzar y reducir el temor al fracaso académico o profesional, hay pocos motivos para creer que sobreviva mucho de él como un objetivo por derecho propio. Esta tendencia se refleja en la disminución progresiva de los intereses escolares y del entusiasmo intelectual a medida que los niños ascienden por la escala académica.

En consecuencia, si deseamos desarrollar el impulso cognitivo para que siga siendo viable durante los años de formación y en la vida adulta, es necesario apartarse aún más de la doctrina educativa de orientar el currículo en función de las inquietudes actuales y los problemas de adaptación a la vida de los alumnos. No obstante, es indudable que en nuestra cultura no es realista y ni siquiera conveniente evitar por completo las motivaciones utilitarias, de refuerzo del ego y de reducción de la ansiedad para aprender. Sin embargo, debemos destacar cada vez más el valor del conocimiento y de la comprensión como objetivos por derecho propio, al margen de cualquier beneficio práctico que puedan conferir.

También deberíamos evitar denigrar el conocimiento de las materias. En cambio, debemos descubrir métodos más eficaces para fomentar la adquisición a largo plazo de corpus significativos y utilizables de conocimiento y desarrollar motivaciones intrínsecas adecuadas para este aprendizaje.

Impulso de refuerzo del ego

Por otro lado, otro componente de la motivación para el logro no está ligado a la tarea en absoluto. Se le puede llamar *refuerzo del ego* porque se ocupa del logro como fuente del estatus obtenido, es decir, del tipo de estatus que obtiene una persona joven en proporción a su logro o nivel de competencia. Refuerza el ego porque el nivel de logro que determina el estatus obtenido por el individuo determina al mismo tiempo lo competente que se siente (su nivel de autoestima), y en este caso los sentimientos de competencia son siempre un reflejo directo del grado relativo del estatus obtenido.

En consecuencia, el componente de refuerzo del ego de la motivación para el logro se dirige tanto hacia la consecución del logro o prestigio académico actual como hacia los objetivos académicos y profesionales futuros (fuentes posteriores de estatus obtenido) que dependen de este logro. Como veremos después, uno de sus ingredientes esenciales es la ansiedad: el temor en respuesta a cualquier amenaza prevista de perder el estatus y la autoestima que se hayan alcanzado como resultado de la amenaza de fracaso. La aprobación por parte de los enseñantes satisface el componente de refuerzo del ego de la motivación para el logro constituyendo una confirmación del logro o una fuente de estatus obtenido en lugar de constituir (como en el caso del impulso afiliador) la confirmación del estatus derivado continuado adquirido de la persona o personas de orden superior con quien se identifica el estudiante.

La motivación de refuerzo del ego refleja la necesidad del estatus obtenido logrado por la propia competencia o capacidad de rendimiento. Se hace cada vez más importante a partir de la edad escolar y es el principal componente de la motivación para el logro en nuestra cultura. No debe suponer necesariamente un engrandecimiento del ego. En realidad, en muchas culturas primitivas está «ligada al grupo».

Sin embargo, la importancia que se ha dado a la motivación intrínseca para aprender no se debe interpretar como un menosprecio a la importancia de desarrollar motivaciones extrínsecas. Después de todo, la necesidad del refuerzo del ego, del estatus obtenido, del reconocimiento por medio del logro y de la interiorización de aspiraciones profesionales a largo plazo es un sello distintivo tradicional de la maduración de la personalidad en nuestra cultura. Las aspiraciones y el logro de carácter educativo son, al mismo tiempo, requisitos necesarios y peldaños para sus equivalentes profesionales. En consecuencia, además de estimular la motivación intrínseca para aprender, también es necesario, desde el punto de vista de la maduración de la personalidad, fomentar las motivaciones de refuerzo del ego y de avance en la carrera para el logro académico. Además, pocos individuos llegan a desarrollar un impulso cognitivo suficiente para dominar grandes corpus de materia como un fin en sí mismo. El refuerzo del ego a largo plazo también es necesario.

En general, es indudable que la motivación del refuerzo del ego es la motivación más fuerte disponible durante la parte activa de la carrera académica y profesional de un individuo. Más que ningún otro factor, explica la persistencia de niveles elevados de aspiración y de atractivo de la tarea tanto en contextos de laboratorio como en contextos «de la vida real», a pesar de la posible exposición a repetidas experiencias de fracaso.

Naturalmente, llevado hasta el extremo, este tipo de motivación puede generar una ansiedad suficiente para perturbar el aprendizaje. También puede conducir a unas aspiraciones académicas y profesionales muy poco realistas que después están seguidas o bien por un fracaso estrepitoso y un desmoronamiento de la autoestima o bien por un desinterés en las tareas académicas que se manifiesta en unos niveles bajos y poco realistas de aspiración. Una posibilidad relacionada es que unas necesidades excesivamente elevadas de logro académico pueden perjudicar la capacidad del estudiante para percibir sus propias limitaciones, predisponerle a racionalizar sus fracasos y hacer que no reconozca que sus puntos de vista son lógica o empíricamente insostenibles.

La motivación para el logro no está relacionada linealmente con el nivel de logro. Como ocurre en general con los estados motivacionales potentes, una motivación muy fuerte para el logro puede rebajar el nivel de rendimiento y de logro, probablemente a causa de su frecuente asociación con una ansiedad neurótica perjudicial. Además, aunque es indudable que los individuos cuyas aspiraciones de estatus obtenido son tan elevadas y firmes que dejan de ser realistas están más motivados para lograr un nivel superior de éxito académico y profesional, no existe ninguna razón para creer que su capacidad intelectual o su aptitud académica sean proporcionalmente superiores a las de estudiantes con unas ambiciones más normales.

Otra desventaja más de una motivación exagerada para el refuerzo del ego es que su orientación utilitaria limita su longevidad. En consecuencia, los estudiantes cuya motivación académica es ante todo extrínseca tienden a percibir poco valor en una materia después de haber pasado un curso relacionado con ella o en seguir aprendiendo después de haberse titulado si este conocimiento no está relacionado con el trabajo de cursos futuros o con el éxito profesional. En otras palabras, dejan de manifestar el deseo de aprender cuando no tienen que hacerlo.

Sin embargo, en mi opinión el castigo (no recompensa) o amenaza de fracaso, tal como se expresa en la «motivación aversiva», ha sido menospreciado de una manera injustificada por los educadores y los psicólogos de la educación estadounidenses. No obstante, dentro de unos límites razonables ejerce una influencia cuya necesidad es demostrable en el mantenimiento a largo plazo de la educación, sobre todo en la educación universitaria y profesional, a causa de la proclividad tan humana a la falta de decisión.

Sería totalmente legítimo dar un paso más y reivindicar la noción pasada de moda de que la motivación aversiva, es decir, la amenaza de las consecuencias asociadas al fracaso académico, es tan necesaria como la motivación positiva que generan las recompensas previstas para mantener el logro académico a largo plazo necesario para alcanzar objetivos académicos y profesionales a largo plazo. Aunque en teoría los educadores condenan el uso de la motivación aversiva, recurren implícitamente a ella para hacer que los estudiantes estudien con regularidad para obtener créditos, títulos y diplomas. Lo hacen porque saben que el impulso cognitivo y la recompensa prevista para el esfuerzo no bastan para superar la inercia y la típica propensión del ser humano a la falta de decisión y a la aversión al trabajo sostenido, regular y disciplinado.

Impulso afiliador

El componente final o *afiliador* de la motivación para el logro no está ligado a la tarea ni es fundamentalmente reforzador del ego. No está ligado al logro académico como fuente de estatus obtenido, sino porque asegura al individuo su aceptación por parte de una persona o un grupo de personas de orden superior con quienes el individuo se identifica en un sentido dependiente y de quienes obtiene un estatus indirecto o derivado. Este último tipo de estatus no está esencialmente determinado por el nivel de logro del propio individuo *per se*, sino por la aceptación intrínseca continuada por parte de la persona o personas con quienes se identifica; por lo tanto, es evidente que quien disfruta de este estatus derivado (es decir, el *satelizador*) se siente motivado a obtener y retener la aprobación de esas personas de orden superior —simplemente satisfaciendo las reglas y las expectativas de éstas, incluyendo las relacionadas con el logro académico— porque esta aprobación tiende a confirmar y mantener su estatus derivado.

Por lo tanto, el impulso afiliador expresa la necesidad del alumno de rendir bien en la escuela para retener la aprobación (y el estado derivado continuado que ello supone) del personaje de orden superior (padre, enseñante) con quien se identifica en un sentido emocionalmente dependiente (*satelización*). Su importancia disminuye a medida que el niño se acerca a la adolescencia.

Normalmente, en la motivación para el logro están presentes los componentes cognitivo, de refuerzo del ego y afiliador en una proporción variable que depende de factores como la edad, el sexo, la cultura, la clase social, el origen étnico y la estructura de la personalidad. El impulso afiliador es más destacado durante la primera infancia. En esta época, la mayoría de los niños buscan y disfrutan en gran medida de un estatus derivado basado en la identificación dependiente en relación con sus padres y en la aceptación intrínseca por parte de éstos. Durante este período suelen esforzarse para obtener un logro académico suficiente para satisfacer las expectativas de sus padres y, en consecuencia, mantener la aprobación que desean. Por lo tanto, la retirada prevista o real de esta aprobación a causa de un rendimiento bajo hace que estén más motivados para trabajar más con el fin de mantenerla o recuperarla. Puesto que los alumnos satelizadores consideran a los enseñantes en gran medida como sustitutos de los padres, se relacionan con ellos de una manera similar.

Por lo tanto, el impulso afiliador es una fuente importante de motivación para el logro académico de muchos niños —y quizá de la mayoría de ellos— durante la primera infancia. Sin embargo, los niños que no son aceptados ni intrínsecamente valorados por sus padres y que, en consecuencia, no pueden disfrutar de un estatus derivado, para compensar esta situación se sienten motivados a buscar un grado desmesurado y con frecuencia poco realista de estatus obtenido por medio del logro académico. Así, en estos niños, unos niveles elevados de motivación para el logro suelen reflejar un impulso afiliador bajo que está más que compensado por un elevado impulso de refuerzo del ego.

Durante el final de la infancia y la adolescencia, el impulso afiliador pierde intensidad y se redirige de los padres a los compañeros. En consecuencia, la competición académica contra el grupo del sexo opuesto o contra otros grupos de la misma edad puede constituir un poderoso factor motivador. Sin embargo, el deseo de aprobación por parte de los compañeros también puede rebajar el logro académico si este logro es valorado negativamente por el grupo de compañeros. Esto se suele producir con más frecuencia entre grupos de clase baja y ciertos grupos minoritarios culturalmente desfavorecidos. Como se indicará más adelante, los grupos de compañeros de clase media tienden a dar más valor al logro académico y lo esperan de sus miembros. En la mayoría de las culturas, y sobre todo en la civilización occidental, el impulso de refuerzo del ego es el componente dominante de la motivación para el logro en la adolescencia y en la vida adulta, especialmente entre los varones y los grupos de clase media de nuestra cultura.

Recompensa y castigo

Las recompensas influyen en el aprendizaje de tres maneras generales. En primer lugar, al actuar como incentivos ayudan a plantear un problema significativo relacionando una secuencia u organización específica de actividades de aprendizaje componentes con el objetivo de un resultado exitoso especificado. Sin esta relación con un objetivo, con frecuencia el aprendizaje tendería a ser amorfo y a carecer de dirección. En concomitancia con ello, al proporcionar información significativa sobre el éxito o el fracaso de las respuestas, las recompensas destacan de una manera selectiva, en unos puntos críticos escogidos, los significados deseados o correctos, facilitando así la discriminación entre indicios pertinentes y no pertinentes.

En segundo lugar, la recepción real de las recompensas tiende a aumentar a largo plazo cualesquiera motivaciones (impulsos) que actuaran originalmente energizando y dirigiendo la conducta hacia ellas (las recompensas). Al satisfacer ciertas necesidades e impulsos en cualquier momento dado, las recompensas fortalecen de una manera más permanente los impulsos que satisfacen (o «reducen» temporalmente) en ese momento.

Por último, las recompensas pueden aumentar la probabilidad relativa de repeticiones de respuestas provocando una «sensibilización» selectiva a posteriores disminuciones de los umbrales de suscitación de los aprendizajes particulares que conducen a la obtención de la recompensa y que, en consecuencia, satisfacen (o reducen temporalmente) el impulso en cuestión. Esta última propiedad de las recompensas se examinará con más detalle en la exposición del refuerzo de la próxima sección, donde se adoptará la postura de que el refuerzo sólo se produce en relación con asociaciones y respuestas instrumentales aprendidas de una manera memorista y no caracteriza los resultados del aprendizaje significativo.

El castigo (en el sentido de no recompensa o de fracaso en obtener la recompensa) actúa como lo contrario de la recompensa de las siguientes maneras. En primer lugar, también ayuda a estructurar un problema de una manera significativa, proporcionando una dirección a la actividad —e información sobre el progreso hacia la meta— en función de lo que se debe evitar. Así pues, las consecuencias insatisfactorias de un acto tienden a suscitar evitación, abandono o variación en lugar de repetición. El individuo aprende qué respuestas no conducen a una recompensa y, en consecuencia, se deben evitar. En segundo lugar, el castigo tiende a debilitar a largo plazo las motivaciones que energizan la conducta que se castiga. Por último, el castigo puede disminuir la probabilidad relativa de repeticiones de respuestas al no provocar una «sensibilización» a posteriores disminuciones de los umbrales de suscitación de las respuestas particulares que no conducen a la obtención de una recompensa.

En cualquier caso se debe tener presente que el aspecto informativo de la no recompensa es menos explícito que el de la recompensa. Aunque sin duda ayuda a discriminar entre indicios correctos e incorrectos mediante la información que ofrece sobre las consecuencias de un acto, es menos directiva y proporciona menos orientación que la recompensa. Sólo le dice al estudiante que se debe hacer otra cosa, pero no le dice *cuál*. Por otro lado, la recompensa indica claramente que se debe repetir la misma respuesta. Además, en este contexto, el «castigo» simplemente supone la no obtención de la recompensa estipulada a causa de la no adquisición ni retención del conocimiento derivado del material de aprendizaje presentado. Sin embargo, en el sentido más usual del término, también supone la introducción de una situación *adicional* más activa, adversa, nociva, atemorizadora, inquietante o desagradable que la simple negación de la recompensa que se otorga a los estudiantes que completan con éxito el curso de estudios o la tarea de aprendizaje de carácter significativo.

En contextos de aprendizaje escolares y académicos solemos tratar con situaciones de no recompensa no amenazadoras en lugar de con situaciones de «verdadero castigo». No obstante, para los estudiantes con grados apreciables de impulso afiliador y/o de refuerzo del ego que no aprenden ni retienen sus lecciones, los ejemplos antes mencionados de «verdadero castigo» se superponen inevitablemente a la situación casi siempre inocua de no recompensa. La razón de ello es que el fracaso plantea invariablemente la amenaza de la desaprobación en el caso del niño que se guía ante todo por el impulso afiliador, además de la amenaza correspondiente de perder la autoestima actual y futura (y el estatus obtenido correspondiente) en el caso del niño/adolescente que está motivado principalmente por impulsos de refuerzo del ego.

La recompensa y el castigo son la cara y la cruz de la misma moneda motivacional en el aprendizaje escolar. Los dos suelen intervenir, en grado variable, en la motivación de este aprendizaje. Se debe admitir que, desde el punto de vista de la higiene mental, es más inteligente que la escuela se centre más en la recompensa que en el castigo y que minimice las posibilidades y amenazas explícitas de fracaso en lugar de recalcarlas. Por otro lado, es poco realista negar la existencia y la efectividad del castigo como variable motivacional en el aprendizaje escolar y es injustificado condenarlo por considerarlo inmoral o pedagógicamente inadecuado.

Antes hemos llegado a la conclusión de que la motivación extrínseca (no ligada a la tarea) eficaz supone tanto recompensa como castigo. No obstante, el papel positivo del castigo (en forma de no recompensa) para facilitar el aprendizaje y la retención de carácter significativo en la escuela y en contextos similares, o bien se ha negado o bien se ha distorsionado para que parezca pasado de moda, reaccionario, autoritario o abiertamente diabólico. ¿De dónde proceden estas distorsiones que inciden en esta cuestión en función de la ideología cultural pertinente?

En primer lugar, se había supuesto gratuitamente que las motivaciones adecuadas para aprender en la escuela desde un punto de vista de salud mental tenían que ser axiomáticamente o bien de naturaleza intrínseca (es decir, el impulso cognitivo) o bien tenían que reflejar exclusivamente incentivos *positivos* (como, por ejemplo, recompensas).

En segundo lugar, los críticos del castigo no distinguían entre el tipo de castigo muy restringido (es decir, la no recompensa recomendada para el fracaso en el aprendizaje escolar) y su significado más general en la cultura como censura o castigo moral para la conducta inmoral o ilegal y, en consecuencia, supusieron gratuitamente que el segundo significado más general era el más deseado. Sin embargo, los defensores del tipo de castigo basado en la no recompensa no sólo propugnan únicamente la primera de estas dos últimas formas de castigo, sino que sólo la propugnan para la irresponsabilidad, la pereza, el descuido culposo de los estudios y la falta ostensible de esfuerzo, no para limitaciones genuinas de la capacidad de aprendizaje o de logro.

En tercer lugar, estos críticos tampoco se dieron cuenta de que el objetivo real de usar en el aula el castigo basado en la no recompensa *en realidad* no era infligirlo a los estudiantes que fallan, sino *prevenir* este fallo en primer lugar mediante el efecto de la *amenaza* prevista del fracaso (para superar la pereza, la falta de decisión, etc.).

Evidentemente, es necesario actuar con cautela al aplicar la motiva-ción aversiva. Si se utiliza en exceso, puede generar un nivel de ansiedad totalmente desproporcionado en relación con el riesgo real de fracaso en una tarea de aprendizaje particular. Esto no sólo puede perturbar el aprendizaje sino que también se puede generalizar a otras áreas. Podría inducir a un concepto personal negativo (un «bloqueo emocional») en relación con campos enteros de conocimiento como, por ejemplo, la ma-temática. También puede conducir a que el alumno se desentienda de una tarea o tenga unos niveles de aspiración elevados pero poco realistas. Sin embargo, la solución no es prohibir la motivación aversiva, sino man-tenerla dentro de unos límites razonables, equilibrarla con el impulso cognitivo y el impulso positivo de refuerzo del ego, hacer que el aprendi-zaje tenga más éxito para la mayoría de los alumnos y ofrecer orientación a los niños especialmente preocupados.

Refuerzo y reducción del impulso

Aunque existe una posibilidad teórica de que los efectos de la reduc-ción del impulso se puedan lograr retroactivamente a través de su influen-cia en los umbrales de disponibilidad de los resultados del aprendizaje significativo, como en el caso de elementos aprendidos de una manera memorista, no hay ninguna evidencia comparable que indique que los factores motivacionales puedan *rebajar* directamente los umbrales de dis-ponibilidad de elementos aprendidos de una manera significativa. Al parecer, los umbrales de disponibilidad en relación con la fuerza de diso-ciabilidad, difieren en este aspecto crucial de los umbrales correspon-dientes de disponibilidad en relación con la fuerza asociativa. Esto es lo que ocurre en el aprendizaje significativo porque no parece existir nin-gún mecanismo por el que los efectos satisfactorios de reducir los com-ponentes cognitivo, afiliador y de refuerzo del ego de la motivación para el logro puedan reforzar unos resultados de aprendizaje con éxito (es de-cir, reductores del impulso).

A diferencia de las consecuencias *informativas* (cognitivas) de la retro-alimentación (confirmación, corrección y mayor fuerza de disociabilidad de los significados *previamente aprendidos*), los efectos *afectivamente* satisfac-torios de la reducción del impulso no están relacionados *de una manera in-trínseca* con los factores que determinan la fuerza de disociabilidad. En consecuencia, no pueden aumentarla retroactivamente; sólo la pueden aumentar *indirectamente durante* el curso del aprendizaje reforzando de una manera no específica y catalizadora los resultados mismos del aprendizaje.

Sin embargo, esto no significa que la recompensa y el castigo tampoco faciliten de otras maneras el aprendizaje significativo. Después de todo, el refuerzo sólo es una consecuencia de la recompensa: el aspecto que aumenta directamente la suscitabilidad de las respuestas aprendidas de una manera *memorista* sensibilizando sus umbrales de disponibilidad a una disminución posterior cuando los estados de impulso son operativos. Sin embargo, en el caso del aprendizaje significativo, la recompensa y el castigo tienen otros dos tipos de efectos facilitadores más indirectos. En primer lugar, desde un punto de vista motivacional, la conciencia del aprendizaje con éxito (satisfacción de los impulsos cognitivo, afiliador y de refuerzo del ego por la adquisición de nuevo conocimiento) energiza los posteriores esfuerzos de aprendizaje reforzando la confianza del estudiante en sí mismo, animándole a perseverar y aumentando el atractivo subjetivo de la tarea de aprendizaje. Al mismo tiempo motiva a los individuos para que usen más lo que ya han aprendido, es decir, para que lo practiquen, lo ensayen y lo realicen. También les estimula a seguir desarrollando y ejercitando los motivos que se han satisfecho o premiado, es decir, el deseo de conocer como un fin en sí mismo y como un medio de reforzar el estatus y la autoestima.

Por otro lado, la experiencia y la amenaza del castigo (no recompensa en caso de no aprender con éxito) genera una considerable motivación aversiva. Por lo tanto, en general el estudiante está motivado para evitar el fracaso en el aprendizaje prestando atención, esforzándose y perseverando de una manera adecuada, retrasando la gratificación de necesidades hedonistas, etc. Además, cuando al estudiante se le comunica que una comprensión particular previamente aprendida es incorrecta, las implicaciones amenazadoras de esta información le motivan, en cierta medida, a evitarlo o rechazarlo, y es probable que su umbral de disponibilidad se eleve.

Sin duda, estos efectos facilitadores de la motivación aversiva contrapesan de sobra el impacto negativo de la experiencia del fracaso en la fuerza a largo plazo de la motivación subyacente y en el atractivo de la tarea. Sin embargo, cuando la experiencia de fracaso predomina o cuando la motivación aversiva no tiene éxito en impedir el fracaso, es evidente que no es así.

En segundo lugar, la recompensa (la conciencia de unos resultados de aprendizaje con éxito) y el castigo (la conciencia de unos resultados de aprendizaje fallidos) en relación con los componentes intrínsecos o extrínsecos de la motivación para el logro, también tienen todos los efectos cognitivos o *informativos* de la retroalimentación. Es probable que estos últimos efectos sean tan importantes para el aprendizaje y la retención de carácter significativo como los efectos motivacionales de la recompensa y el castigo. Al confirmar los significados comprendidos correctamente y, al mismo tiempo, al indicar las áreas de confusión, corregir errores y clarificar ambigüedades e ideas falsas, los aspectos cognitivos de la retroalimentación aumentan la estabilidad, la claridad y la discriminabilidad de las ideas aprendidas de una manera significativa (y, en consecuencia, aumentan su fuerza de disociabilidad). También refuerzan la confianza del sujeto en la corrección de lo que ha entendido y le permiten centrar selectivamente sus esfuerzos de aprendizaje en partes del material aprendidas de una manera inadecuada. No sólo tienen valor informativo para posteriores ensayos de la misma tarea de aprendizaje, sino que también tienen *valor de transferencia* para nuevas tareas relacionadas.

Bibliografía

Ash, P., «The relative effectiveness of massed versus spaced film presentations», *Journal of Educational Psychology*, nº 41, 1950, págs. 19-50.

Ashcroft, M. H., *Human Memory and Cognition*, Nueva York, Harper Collins, 1994.

Ausubel, D. P., «Early versus delayed review in meaningful learning», *Psychology in the School*, nº 3, 1966, págs. 195-198.

—, *Educational Psychology: A Cognitive View*, Nueva York, Holt, Rinehart and Winston, 1968.

—, *Ego Development and the Personality Disorders*, Nueva York, Grune and Stratton, 1952.

Ausubel, D. P. y M. Youssef, «The effect of consolidation on sequentially related, sequentially independent meaningful learning», *Journal of General Psychology*, nº 74, 1966, págs. 355-360.

Briggs, L. J., «Promting and confirmation conditions for the learning tasks employing the subject matter terms», en A. A. Lumsdaine (comp.), *Student response in programmed instruction*, Washington, D. C., National Academy of Science/National Research Council, 1961.

Broadbent, D. E., *Perception and communication*, Londres, Pergamon Press, 1958 (trad. cast.: *Percepción y comunicación*, Madrid, Debate, 1983).

Bumstead, A. P., «Distribution of effort in memorizing prose and poetry», *American Journal of Psychology*, nº 77, 1940, págs. 669-671.

Gagné, R. M., «Military training and principles of learning», *American Psychologist*, n° 17, 1962, págs. 83-91.

Harlow, H. E., «The formation of learning sets», *Psychological Review*, n° 56, 1949, págs. 51-65.

Hershberger, W., «Self-evaluational responding and typographical cueing. Techniques for programming self-instructional reading materials», *Journal of Educational Psychology*, n° 55, 1964, págs. 288-296.

Hirt, E. R., H. E. McDonald y G. A. Erikson, «How do I remember thee? The role of encoding, set, and delay in reconstructive memory processes», *Journal of Experimental Social Psychology*, n° 31, 1995, págs. 379-409.

Kurtz, K. H. y C. I. Hovland, «Concept leaving with differing sequences of instances», *Journal of Experimental Psychology*, n° 4, 1956, págs. 239-243.

Peterson, H. A. y otros, «Some measurements of the effects of reviews», *Journal of Educational Psychology*, n° 26, 1935, págs. 65-72.

Peterson, H. R., «Recitation or recall as a factor in the learning of long prose selections», *Journal of Educational Psychology*, n° 35, 1944, págs. 220-228.

Sones, A. M. y A. B. Stroud, «Review with special reference to temporal position», *Journal of Educational Psychology*, n° 31, 1940, págs. 665-676.

Thorndike, E. L., *Human Learning*, Nueva York, Century, 1931.

—, *The Fundamentals of Learning*, Nueva York, Teachers College, Columbia University, 1932.